新世纪高职高专
计算机应用技术专业系列规划教材

办公自动化应用教程

第四版

新世纪高职高专教材编审委员会 组编
主　编　曾海文
副主编　覃　坚　廖　源　陈丽芳
参　编　苏　艳　袁慧颖　冯博文　赵　龙

Windows 10+Office 2016
● 配套在线网络课程
● 内含每个任务的操作视频
● 课件、教案、素材等数字资源包免费下载

大连理工大学出版社

图书在版编目(CIP)数据

办公自动化应用教程 / 曾海文主编. -- 4 版. -- 大连：大连理工大学出版社，2021.6(2022.1 重印)
新世纪高职高专计算机应用技术专业系列规划教材
ISBN 978-7-5685-2854-2

Ⅰ.①办… Ⅱ.①曾… Ⅲ.①办公自动化－高等职业教育－教材 Ⅳ.①C931.4

中国版本图书馆 CIP 数据核字(2020)第 256199 号

大连理工大学出版社出版

地址：大连市软件园路 80 号　邮政编码：116023
发行：0411-84708842　邮购：0411-84708943　传真：0411-84701466
E-mail：dutp@dutp.cn　URL：http://dutp.dlut.edu.cn
大连日升彩色印刷有限公司印刷　　大连理工大学出版社发行

幅面尺寸：185mm×260mm　　印张：15.25　　字数：351 千字
2008 年 5 月第 1 版　　　　　　　　　　　2021 年 6 月第 4 版
2022 年 1 月第 2 次印刷

责任编辑：李　红　　　　　　　　　　　　责任校对：马　双
封面设计：张　莹

ISBN 978-7-5685-2854-2　　　　　　　　　　定　价：45.80 元

本书如有印装质量问题，请与我社发行部联系更换。

前言

《办公自动化应用教程》(第四版)是新世纪高职高专教材编审委员会组编的计算机应用技术专业系列规划教材之一。

办公自动化(Office Automation,OA)是一个多学科互相交叉、互相渗透的系统科学与工程,以计算机、通信、自动化技术为支持技术,是现代信息社会的重要标志。随着计算机技术的迅猛发展,以提高办公效率为目标的办公自动化技术已被广泛应用于各类办公领域,并发挥着越来越大的作用。

本教材针对办公室工作人员日常工作需要,采用项目驱动、任务引领的设计方式,从一个公司具有代表性的工作部门承接的典型工作任务出发,通过精心设计的项目内容介绍办公自动化的基本概念、Microsoft Office 2016 三大组件的日常应用、常用办公软件和常用办公设备的功能及使用,使学生在积极主动地解决问题的过程中掌握就业岗位所需技能。

本教材中的项目都是经过编者多次推敲、反复研究后,本着让读者学到更多使用技巧的目的,精心编排,同时融入计算机应用领域前沿发展技术而形成的。每个项目都采用"项目背景—项目效果—项目实施—项目总结—项目实训"的结构展开。

本课程的建议教学时数为 72 学时,可参考下面的课时分配表:

项目	课程内容	建议课时
1	了解办公自动化基础知识	4
2	制作新产品推介会邀请函	4
3	制作客户资料登记表	4
4	绘制产品推介会流程图	4
5	制作产品宣传册	6
6	编排活动策划方案	6
7	制作客户回访信函	2

(续表)

项目	课程内容	建议课时
8	制作客户信息表	4
9	制作企业年收支预算表	4
10	制作销售预测差异回顾分析图表及实际销售收入饼图	4
11	销售统计分析	6
12	制作公司宣传片演示文稿	4
13	制作新产品推介演示文稿	6
14	应用常用办公软件	8
15	应用常用办公设备	6
课时总计		72

  本教材由广西国际商务职业技术学院曾海文任主编,广西国际商务职业技术学院覃坚、廖源、陈丽芳任副主编,广西国际商务职业技术学院苏艳、袁慧颖,广西南宁祥灏商贸有限责任公司冯博文工程师,深圳市瑞视云智科技有限公司赵龙工程师参与编写。编写分工如下:项目1和项目14由苏艳编写,项目2由赵龙编写,项目3、项目4、项目5、项目6和项目7由曾海文编写,项目8和项目9由廖源编写,项目10和项目11由覃坚编写,项目12由冯博文编写,项目13由陈丽芳编写,项目15由袁慧颖编写。深圳市瑞视云智科技有限公司和广西南宁祥灏商贸有限责任公司为本教材提供了案例及素材。曾海文负责设计全书的体系结构和编写风格,并进行全书统稿。

  本教材是新形态教材,充分利用现代化的教学手段和教学资源辅助教学,图文声像等多媒体并用。本书重点开发了微课资源,扫描二维码即可观看。通过微课可详细了解项目的完成过程和制作方法,能更直观地看到常用办公软件和设备的使用方法,使学生充分利用现代二维码技术,随时、主动、反复学习相关内容。除了微课外,还配有传统配套资源,供学生使用,此类资源可登录教材服务平台进行下载。

  本教材中的数据、文字图片等信息均属虚构,如有雷同,纯属巧合。

  本教材可作为高职高专院校办公自动化课程的教材或参考资料,也可以作为各行业办公人员的自学用书和培训教材。

  由于编者水平有限,书中难免存在疏漏之处,敬请广大读者批评指正。

编 者

2021 年 6 月

所有意见和建议请发往:dutpgz@163.com
欢迎访问职教数字化服务平台:http://sve.dutpbook.com
联系电话:0411-84707492　84706671

目 录

模块 1　认识办公自动化

项目 1　了解办公自动化基础知识 ········· 3
　任务 1　了解办公自动化 ········· 3
　任务 2　了解网络办公 ········· 4
　任务 3　认识办公自动化系统 ········· 5
　项目小结 ········· 6
　上机实战 ········· 7

模块 2　Word 2016 的应用

项目 2　制作新产品推介会邀请函 ········· 11
　任务 1　创建文档并录入邀请函内容 ········· 12
　任务 2　美化邀请函 ········· 15
　任务 3　保存并打印邀请函 ········· 23
　项目小结 ········· 24
　上机实战 ········· 24
项目 3　制作客户资料登记表 ········· 26
　任务 1　创建表格 ········· 27
　任务 2　美化客户资料登记表 ········· 29
　任务 3　设置表格标题跨页 ········· 34
　任务 4　插入图表 ········· 35
　项目小结 ········· 39
　上机实战 ········· 39
项目 4　绘制产品推介会流程图 ········· 42
　任务 1　使用艺术字制作流程图的标题 ········· 43
　任务 2　手绘图形 ········· 44
　任务 3　美化流程图 ········· 46
　任务 4　插入并编辑 SmartArt 图形 ········· 49
　项目小结 ········· 51
　上机实战 ········· 51
项目 5　制作产品宣传册 ········· 53
　任务 1　设置宣传册页面 ········· 54

  任务 2 制作宣传册封面 ··· 57
  任务 3 利用分栏制作宣传册内页 ······································· 61
  任务 4 利用链接的文本框制作内页 ··································· 62
  项目小结 ··· 63
  上机实战 ··· 64
 项目 6 编排活动策划方案 ··· 66
  任务 1 设置封面 ··· 67
  任务 2 设置样式和格式 ··· 68
  任务 3 自动生成目录 ··· 71
  任务 4 插入页眉和页脚 ··· 73
  任务 5 对文档添加修订和批注 ··································· 76
  任务 6 设置视图 ··· 79
  任务 7 设置和使用模板 ··· 81
  项目小结 ··· 82
  上机实战 ··· 82
 项目 7 制作客户回访信函 ··· 83
  任务 1 利用邮件合并功能生成客户回访函 ························· 84
  任务 2 利用信封制作向导制作回访函信封 ························· 88
  项目小结 ··· 90
  上机实战 ··· 90

模块 3 Excel 2016 的应用

 项目 8 制作客户信息表 ··· 95
  任务 1 建立工作表并输入数据 ··································· 96
  任务 2 美化客户信息表 ··· 97
  任务 3 管理工作表 ··· 103
  任务 4 打印工作表 ··· 105
  项目小结 ··· 109
  上机实战 ··· 109
 项目 9 制作企业年收支预算表 ··· 111
  任务 1 运用公式和函数计算数据 ··································· 112
  任务 2 验证数据有效性 ··· 119
  任务 3 设置条件格式 ··· 121
  任务 4 保护工作表 ··· 123
  任务 5 复制工作表 ··· 124
  项目小结 ··· 125
  上机实战 ··· 125
 项目 10 制作销售预测差异回顾分析图表及实际销售收入饼图 ················· 127
  任务 1 创建并编辑销售预测差异回顾分析图表 ························· 128
  任务 2 设置和美化图表的格式 ··································· 129

任务 3　创建实际销售收入饼图 …………………………………………………… 136
　　任务 4　设置和美化实际销售收入饼图的格式 ……………………………………… 137
　项目小结 …………………………………………………………………………………… 138
　上机实战 …………………………………………………………………………………… 138
项目 11　销售统计分析 ………………………………………………………………………… 140
　　任务 1　编辑并美化数据清单 ……………………………………………………… 141
　　任务 2　通过排序分析数据 ………………………………………………………… 143
　　任务 3　利用筛选查找和分析数据 ………………………………………………… 144
　　任务 4　利用分类汇总分析数据 …………………………………………………… 149
　　任务 5　创建数据透视表分析数据 ………………………………………………… 152
　　任务 6　创建数据透视图分析数据 ………………………………………………… 154
　项目小结 …………………………………………………………………………………… 155
　上机实战 …………………………………………………………………………………… 155

模块 4　PowerPoint 2016 的应用

项目 12　制作公司宣传片演示文稿 …………………………………………………………… 161
　　任务 1　创建演示文稿 ……………………………………………………………… 162
　　任务 2　设置幻灯片母版 …………………………………………………………… 163
　　任务 3　美化幻灯片 ………………………………………………………………… 165
　　任务 4　放映幻灯片 ………………………………………………………………… 171
　项目小结 …………………………………………………………………………………… 171
　上机实战 …………………………………………………………………………………… 171
项目 13　制作新产品推介演示文稿 …………………………………………………………… 173
　　任务 1　应用主题和修改母版 ……………………………………………………… 174
　　任务 2　美化动态幻灯片 …………………………………………………………… 178
　　任务 3　设置幻灯片放映方式 ……………………………………………………… 184
　　任务 4　打包与打印演示文稿 ……………………………………………………… 185
　项目小结 …………………………………………………………………………………… 186
　上机实战 …………………………………………………………………………………… 186

模块 5　常用办公工具软件和办公设备的应用

项目 14　应用常用办公软件 …………………………………………………………………… 191
　　任务 1　应用阅读软件 ……………………………………………………………… 191
　　任务 2　应用看图软件 ……………………………………………………………… 195
　　任务 3　应用截图软件 ……………………………………………………………… 199
　　任务 4　应用杀毒软件 ……………………………………………………………… 200
　　任务 5　应用照片视频制作软件 …………………………………………………… 203
　　任务 6　应用光盘刻录软件 ………………………………………………………… 208
　项目小结 …………………………………………………………………………………… 212
　上机实战 …………………………………………………………………………………… 212

项目15　应用常用办公设备 ……………………………………………… 213
　任务1　应用打印机 …………………………………………………… 213
　任务2　应用扫描仪 …………………………………………………… 221
　任务3　应用复印机与一体机 ………………………………………… 226
　任务4　应用投影仪 …………………………………………………… 228
　项目小结 ………………………………………………………………… 233
　上机实战 ………………………………………………………………… 234
参考文献 …………………………………………………………………… 235

微课列表

序号	名称	页码	序号	名称	页码
1	了解办公自动化	3	22	制作企业年收支预算表（下）	110
2	办公礼仪知多少	7	23	制作销售预测差异回顾分析图表	126
3	制作新产品推介会邀请函（上）	10	24	制作实际销售收入饼图	126
4	制作新产品推介会邀请函（中）	10	25	销售统计分析（上）	139
5	制作新产品推介会邀请函（下）	10	26	销售统计分析（中）	139
6	创建并美化客户资料登记表	25	27	销售统计分析（下）	139
7	利用公式进行自动计算	25	28	创建演示文稿及设置幻灯片母版	160
8	插入图表	25	29	美化并放映幻灯片	160
9	制作产品推介会流程图	41	30	制作新产品推介演示文稿（上）	172
10	插入Smart Art图形	41	31	制作新产品推介演示文稿（下）	172
11	制作产品宣传册封面	52	32	阅读软件	190
12	制作产品宣传册内页	52	33	看图软件	194
13	设置封面	65	34	截图软件	198
14	设置样式和格式	65	35	杀毒软件	199
15	自动生成目录及插入页眉页脚	65	36	照片视频制作软件	202
16	文档的修订和批注	65	37	光盘刻录软件	207
17	大纲视图	65	38	打印机	213
18	制作客户回访信函	82	39	扫描仪	220
19	创建并美化客户信息表	94	40	复印机与一体机	225
20	管理客户信息表	94	41	投影仪	227
21	制作企业年收支预算表（上）	110			

模块 1

认识办公自动化

——业精于勤，荒于嬉；行成于思，毁于随。

办公自动化是一个脑力和体力结合的工作，必须善于思考和总结，才能使用办公自动化工具进行办公。

项目 1

了解办公自动化基础知识

项目背景 　办公自动化(Office Automation,OA),是 20 世纪 70 年代中期为解决办公业务量急剧增加,对企业工作效率产生巨大影响的背景下,发展起来的一门综合性技术,是将现代化办公和计算机网络功能结合起来的一种新型的办公方式。它的基本任务是利用先进的科学技术,使人们借助各种设备解决对一部分办公事务的处理,达到提高工作效率和质量,方便管理和决策的目的。

　　广西创易数码科技有限公司是一家专业从事数码产品销售、服务的企业。适逢公司十周年庆典,公司准备推出新的数码产品,并将于近期召开新产品推介会,营销总监赵勇自告奋勇地将这个任务接了下来。因为企业新产品推介会关系着未来的销售,所以赵勇需要带领团队成员共同作战。新产品推介会涉及办公自动化 5 个模块共 15 个项目,由团队的同事们共同完成。

任务 1　了解办公自动化

　　办公自动化是将现代化办公和计算机网络功能结合起来的一种新型的办公方式,是当前新技术革命中一个非常活跃和具有很强生命力的技术应用领域,是信息化社会的产物。

　　办公自动化具有以下几个方面的作用:

(1)极大地提高了工作效率,人们不用拿着各种文件、申请书、单据在各部门办理,等候审批、签字、盖章。

(2)节省运营成本,包括时间和纸张。

（3）规范单位管理，把一些弹性大、不规范的工作流程变得井然有序，如，公文会签、计划日志、用款报销等工作流程都可以在网上进行。

（4）提高企事业单位竞争力和凝聚力，员工与上级沟通变得方便，信息反馈畅通，为发挥员工的智慧和积极性提供了平台。

（5）使决策变得迅速而且科学，高层决策有数据作为依据，从而做出科学的决策。

近年来，随着网络技术的迅速发展和普及，通过利用先进的网络信息技术，实现办公自动化的解决方法，被称为网络办公自动化解决方案。办公自动化已由传统的局域网内互联互通上升到了支持移动办公、远程办公管理等更广阔的领域，如图1-1所示。

图 1-1　办公自动化

任务 2　了解网络办公

计算机网络的出现使办公自动化技术发生了革命性的演变，赋予了办公自动化技术新的内涵，彻底改变了人们的办公方式，而且这种改变还在不断深入。虽然现在的人们没有网络同样可以办公，但有了网络就可以使办公过程更加高效快捷。

使用网络化办公技术，不但公司员工之间可以通过网络来沟通和交流，不需要面对面解决，而且员工的办公时间也可以得到调整，随时随地都可以开展工作。此外，企事业单位的对外业务也可以通过网络来解决。如图1-2所示。

网络办公技术不但带给了人们许多的便利，也大大提高了办公质量和办公效率。这种新型的办公模式具有以下优点：

（1）大大提高了通信速度。员工之间、部门之间或对外业务方面都可以实现随时随地的即时通信。

（2）节省了潜在开支。电子邮件、网络数据交换等方式大大节省了管理环节的开销。

（3）拓宽了业务渠道。互联网是一个全球性的虚拟环境，提供了丰富的信息来源，利用互联网，可以便捷而迅速地获取各种最新信息，也可以及时地将公司的最新信息发布至全世界。

图 1-2　计算机网络办公

(4) 提高了服务质量。企业与客户之间通过网络互动，可以及时地交流产品与服务信息，并能及时得到反馈。

(5) 可以提供全天候的服务。任何时间都可以处理和浏览网络数据。

常用的网络办公技术有：

(1) 信息浏览。

(2) 信息交流。

(3) 收发电子邮件。

(4) 信息资源的上传和下载。

任务 3　认识办公自动化系统

办公自动化系统（OA 系统），顾名思义，就是面向各企事业单位的办公应用软件系统，它主要着眼于企业工作人员间的协同工作。

对于一个企业而言，日常事务不仅包括具体的生产、销售、采购过程，也包括财务、人力资源等专项管理，还包括大量的日常办公工作，需要不同部门间协同工作。应用 OA 系统实现办公自动化已经成为众多企事业单位加强内部管理、提升办公效率和办公质量的重要手段。

广西创易数码科技有限公司新购入的办公自动化系统就是通过 OA 应用软件为公司的日常办公、协作提供支撑的平台，它主要包含四个模块，见表 1-1，OA 系统如图 1-3 所示。

表 1-1　　　　　　　　　　办公自动化系统功能

序号	功能模块	功能描述
1	个人事务	个人事务模块帮助员工及时了解需要办理的各项事务，进行自己的工作日程安排，管理个人名片夹，收发电子邮件，同时可以进行自己的日常财务管理，修改个人的登录口令等
2	综合行政	综合行政模块可以实现公文流转、流程审批、会议管理、制度管理等

项目 1　了解办公自动化基础知识

(续表)

序号	功能模块	功能描述
3	资源管理	资源管理模块可以实现在协同工作中对涉及的人、物和时间三者的关联关系管理，重点在于实现流程绩效管理、人事档案管理、日程计划管理以及综合办公物资的管理
4	销售管理	销售管理模块可以实现客户关系管理、客户跟进记录、发货管理、人员管理和销售报表等，起到简化客户管理流程、对销售活动进行指导和方便客户跟踪维护的作用

图 1-3　OA 系统

具体来说，企事业单位 OA 系统主要实现七个方面的功能：
(1) 建立内部的通信平台。
(2) 建立信息发布的平台。
(3) 实现工作流程的自动化。
(4) 实现文档管理的自动化。
(5) 辅助办公。
(6) 信息集成。
(7) 实现分布式办公。

项目小结

办公自动化是一个综合的概念，它包括办公自动化理论基础和技术支撑，办公自动化系统软件、硬件环境以及系统建设等内容。需要以管理科学为前提，以行为科学为主导，以系统科学为理论基础，综合运用计算机技术、通信技术和自动化技术，只有员工职业素质和办公设备的完美结合才能将办公效率大幅度地提高。

本项目主要介绍了办公自动化的基本知识，包括了解办公自动化、了解网络办公、认识办公自动化系统等。通过对本项目的学习，学生能够初步认识办公自动化，对办公自动化的工作流程有所了解，为后续课程的学习打下基础。

上机实战

掌握常用的网络办公技术,如:使用浏览器进行信息浏览;学会收发电子邮件;进行文件的压缩和解压缩等。

拓 展

办公礼仪知多少

模块 ②

Word 2016的应用

——九层之台，起于垒土；千里之行，始于足下。

要想创作出高水平的文档，必须要从掌握基础知识做起，精湛的技能莫不是从基础、从细节开始的。在学习过程中，只有牢牢掌握知识、一步一个脚印，坚持不懈，才能成功。

项目 2

制作新产品推介会邀请函

项目背景

Word 2016 是 Microsoft 公司推出的 Windows 环境下受欢迎的文字处理软件,它提供了强大的文字处理功能,是 Microsoft Office 2016 办公套装软件的一个重要组成部分,使用它可以轻松地创建各种图文并茂的办公文档,如信函、行政公文、企业宣传单、报告、计划、总结等,使电子文档的编制更加容易和直观。

新产品推介会需邀请很多合作企业客户到场,因此,首先需要完成的是制作新产品推介会邀请函。通过这个项目,学生将熟悉 Word 2016 基本功能,掌握字体格式的设置、段落布局的设置、添加边框和底纹、添加项目符号、插入艺术字、插入图片的基本操作以及打印的设置等。

制作新产品推介会邀请函(上)　　制作新产品推介会邀请函(中)　　制作新产品推介会邀请函(下)

项目效果

项目效果如图 2-1 所示。

图 2-1　新产品推介会邀请函

任务 1　创建文档并录入邀请函内容

启动 Word 2016 软件,在 D 盘的"项目 2"文件夹中新建一个"新产品推介会邀请函.docx"Word 文档,并按样文输入内容。

(1)启动 Word 2016,新建一个名为"文档 1.docx"的空白文档。

(2)选择"布局"选项卡,单击"页面设置"组中的"页边距"按钮,选择下拉列表中的"自定义页边距"命令,打开"页面设置"对话框。单击"页边距"选项卡,依据如图 2-2 所示设置页边距。单击"确定"按钮。

图 2-2 "页边距"选项卡

（3）按样文录入文字内容，如图 2-3 所示。

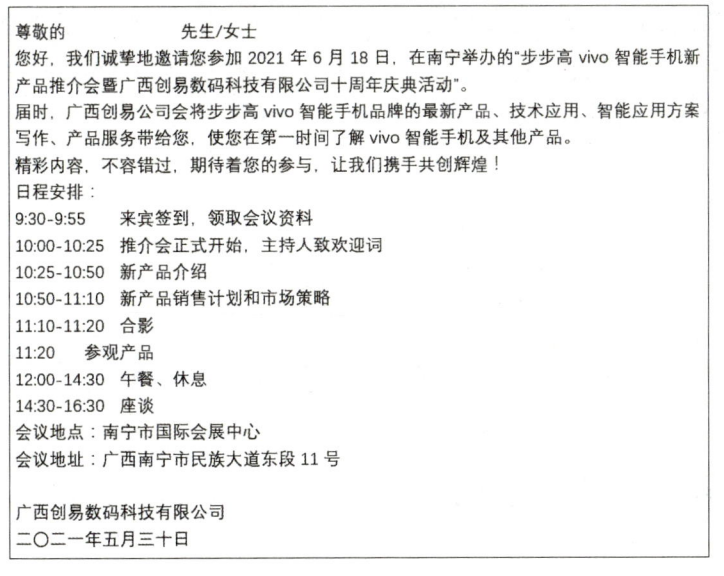

```
尊敬的          先生/女士
您好，我们诚挚地邀请您参加 2021 年 6 月 18 日，在南宁举办的"步步高 vivo 智能手机新
产品推介会暨广西创易数码科技有限公司十周年庆典活动"。
届时，广西创易公司会将步步高 vivo 智能手机品牌的最新产品、技术应用、智能应用方案
写作、产品服务带给您，使您在第一时间了解 vivo 智能手机及其他产品。
精彩内容，不容错过，期待着您的参与，让我们携手共创辉煌！
日程安排：
9:30-9:55        来宾签到，领取会议资料
10:00-10:25      推介会正式开始，主持人致欢迎词
10:25-10:50      新产品介绍
10:50-11:10      新产品销售计划和市场策略
11:10-11:20      合影
11:20            参观产品
12:00-14:30      午餐、休息
14:30-16:30      座谈
会议地点：南宁市国际会展中心
会议地址：广西南宁市民族大道东段 11 号

广西创易数码科技有限公司
二〇二一年五月三十日
```

图 2-3 录入文字内容

在输入文字的过程中，注意使用空格键调整格式和使用 Enter 键进行换行及分段。有时还需要对输入的内容进行修改或者删除，用鼠标选中需要修改或者删除的文字段，直接输入新的文本即可覆盖原来的文字，按 Delete 键即可进行删除。

（4）自动输入当天日期。先定位插入点，选择"插入"选项卡，单击"文本"组中的"日期和时间"按钮，弹出"日期和时间"对话框，在列出的"可用格式"中选择一种日期格式，勾选

"自动更新"复选框,如图 2-4 所示,单击"确定"按钮即可在光标处插入当前日期。

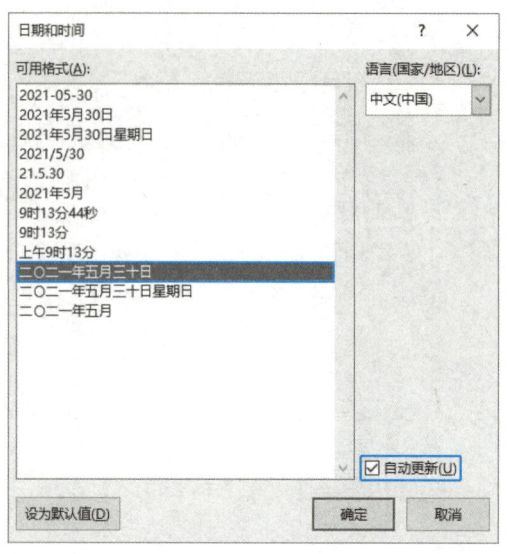

图 2-4 "日期和时间"对话框

(5)插入特殊符号。定位插入点,选择"插入"选项卡,单击"符号"组中的"符号"按钮,选择下拉列表中的"其他符号"命令,弹出"符号"对话框,如图 2-5 所示,在"字体"下拉列表中选择"Wingdings"选项,在符号列表中单击↘符号,单击"插入"按钮将符号插入文本中。

(6)统计文档中的字数。选择"审阅"选项卡,单击"校对"组中的"字数统计"按钮,Word 自动对文档的页数、字数、段落数、行数等进行统计,并在"字数统计"对话框中显示出来。如图 2-6 所示。

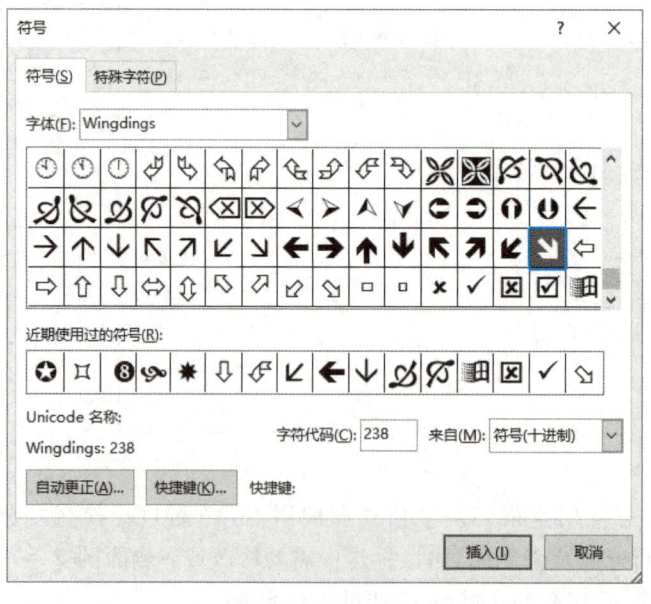

图 2-5 插入特殊符号

图 2-6 "字数统计"对话框

任务2　美化邀请函

邀请函的内容录入完后,要对邀请函进行格式化操作,使其看上去美观大方。

格式化文档包括页面设置、字符格式、段落格式、艺术字和背景、中文版式、样式等,还可以对文字设置边框和底纹、项目符号和编号列表,设置间距和缩进、页眉和页脚等格式。

操作1　设置字符和段落格式

(1)选中正文,在"开始"选项卡"字体"组中设置字体为"微软雅黑",字号为"11磅"。

(2)选择"开始"选项卡,单击"段落"组中的"对话框启动器"按钮,打开"段落"对话框,如图2-7所示。在"特殊格式"下拉列表中,选中"首行缩进",可以使段落第一行缩进,缩进多少可以在"缩进值"文本框中更改,系统默认值是2字符。在"行距"下拉列表中设置"固定值"为"18磅",单击"确定"按钮。

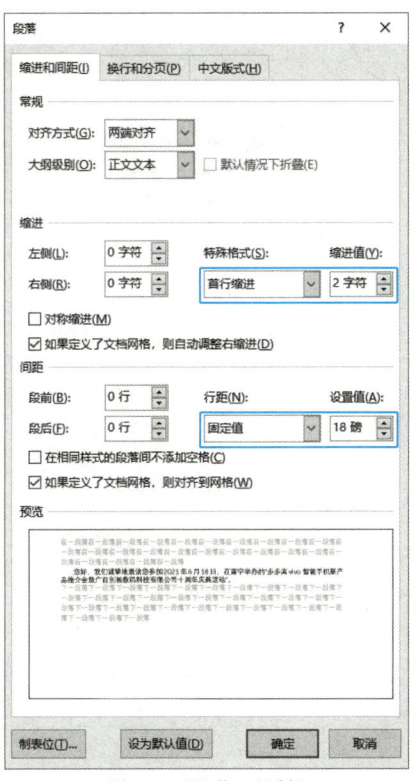

图2-7　"段落"对话框

> **提示**　用鼠标拖动标尺上的缩进符号,也可以设定文本的缩进,如图2-8所示。选中要调整的段落,将"首行缩进"符号拖到2字符处,在拖动时,按住Alt键拖动可以精确设置。

图 2-8 标尺上的缩进符号

(3)选中"尊敬的　　先生/女士"文字,单击"字体"组中的 **B** 按钮,将文字"加粗"。然后单击"段落"组中的"行和段落间距"下拉按钮,如图 2-9 所示,在下拉列表中选择"行距选项"命令,打开"段落"对话框,在"段后"调节框中设置"1 行",如图 2-10 所示,单击"确定"按钮。

(4)选中"日程安排:""会议地点:""会议地址:"文字,单击"字体"组中"对话框启动器"按钮,打开"字体"对话框,如图 2-11 所示。设置字号为"小四",字体颜色为"深蓝色",字形为"加粗",单击"确定"按钮。

图 2-9 "行和段落间距"下拉按钮

图 2-10 设置选定字体的段落格式　　　　图 2-11 "字体"对话框

(5)选中最后两行文字,单击"段落"组中的"右对齐"按钮。

> **提示** 对于格式相同的段落,可利用"剪贴板"组中的"格式刷"按钮复制格式。选中带格式的文本,单击"格式刷"按钮,用带格式刷的鼠标指针刷过要应用此格式的文本。双击"格式刷",可以将选中格式复制到多个位置。再次单击"格式刷"按钮或按 Esc 键可取消格式刷。

在很多杂志中,正文第一个字被放大数倍,这就是首字下沉格式。这种格式在一些杂志和报刊上常常可以看到,其设置很简单。

(6)将光标定位在正文第一段,选择"插入"选项卡,单击"文本"组中的"首字下沉"按钮,在下拉列表中选择"首字下沉选项",打开"首字下沉"对话框。在"位置"选项区选择下沉方式"下沉",在"字体"下拉列表中选择下沉文字的字体,在"下沉行数"文本框中指定下沉文字所占据的高度,具体如图 2-12 所示,单击"确定"按钮。设置完成后如图 2-13 所示。

图 2-12 "首字下沉"对话框　　图 2-13 首字下沉格式

操作 2　添加项目符号

为文档的列表添加项目符号或者编号,可以使文档条理清楚,更易于阅读和理解。如图 2-14 所示是添加了项目符号后的效果。

图 2-14 添加了项目符号后的效果

(1)选中要添加项目符号的列表项,在"开始"选项卡"段落"组中单击"项目符号"按钮,可为其添加最近使用过的项目符号,如图 2-15 所示。

(2)如果要改变项目符号样式,单击"项目符号"下拉列表中的"定义新项目符号",打开"定义新项目符号"对话框,如图 2-16 所示。

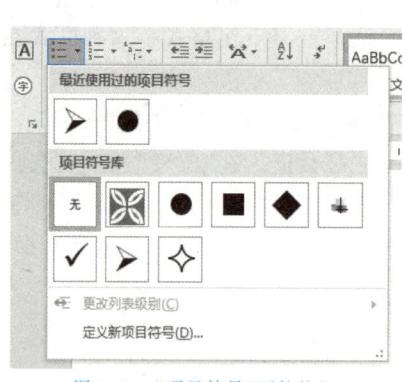

图 2-15 "项目符号"下拉按钮　　　　　图 2-16 "定义新项目符号"对话框

(3)单击"符号"按钮,打开"符号"对话框,如图 2-17 所示。在"字体"下拉列表中选择"Wingdings",从备选的图形字符中选择所需要的项目符号,单击"确定"按钮完成添加操作。

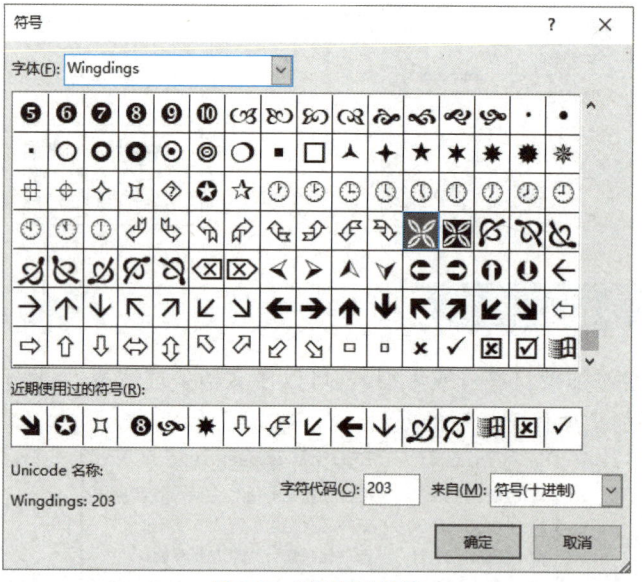

图 2-17 "符号"对话框

操作 3　查找和替换

利用查找和替换功能可以将文档中相同的、重复出现的文本按要求更改内容或者字符格式。如将文中的"步步高"文字全部替换为隶书、红色、加粗倾斜的文字"步步高"。

(1)选择"开始"选项卡,在"编辑"组中单击"替换"按钮,打开"查找和替换"对话框,在

"查找内容"文本框中输入被替换的文本"步步高",在"替换为"文本框中输入"步步高"。

(2)把光标定位到"替换为"文本框中,单击"更多"按钮,将"查找和替换"对话框的折叠部分打开。单击"搜索"下拉按钮,选择"全部"选项。

(3)单击"格式"按钮,在下拉列表中选择"字体"选项,在"字体"对话框中设置中文字体为"隶书"、字形为"加粗 倾斜"、字体颜色为"红色",如图 2-18 所示。单击"全部替换"按钮,完成文字和格式的替换。

图 2-18 "查找和替换"对话框

操作 4　设置边框和底纹

为了使文字更加醒目,可以为文字设置边框和底纹。

(1)选中"日程安排:""会议地点:""会议地址:"段落,选择"设计"选项卡,单击"页面背景"组中的"页面边框"按钮,打开"边框和底纹"对话框,如图 2-19 所示。单击"底纹"选项卡,可以选择底纹的颜色和样式,这里只选择"5％"灰色样式,"应用于"下拉列表中选择"段落"选项,如图 2-20 所示,单击"确定"按钮。

(2)选中"↘日程安排:"下要设置边框的段落,单击"边框"选项卡,在"设置"区中单击"方框"图标,在"样式"列表框中选取单波浪线,"应用于"选择"段落",如图 2-21 所示,单击"确定"按钮。

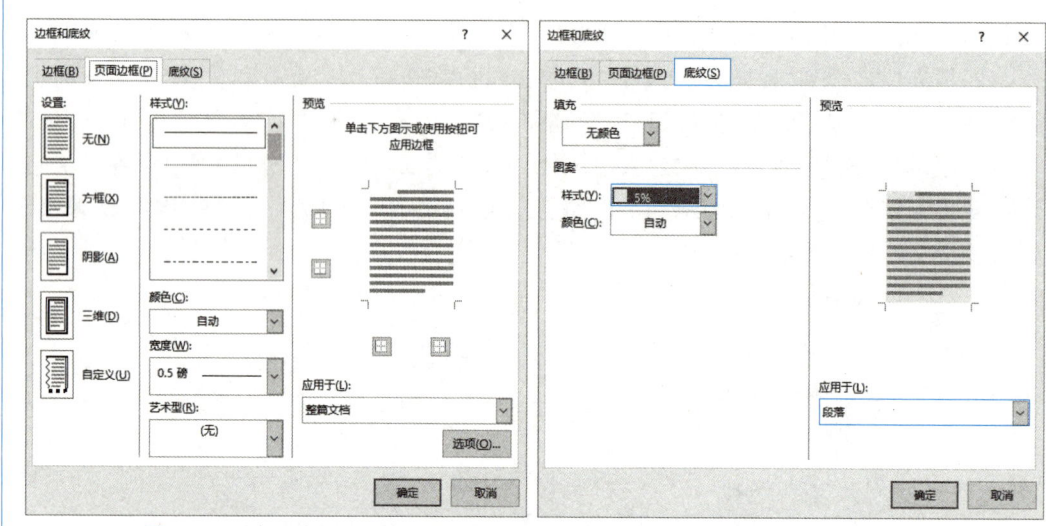

图 2-19 "边框和底纹"对话框　　　　　图 2-20 设置段落底纹

（3）如果要调整边框与文字的距离，在"边框和底纹"对话框中单击"边框"选项卡，然后单击"选项"按钮，在弹出的"边框和底纹选项"对话框中，依据图 2-22 设置边框距正文距离，连续两次单击"确定"按钮。

图 2-21 设置段落边框　　　　　图 2-22 "边框和底纹选项"对话框

（4）边框和底纹设置的效果如图 2-23 所示。

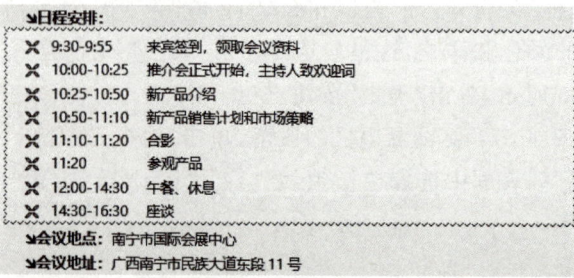

图 2-23 边框和底纹设置的效果

操作 5　插入图片

(1)选择"插入"选项卡,单击"插图"组中的"图片"按钮,在弹出的"插入图片"对话框中选择"原始素材"文件夹中的图片"welcome.jpg",单击"插入"按钮。

选中图片,出现"图片工具"|"格式"选项卡,如图 2-24 所示。

图 2-24　"图片工具"|"格式"选项卡

(2)单击"环绕文字"下拉按钮,在如图 2-25 所示的下拉列表中,选择"衬于文字下方"选项。

图 2-25　"环绕文字"下拉列表

(3)调整图片大小。选中图片,在"图片工具"|"格式"选项卡的"大小"组中,设置图片高度为"29.82 厘米",宽度为"21.08 厘米"。

操作 6　插入艺术字

插入艺术字,可以使文本变得醒目和美观。

(1)选中第一行文字"新产品推介会暨十周年庆典",选择"插入"选项卡,单击"文本"组中的"艺术字"按钮,在弹出的下拉列表中选择需要的艺术字样式,如图 2-26 所示。

(2)选择"绘图工具"|"格式"选项卡,单击"艺术字样式"组中的"文本填充"按钮,在弹出的下拉列表中选择标准红色。单击"文本轮廓"按钮,在弹出的下拉列表中选择标准红色。单击"文本效果"按钮,在弹出的下拉列表中选择"转换"选项,在弹出的子列表中选择"两端近"选项,如图 2-27 所示。设置字体为微软雅黑,字号为一号。

图 2-26　选择艺术字样式

图 2-27　设置艺术字文本效果

(3)艺术字最终效果如图 2-28 所示。

图 2-28　艺术字最终效果

任务 3　保存并打印邀请函

在创建文档的过程中,要及时保存文档,以减少因电脑死机、断电等造成的损失。

(1)单击"文件"按钮,在打开的菜单中选择"保存"命令,在打开的"另存为"对话框中选择文档的保存位置为"项目 2",并输入文件名"最终效果:VIVO 手机新产品推介会邀请函",然后单击"保存"按钮,将这篇文档保存在"项目 2"目录下。

(2)在打印文档之前,可以预览打印效果并修改页面设置。单击"文件"按钮,在弹出的下拉菜单中选择"打印"命令,如图 2-29 所示。在打开的页面右边预览区域中将显示文档被打印出来的效果,左边为该文档的打印设置。

图 2-29　Word 2016 的打印预览

(3)在"打印机"区域中选择所需打印机,在"设置"区域根据需要选择"打印所有页"、"打印当前页面"或"自定义打印范围"中的一项,从而打印不同的页码范围。如果需要多份,可以在"份数"文本框中设定打印份数。最后单击"打印"按钮,即可开始打印。

项目小结

本项目主要介绍了 Word 2016 的基本操作和使用方法,包括创建文档、设置字符和段落格式、添加项目符号、查找和替换、设置边框和底纹、插入艺术字、插入图片、保存和打印等。

通过对本项目的学习,学生能够制作一些简单的办公文档,如邀请函、会议通知、培训通知、活动公告等,并在制作过程中掌握其方法和技巧。正所谓"熟能生巧",在熟练掌握 Word 2016 的基本编辑方法后,对 Word 2016 高级操作部分才能更加快速而熟练地掌握。

上机实战

1. 制作一份培训通知,效果如图 2-30 所示。具体要求:掌握字体、字号、底纹、边框、段落等设置。

图 2-30　培训通知效果

2.制作一页文档,效果如图 2-31 所示。具体要求:掌握段落缩进、段间距的设置。文档中的图片自选。

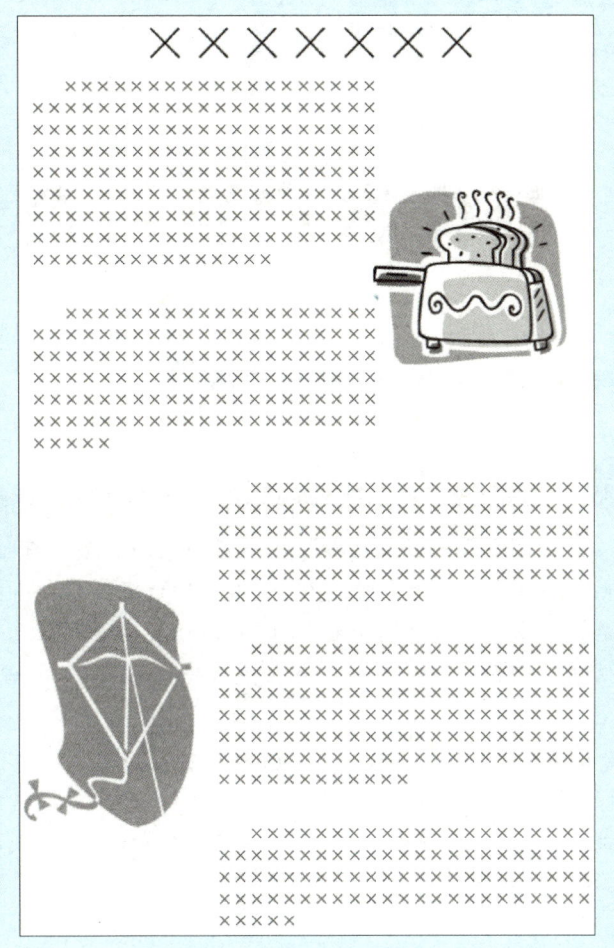

图 2-31 段落缩进设置效果

项目 3

制作客户资料登记表

项目背景

表格给人一种直观、简洁、严谨的版面感觉。有时一篇好的文章光有好的语言却无法表达清楚，或者即使表达清楚却显得冗长，特别是在组织一些复杂的分栏信息、一组相关的数据信息，比如客户资料登记表、商品信息登记表、人事资料表、个人简历登记表时，人们就会想到用表格进行处理。

本项目使用 Word 2016 提供的强大的表格功能，制作一份"客户资料登记表"，通过本项目的学习，学生能熟悉 Word 2016 插入表格的基本操作，了解表格的自动计算、排序、插入统计图表、表头的跨页显示等功能，掌握表格的简单编辑、插入页码以及页面设置等操作。

创建并美化客户资料登记表　　利用公式进行自动计算　　插入图表

项目效果

项目效果如图 3-1 所示。

图 3-1　客户资料登记表

任务 1　创建表格

在 Word 中，创建表格通常有两种方法：直接插入表格和使用工具绘制表格。先使用直接插入表格功能来插入一个简单的表格，具体操作步骤如下：

(1) 新建一个 Word 文档，输入标题"客户资料登记表"，按 Ctrl+S 组合键保存。

(2) 选择"插入"选项卡，在"表格"组中单击"表格"按钮，在下拉列表的示意表格中拖动鼠标，插入 5×7 表格，如图 3-2 所示。

图 3-2　自动创建 7 行 5 列的表格

> **提示** 也可以在"表格"按钮的下拉列表中单击"插入表格"命令,打开"插入表格"对话框,如图3-3所示。在制作超过10列或超过8行的大表格时,就需要使用"插入表格"对话框。

图3-3 "插入表格"对话框

创建表格时,Word表格的列宽往往采用默认值,我们可以对其进行修改。根据不同的需要,我们采用不同的调整方法。

(1)将指针停留在两列间的边框上,指针变为 ,向左或向右拖动边框到合适的宽度,拖动时注意标尺上显示的列宽。

(2)利用鼠标左键在水平标尺上拖动。将插入点置于表格中,水平标尺上会出现一些灰色方块,把鼠标指针移向它们,形状变为左右双箭头时,按住鼠标左键左右拖动即可改变相应列的列宽。

表格行高的调整与列宽的调整相同。

> **提示** 用上述两种方法进行拖动时,如果同时按住Alt键,就可以对表格的列宽进行精细微调,同时,水平标尺上将显示出各列的列宽值。

(3)合并单元格。选中要合并的单元格,选择"表格工具"|"布局"选项卡,单击"合并"组中的"合并单元格"按钮即可。合并单元格后的表格如图3-4所示。

图3-4 合并单元格后的表格

> **提示** 选中要合并的单元格,单击鼠标右键,在快捷菜单中选择"合并单元格"命令,如图3-5所示,也可以完成单元格的合并。

(4)在Word表格的单元格中,数据默认的对齐方式是"左上",本项目我们将表格中

的文字水平居中显示。选中表格中所有的单元格,在"表格工具"|"布局"选项卡下,单击"对齐方式"组中的"水平居中"按钮,如图3-6所示,使所有单元格中的内容在水平和垂直方向上都居中对齐。

图3-5 右键快捷菜单　　图3-6 设置单元格对齐方式

(5)设置文字方向。定位光标到"企业标志"所在的单元格,然后单击"表格工具"|"布局"选项卡"对齐方式"组中的"文字方向"按钮,让"企业标志"文字垂直排列。

(6)为了让表格居中对齐于标题的下方,可以为表格设置对齐方式。先选中整个表格,然后单击"开始"选项卡,单击"段落"组中的"居中"按钮。

这样,表格的基本结构就完成了。完成后的效果如图3-7所示。

图3-7 完成了表格的基本结构

任务2　美化客户资料登记表

操作1　修改表格结构

(1)我们需要在表格的下方添加八行"订单信息"。先将插入点置于要添加位置的上一行或下一行中的任意一个单元格中。选择"表格工具"|"布局"选项卡,单击"行和列"组中的"在下方插入"或"在上方插入"按钮,可以在插入点所在行下面或上面插入一新行。

(2)如果选择了多行中连续的单元格,则可以用上述方法插入相应数目的多行。

(3)将插入点置于某行后的段落标记前,按Enter键,也可以在该行下面添加一新行。本项目操作时,将光标放在表格最后一行后面的回车符前,按Enter键即添加一行。如图3-8所示是插入了新行后的效果。

图 3-8　添加新行后的效果

(4) 用鼠标绘制表格的列。选择"插入"选项卡，单击"表格"组中的"表格"按钮，在下拉列表中选择"绘制表格"命令，在表格边框内按住鼠标左键垂直拖动鼠标可以绘制表格的列。若绘制错误，则可选择"表格工具"|"布局"选项卡"绘图"组中的"橡皮擦"按钮，将鼠标指针移至多余的线段上并单击即可擦除多余线段。按照效果图输入表格内的文字。

(5) 对于数据量大的表格，页码的添加非常必要。选择"插入"选项卡，单击"页眉和页脚"组中的"页码"按钮，在下拉列表中选择"页面底端"命令，从其级联菜单中选择一种页码格式，如图 3-9 所示。

(6) 如果要设置页码的格式，可以从"页码"下拉列表中选择"设置页码格式"命令，打开"页码格式"对话框，在"编号格式"下拉列表中选择一种格式，如"-1-,-2-,-3-,…"，"页码编号"为"续前节"，表示在同一节下接上一节继续编号，如图 3-10 所示。单击"确定"按钮完成页码的设置。

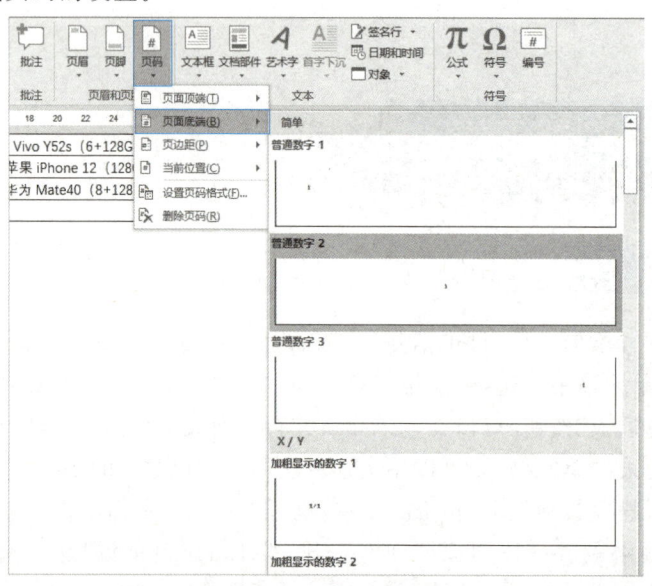

图 3-9　选择页码格式　　　　　图 3-10　"页码格式"对话框

操作2　添加边框和底纹

为了使表格看起来更加有轮廓感,可以将其最外层边框加粗。具体操作步骤如下:

(1)选中整个表格,选择"表格工具"|"设计"选项卡,单击"绘图边框"组中的"笔样式"下拉按钮,在下拉列表中选择上粗下细的双线型,如图3-11所示。在"笔划粗细"下拉列表中选择"2.25磅"。在"边框"下拉列表中选择"外侧框线",如图3-12所示。

图3-11　设置表格框线

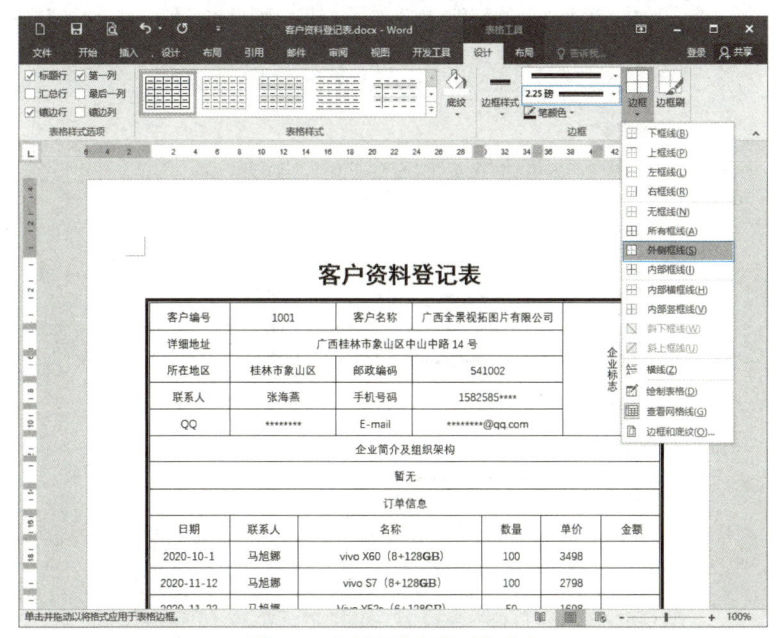

图3-12　"边框"按钮的下拉列表

此时，表格的外侧框线即变为外粗内细的双线。

（2）为了使表格外观醒目，经常会给表格添加底纹。将第 8 行和第 9 行选中，切换到"表格工具"|"设计"选项卡，单击"表格样式"组中的"底纹"按钮，在弹出的下拉列表中单击"其他颜色"命令，打开"颜色"对话框，按照如图 3-13 所示选择所需的"天蓝"颜色，单击"确定"按钮。

（3）将第 11 行选中，按住 Ctrl 键再选中第 13 行，使用同样的方法添加浅绿色底纹。

（4）将表格最后一行的底纹设置成橙色。设置完底纹后表格效果如图 3-14 所示。

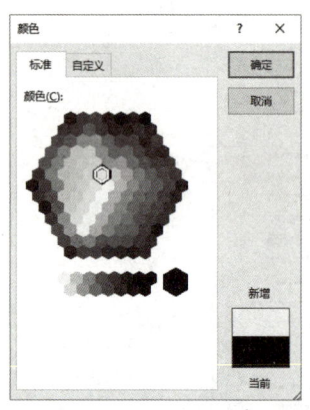

图 3-13 "颜色"对话框　　　　图 3-14 完成边框和底纹设置的表格

> **提示**　上述功能也可以在"边框和底纹"对话框中完成。选中表格，在"表格工具"|"设计"选项卡中单击"页面背景"组中的"页面边框"按钮，即可打开如图 3-15 所示的"边框和底纹"对话框，在其中选择相应选项即可。

图 3-15 "边框和底纹"对话框

操作3　利用公式进行自动计算

Word 表格中的数据可以利用公式进行自动计算,具体的操作步骤如下:

(1)将光标定位在表格中要插入公式的单元格中,在此选择日期为"2020-10-1"的"金额"单元格。

(2)选择"表格工具"|"布局"选项卡,单击"数据"组中的"公式"按钮,打开"公式"对话框,如图 3-16 所示。在"公式"文本框中将自动出现计算公式"＝SUM(LEFT)",可以修改或输入公式;在"粘贴函数"下拉列表中可以选择所需函数,被选择的函数将自动粘贴到"公式"文本框中;在"编号格式"下拉列表中可以选择或自定义数字格式,如定义为"0.00",表示保留小数点后两位小数。

> **提示**　"公式"文本框中出现的计算公式"＝SUM(LEFT)"表示对公式所在单元格的左侧连续单元格内的数据求和,"＝SUM(RIGHT)"表示向右求和,"＝SUM(ABOVE)"表示向上求和,"＝SUM(BELOW)"表示向下求和。

(3)此时计算的公式不正确,我们利用单元格标识来计算。

单击"数据"组中的"公式"按钮,打开"公式"对话框。在"公式"文本框中输入计算公式"＝D10＊E10",在"编号格式"下拉列表中选择"0.00"编号格式,如图 3-17 所示。单击"确定"按钮完成计算。

图 3-16　"公式"对话框　　　　　图 3-17　输入公式

> **提示**　Word 表格中每个单元格都有一个默认的唯一标识,标识的命名由单元格所在的列标和行号组合而成。列标使用字母 A,B,C 等来表示,行号使用数字 1,2,3 等来表示,列标在前,行号在后。如第 3 列第 2 行的单元格名为 C2。其中,字母大小写通用,使用方法与 Excel 相同。

在表格中进行计算,可以直接在公式中引用单元格标识,但必须符合一定的格式。如果是引用单个单元格,那么在每个单元格之间使用逗号分隔。如本项目中计算"数量"的合计数公式可以是"＝SUM(D10,D11,D12,D13,D14)";如果是引用单元格区域,则使用选中区域的首、尾单元格,并在首、尾单元格之间使用冒号分隔。如本项目中计算"数量"的合计数公式也可以是"＝SUM(D10:D14)"。

(4)以同样的方法将表格中的数据全部计算出来。

> **提示**　当改动了某些单元格的数值后,公式的结果不能同时更新,此时可以选择整个表格,然后按F9键,即可更新表格中所有公式的结果。

操作4　按金额排序

Word中的数据排序通常是针对某一列的数据,它可以将表格某一列的数据按照一定规则排序,并重新组织各行在表格中的次序。本项目要求给每个联系人按金额降序排序。由于表格最后一行不参与排序,可先将这一行从表格中拆分出去,前8行也不参与排序,也要拆分出去。具体的操作步骤如下:

(1)将光标置于最后一行任一单元格中,选择"布局"选项卡,单击"合并"组中的"拆分表格"按钮,将表格拆分成两个表格。用同样的方法,将前8行也拆分出去。

(2)将插入点置于要排序的订单信息表中,单击"表格工具"|"布局"选项卡"数据"组中的"排序"按钮,打开"排序"对话框。参照图3-18对"主要关键字"选项区进行设置;如果字段列较多,还可以对次要关键字和第三关键字进行排序设置。根据排序表格中有无标题行来选择下方的"有标题行"或"无标题行",本项目选择"有标题行"。

图3-18　有标题行排序

(3)设置完成后单击"确定"按钮,此时,表格按金额从大到小降序排列,各行顺序按排序列结果相应调整。

(4)接下来合并表格。只要将光标置于两个表格之间,按删除键就可以把原来拆分出去的表格合并为一个表格了。

任务3　设置表格标题跨页

许多表格的数据量很大,包含的单元格不止一页,为了方便浏览和编辑表格,我们希望能在每一页的首行显示表格的标题,即实现表格标题的跨页显示。实现此功能并不复杂,首先是在第一页的表格首行设置好标题内容,本例是将表格的前9行全部选定为标题内容,如

图 3-19 所示。然后切换到"表格工具"|"布局"选项卡,单击"数据"组中的"重复标题行"按钮,Word 2016 就会自动在每页的首行添加上标题。

客户编号	1001	客户名称	广西全景视拓图片有限公司	企业标志
详细地址		广西桂林市象山区中山中路14号		
所在地区	桂林市象山区	邮政编码	541002	
联系人	张海燕	手机号码	1582585****	
QQ	********	E-mail	********@qq.com	
企业简介及组织架构				
暂无				
订单信息				
日期	联系人	名称	数量	单价	金额
2020-12-15	蓝 波	华为 Mate40 (8+128GB)	150	7668	1150200

将表格的前9行全部选定作为标题内容

图 3-19 自动添加的标题行

任务 4　插入图表

为了简洁、直观地表示表格数据,可以将数据以图表方式显示。下面以"2020-10-1" "2020-11-12""2020-12-1"三天的订单数量生成柱形图为例,介绍在 Word 中插入图表的操作方法。具体操作步骤如下:

(1)选择"插入"选项卡,单击"插图"组中的"图表"按钮,打开"插入图表"对话框,如图 3-20 所示。选择第一个柱形图,单击"确定"按钮。此时,启动 Excel 2016,所显示的行、列以及数据都是示例数据,如图 3-21 所示。

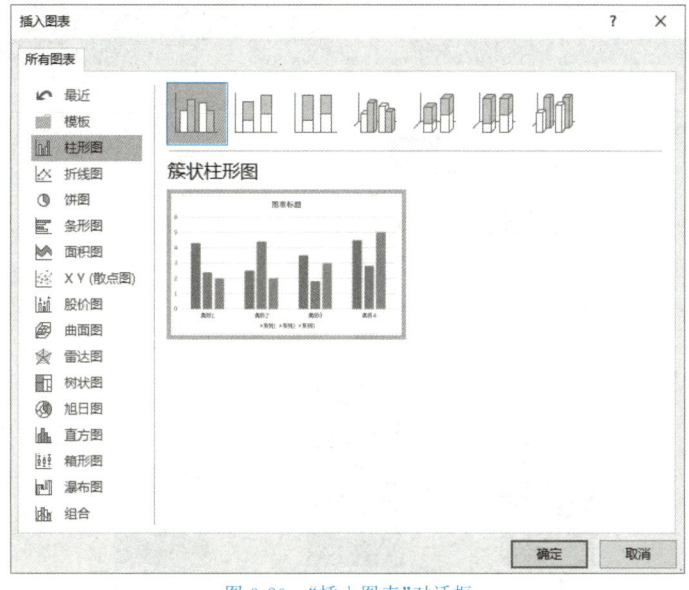

图 3-20 "插入图表"对话框

(2)根据要求,输入相应的行列名称和表格数据,图表也会相应变化。

(3)关闭 Excel 窗口,完成后即可自动更新创建符合要求的图表,如图 3-22 所示。

此时的图表并不美观,图表中的数据显示也不尽如人意,接下来对图表进行简单的修饰。

图 3-21　启动 Excel 2016

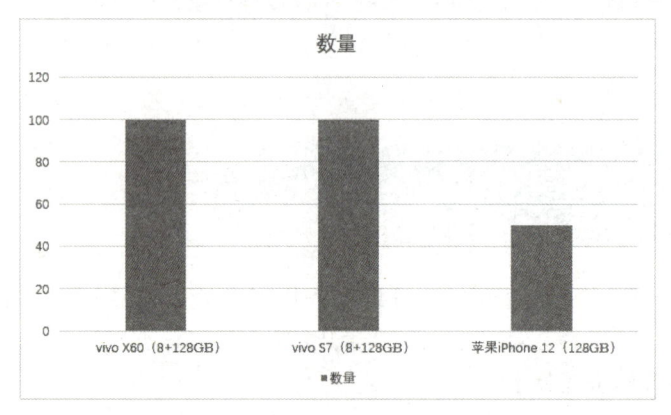

图 3-22　新创建的图表

(4)选中图表,切换到"图表工具"|"设计"选项卡,在"图表样式"组中选择"样式",可快速改变图表的样式,如图 3-23 所示。单击"更改颜色"按钮,选择下拉列表中的"绿色"。

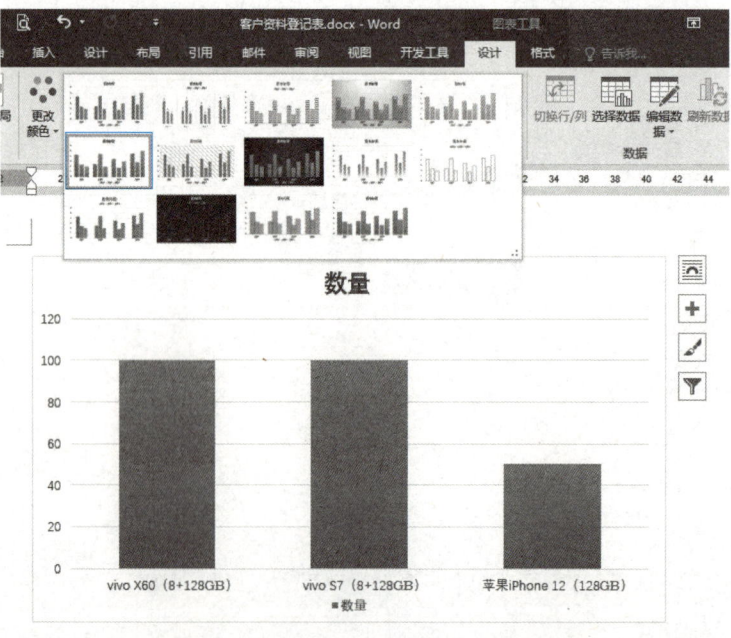

图 3-23　选择"样式 6"

(5)右击 X 轴,在弹出的快捷菜单中选择"字体"命令,打开"字体"对话框。按照如图 3-24 所示设置"大小"为 12。单击"确定"按钮退出"字体"对话框。

(6)右击 Y 轴,在弹出的快捷菜单中选择"设置坐标轴格式"命令,打开"设置坐标轴格式"窗格。单击"坐标轴选项"选项卡,在"单位"选项中输入"主要"刻度值"15",如图 3-25 所示。按 Enter 键。

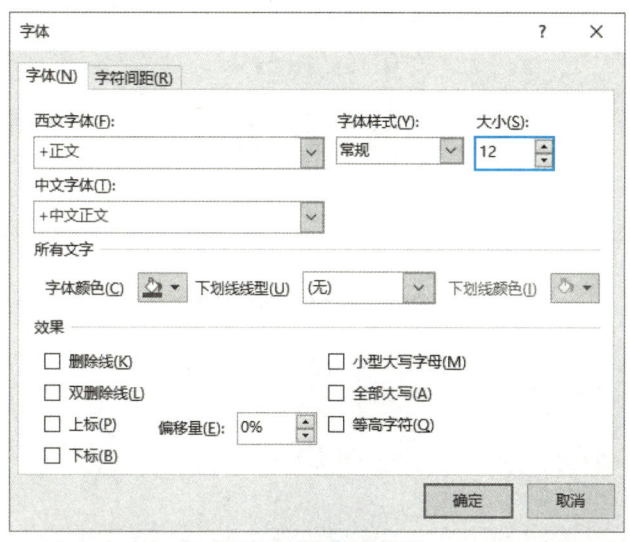

图 3-24 "字体"对话框

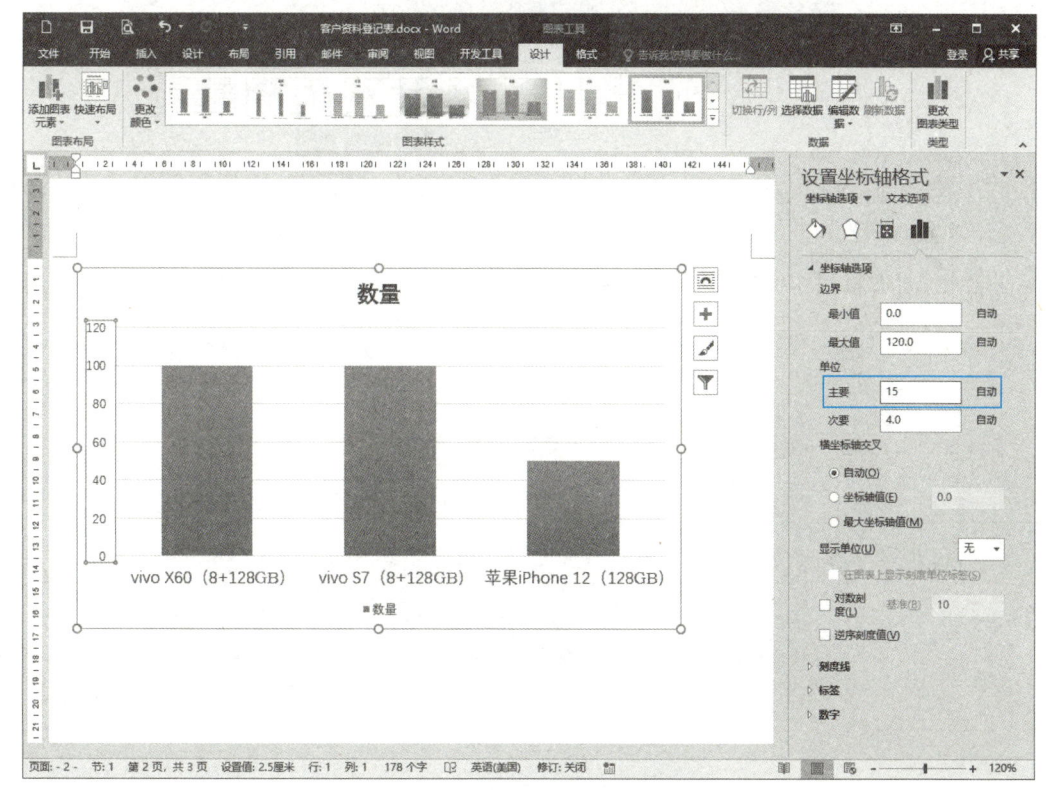

图 3-25 "设置坐标轴格式"窗格

(7)选中图表的绘图区域,然后切换到"图表工具"|"格式"选项卡,在"形状样式"组中单击"形状填充"按钮,在弹出的列表中选择"渐变"命令,然后选择"线性向下"浅色变体,如图 3-26 所示,即可快速完成图表绘图区域的渐变效果。

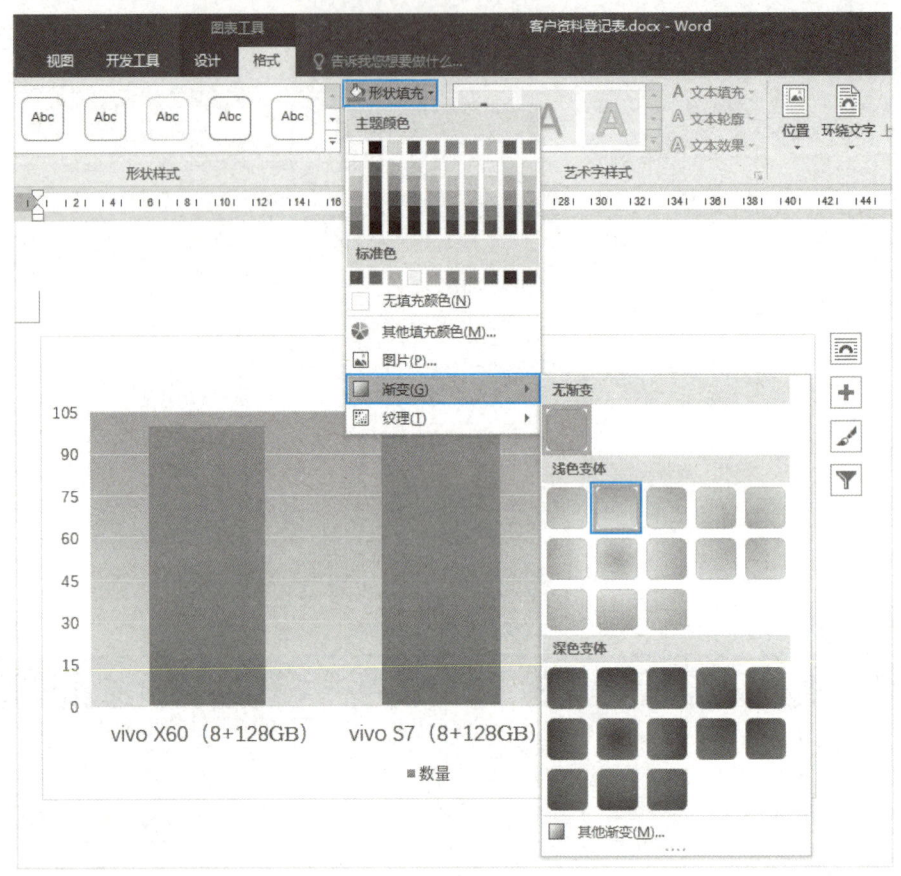

图 3-26 设置图表的渐变

至此,图表就制作完成了。完成后的图表如图 3-27 所示。

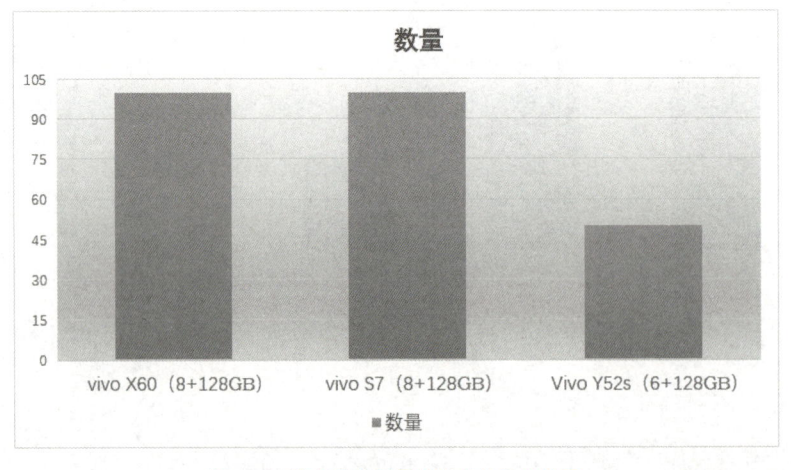

图 3-27 图表区设置了渐变底纹后的效果

项目小结

本项目初步介绍了应用 Word 2016 制作表格的基本步骤和方法,包括创建表格、修改表格结构、添加边框和底纹、利用公式进行自动计算、按金额排序、设置表格标题跨页、插入图表等。

表格的用途很广,可以使用表格制作简单的图表,可以在表格中插入图片,可以对表格内的数字进行排序和计算等,还可以用表格创建美观的页面版式以及排列文本和图形,这在 Web 页中经常用到。因此大家一定要熟练掌握表格的操作。

上机实战

1.制作一张个人简历表格,效果如图 3-28 所示。要求首先设置好页面,并且添加页面边框;在页面中除了表格以外,还要有标题"个人简历";表格的外边框与内边框的线型不相同,而且粗细也不一样;表格中的字体设为"隶书",单元格中文字的位置设置为水平、垂直居中。

【关键步骤提示】

(1)在表格中输入文字后,文字一般是首行缩进两个字符,要先将首行的缩进取消,才能将其在单元格中居中显示。

(2)页面边框的设置:选择"设计"选项卡,单击"页面背景"组中的"页面边框"按钮,打开"边框和底纹"对话框设置艺术型边框。

图 3-28 个人简历表格

上机实战

2.制作正文版式框架,效果如图3-29所示。要求插入一个3×3的表格,并设置表格的内部线条为3磅直线,外部线条为无。本例图片可自选。

3.制作本月日历,效果如图3-30所示。要求首先设置好页面,纸张大小为自定义15厘米×18厘米,页边距均为2厘米。插入一张图片衬于文字下方。本例图片可自选。

图3-29 正文版式框架

图3-30 日历

上机实战

4. 制作一份表格，效果如图 3-31 所示。

我的理想公寓

地址：_____

项目	
卧室数量	
卫生间数量	
总面积	
办公室/书房/厨房	
租金	
租期（如：按月、按年）	
地点（如：商场附近、车站附近）	
允许养宠物	
停车位	
室内设施	
贮藏室	
洗衣设施	
做饭设施	
拱形屋顶	
地板（如：地毯、实木地板、瓷砖）	
景色（如：山、水、城市风景等）	
健身设施	
游泳池	
俱乐部	
社交活动	
物业管理	
安全系统	
供暖设施（如：集中供暖、强制通风）	
房屋建筑年限	
有线电视	
宽带接入	
其他特点	

图 3-31 表格

项目 4
绘制产品推介会流程图

项目背景

在日常工作中,为了表达某个业务的过程或流程,常常需要绘制流程图。我们可以使用比较经典的流程图绘制工具,比如 Visio,也可以使用 Word 自带的流程图绘制工具。

使用图形表示流程是一种极好的方法,有时候可能千言万语也不如一张图。本项目详细介绍使用 Word 绘制流程图的方法。在制作过程中,所用到的知识点有插入流程图、对齐和分布设置、连接符的使用、三维效果样式的设置、改变自选图形和艺术字的使用等。

为了提高工作流程图的制作效率,在具体制作之前应该先在头脑中构思一下流程图的大概效果,并在稿纸上勾画出设计草图,这往往比边想边做要快很多。在纸上画好草图之后,就可以打开 Word 2016 进行具体的制作了。

制作产品推介会流程图

插入 SmartArt 图形

项目效果

项目效果如图 4-1 所示。

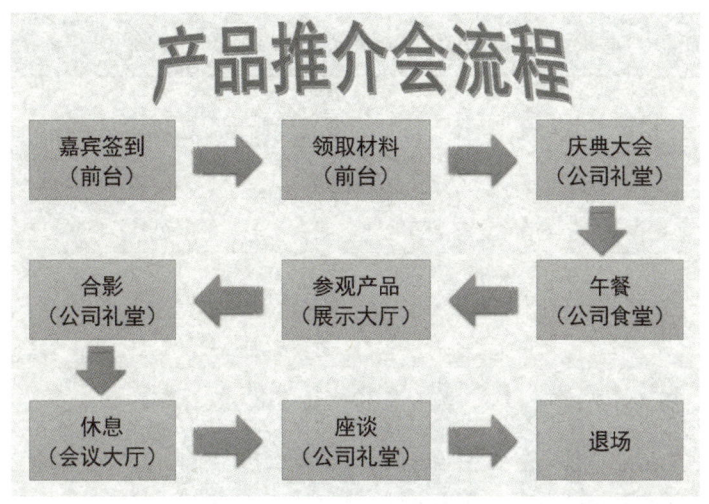

图 4-1　产品推介会流程

任务 1　使用艺术字制作流程图的标题

艺术字是指在 Word 文档中经过特殊处理的文字。具体的操作步骤如下：

(1)新建一个空白文档,命名为"推介会流程图"。双击标尺区域空白处,打开"页面设置"对话框。单击"页边距"选项卡,设置"纸张方向"为横向,在"页边距"选项区域设置上、下、左、右页边距均为"2 厘米",完成后单击"确定"按钮。

(2)选择"插入"选项卡,单击"文本"组中的"艺术字"按钮,在弹出的下拉列表中选择需要的艺术字样式,如图 4-2 所示。

图 4-2　选择艺术字样式

(3)选中插入的艺术字,设置字体为"黑体",字号为"65 磅"。选择"绘图工具"|"格式"|"艺术字样式"组,单击"文本填充"下拉按钮,在弹出的下拉列表中选择标准红色;单击"文本轮廓"下拉按钮,在弹出的下拉列表中选择标准橙色;单击"文本效果"下拉按钮,在弹出的下拉列表中选择"转换"选项,在弹出的子列表中选择"两端近"选项,如图 4-3 所示。

项目 4　绘制产品推介会流程图

43

图 4-3 设置艺术字文本效果

(4)艺术字最终效果如图 4-1 所示。

任务 2　手绘图形

接下来我们开始绘制流程图的框架,并在其中输入文字。具体操作步骤如下:

(1)单击"插入"选项卡,在"插图"组中单击"形状"按钮,在其下拉列表中选择"矩形",如图 4-4 所示。拖动鼠标,在文档合适位置画出矩形。

(2)选中矩形,右击,在弹出的快捷菜单中执行"添加文字"命令,然后在图形中输入文字"嘉宾签到(前台)"。

(3)切换到"绘图工具"|"格式"选项卡,在"大小"组中设置"嘉宾签到(前台)"图形宽为"5.7 厘米",高为"3 厘米"。

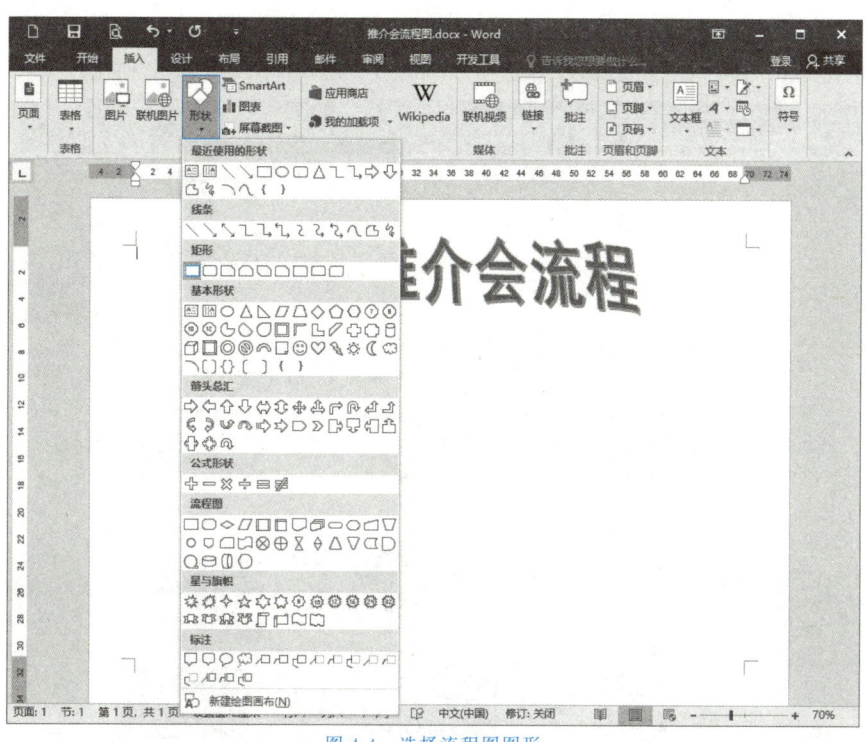

图 4-4　选择流程图图形

（4）在"插入"选项卡"插图"组中单击"形状"按钮，在其下拉列表中选择"虚尾箭头"，在图形的右侧绘制一个虚尾箭头图形，并适当调整其大小和位置，如图 4-5 所示。

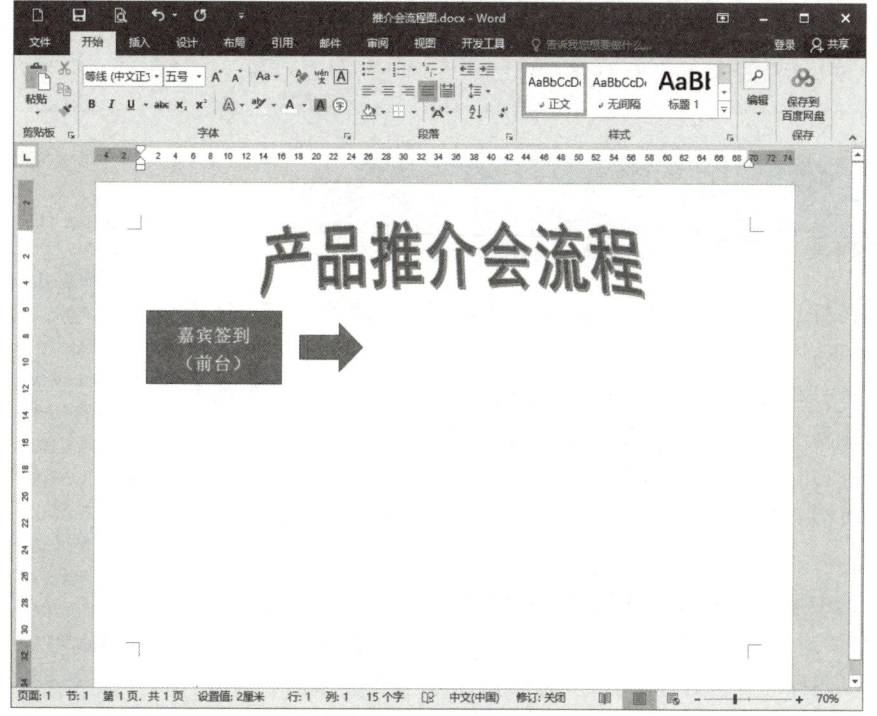

图 4-5　绘制虚尾箭头图形

(5)用同样的方法,绘制其他图形,并在其中输入相应的文字,完成后的流程图如图 4-6 所示。

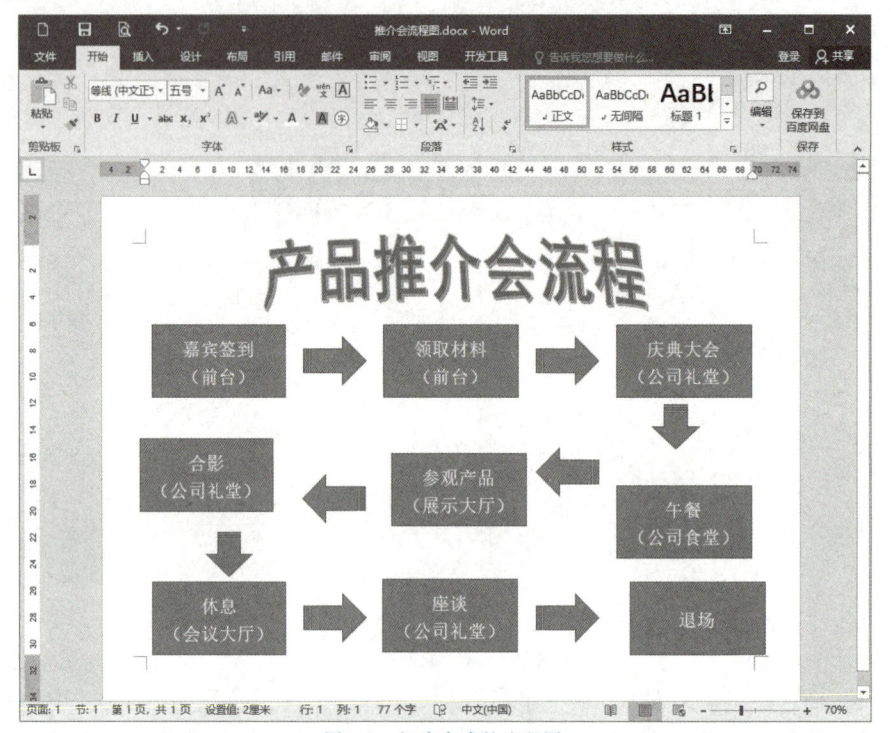

图 4-6　初步完成的流程图

> **提示**　制作同类型的其他图形时,可利用图形复制快捷键"Ctrl+D"进行复制,既快捷,又使图形大小和形状一致。

任务 3　美化流程图

下面我们对图形做一些修饰,使其具有更漂亮的外观。具体操作步骤如下:

(1)首先将图形对齐。按住 Shift 键的同时选中左边一列的所有图形,选择"绘图工具"|"格式"选项卡中的"排列"|"对齐"|"水平居中"命令,将所有选中的图形水平居中对齐,如图 4-7 所示。

(2)以同样的方法分别将中间一列和右边一列的图形设置为水平居中对齐。

(3)选中第一行的所有图形,选择"绘图工具"|"格式"选项卡中的"排列"|"对齐"|"垂直居中"命令,让它们垂直居中对齐。

(4)以同样的方法分别将其他两行的图形设置为垂直居中对齐。

(5)为了使文字看起来更醒目,可以设置每个图形内的文字格

图 4-7　选择对齐方式

式。选中所有图形,切换到"开始"选项卡,在"字体"组中设置字体为"黑体",字号为"小一",对齐方式为"居中"。

(6)选中所有矩形,在"绘图工具"|"格式"选项卡中,选择"形状样式"组,在"其他"下拉列表中选择"细微效果-绿色,强调颜色 6",如图 4-8 所示。

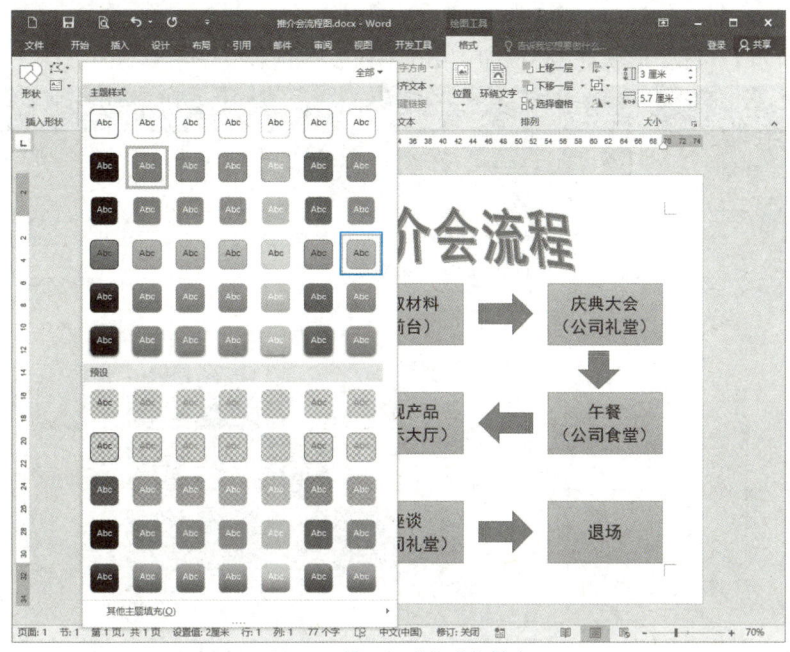

图 4-8　设置矩形的形状样式

(7)选中所有的虚尾箭头图形,同上步骤,在"其他"下拉列表中选择"强烈效果-绿色,强调颜色 6",如图 4-9 所示。

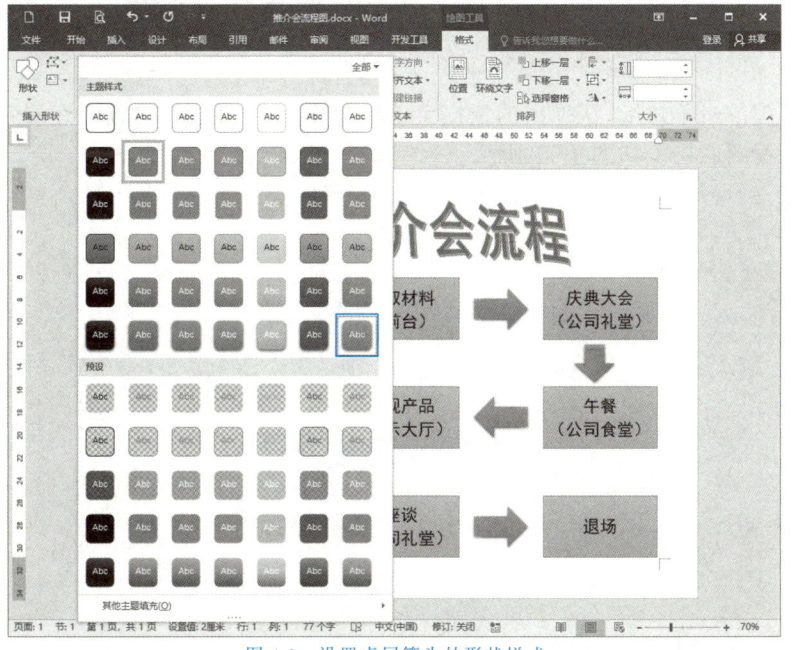

图 4-9　设置虚尾箭头的形状样式

为了使整个流程图更加美观,我们为流程图添加底纹。

(8)单击"插入"选项卡,在"插图"组中单击"形状"按钮,在其下拉列表中选择"矩形",拖动鼠标,在文档合适位置画一个大矩形图形。

(9)选中这个大矩形,切换到功能区的"绘图工具"|"格式"选项卡,单击"形状样式"组中的"形状填充"按钮,从下拉列表中选择"纹理"命令,从"纹理"子列表中选择"羊皮纸",如图 4-10 所示。单击"形状轮廓"按钮,从下拉列表中选择"无轮廓"。

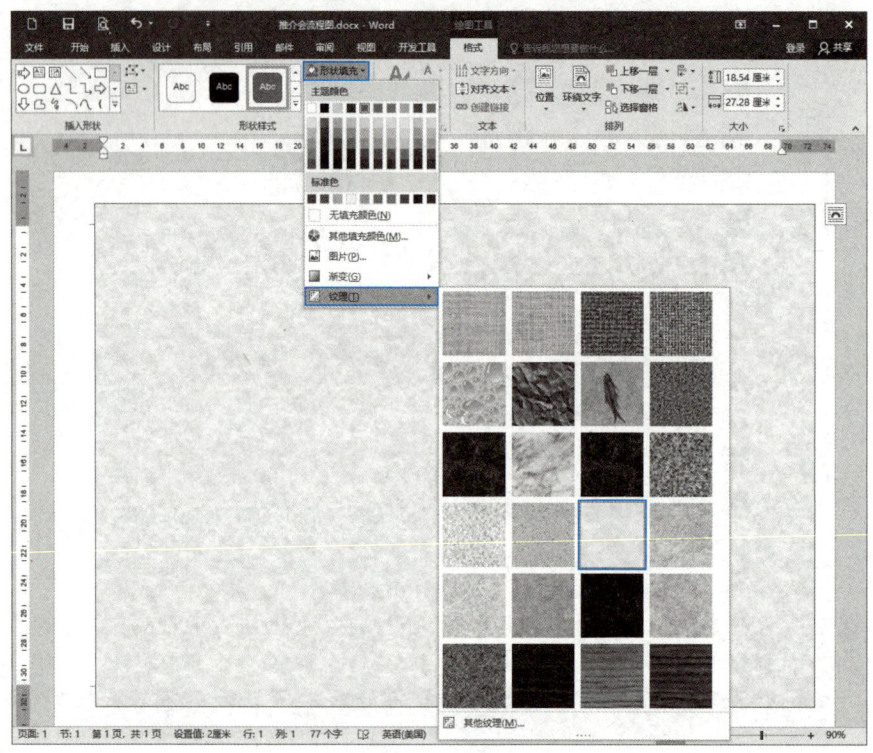

图 4-10　设置底纹

(10)右键单击羊皮纸,从弹出的快捷菜单中单击"置于底层"|"置于底层"命令,将羊皮纸置于流程图底层。如图 4-11 所示。

图 4-11　将羊皮纸置于底层

至此,整个流程图的外观就非常漂亮了。

任务 4　插入并编辑 SmartArt 图形

在制作工作报告、公司宣传单等文稿时,经常需要在文档中插入公司组织结构图、采购流程图、产品生产流程图以及其他表明相互关系的流程图。在 Word 中,可以通过插入 SmartArt 图形来快速绘制此类流程图。使用 SmartArt 图形能将各层次结构之间的关系清晰明了地表达出来。具体操作步骤如下:

(1)新建一个 Word 文档,选择"插入"|"插图"组,单击"SmartArt"按钮,在弹出的"选择 SmartArt 图形"对话框中选择"层次结构"|"组织结构图",如图 4-12 所示。单击"确定"按钮,即可在文档中插入组织结构图,如图 4-13 所示。

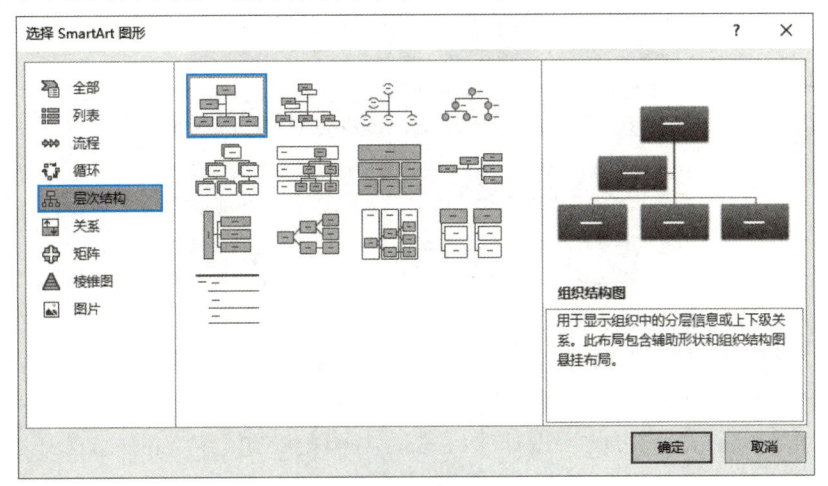

图 4-12　"选择 SmartArt 图形"对话框

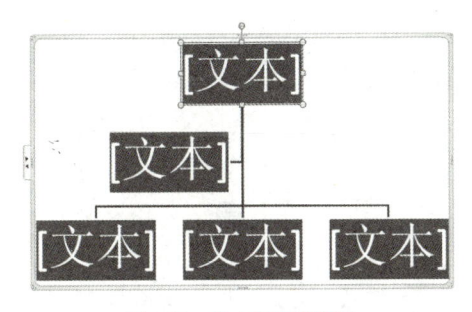

图 4-13　插入组织结构图

(2)选择第二排示图框,按 Delete 键删除选定的图框。
(3)单击 SmartArt 图框,然后输入所需的文字,如图 4-14 所示。

图 4-14　在图框中输入文字

(4)选择"总经理"图框,切换到"SmartArt 工具"|"设计"选项卡,在"创建图形"组中单击"添加形状"按钮,在下拉列表中选择"在下方添加形状"命令,添加一个新的图框,然后在新图框中输入"管理总监",如图 4-15 所示。

图 4-15　在添加的新图框中输入文字

(5)按照相同的方法依次添加多个新图框,如图 4-16 所示。

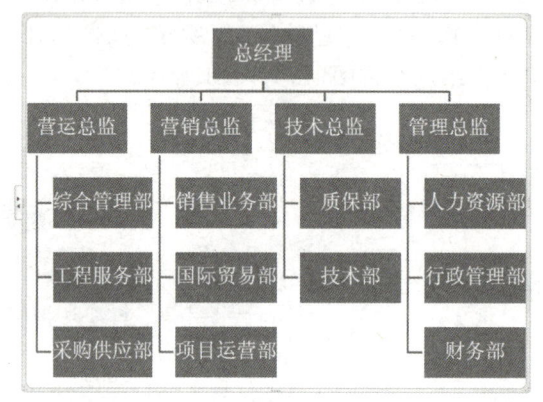

图 4-16　添加多个新图框

(6)为了使文档更加美观,需要对 SmartArt 图形进一步编辑。选中整个图形后,将图中的文字设置为"微软雅黑""16 磅"。

(7)选择"SmartArt 工具"|"设计"|"SmartArt 样式"组,在"SmartArt 样式"下拉列表中选择"强烈效果";单击"更改颜色"按钮,在弹出的下拉列表中选择"彩色范围-个性色 4 至 5"选项,如图 4-17 所示。

图 4-17　"更改颜色"下拉列表

(8)在图示表的上方添加文字"广西创易数码科技有限公司组织架构图",将插入文字设置为"黑体""二号""居中"。一个完整的组织架构图就设计好了,如图 4-18 所示。

广西创易数码科技有限公司组织架构图

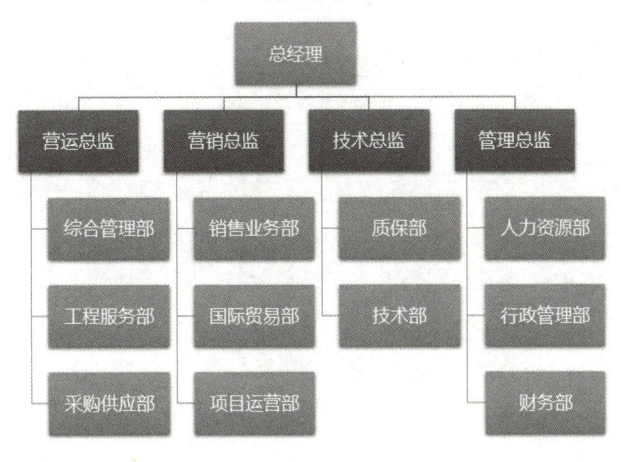

图 4-18　设计好的组织架构图

项目小结

本项目主要介绍了在 Word 2016 中使用"自选图形"工具制作产品推介会流程图,插入 SmartArt 图快速绘制公司组织架构图的方法,综合使用了插入艺术字、手绘图形、插入文本框等功能,并对其进行属性设置以满足使用要求。

本项目所提及的艺术字、自选图形及文本框等都属于图形对象,广义的图形对象还包括图示、图表、图像等。对这些图形对象,都有相似的操作,都可以通过"设置对象格式"来对这些图形对象进行诸如大小、位置、填充、线条、对齐和文字环绕方式等格式设置。在 Word 中,复杂的图形效果也是通过各种图形对象组合而成的。

上机实战

1.使用绘图工具绘制一个红灯笼,效果如图 4-19 所示,要求利用图形的绘制、图形的填充、插入艺术字等知识。

图 4-19　红灯笼

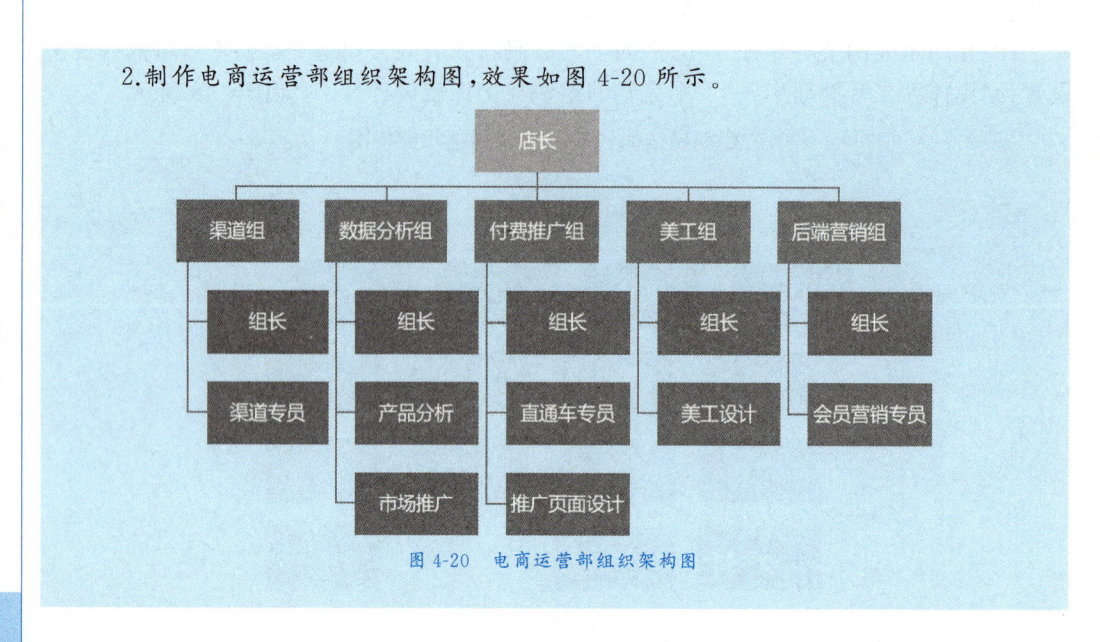

2.制作电商运营部组织架构图,效果如图4-20所示。

图 4-20　电商运营部组织架构图

项目 5

制作产品宣传册

项目背景

宣传样本是商业贸易活动中的重要媒介体,包括各种册子、产品目录、企业刊物、画册,也包括传单、折页、明信片、贺年片、企业介绍卡、推销信等。它的作用是提示商品、介绍活动和宣传企业等,并系统地展现产品,从而扩大企业和商品的知名度,加强购买者对商品和企业的了解,同时树立一个良好的企业整体形象。

本项目是一本三折页产品宣传册的设计。宣传册的设计不同于其他排版设计,它要求视觉精美、档次高。在排版设计中尤其强调整体布局,同时内页的文字、图片、小标题等都要风格独特。希望读者能通过本项目的讲解,迅速掌握 Word 图文混排的精髓,在处理其他类似的文档时更加得心应手。

制作产品
宣传册封面

制作产品
宣传册内页

项目效果

项目效果如图 5-1、图 5-2 所示。

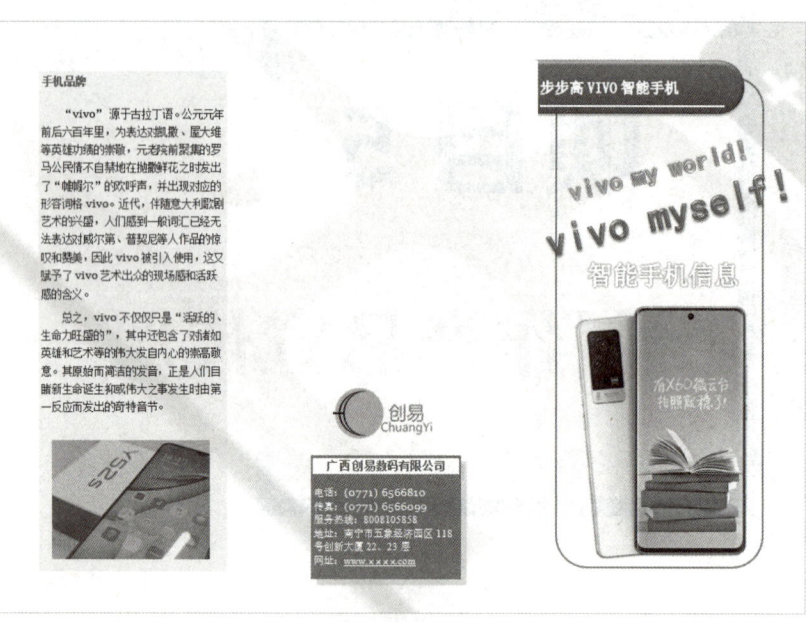

图 5-1　产品宣传册封面

图 5-2　产品宣传册内页

任务 1　设置宣传册页面

要制作产品宣传册,先要有一定数量的产品素材,接下来要做的事情是勾画草图。先确定纸张的大小,然后在纸面上留出标题文字和图片的空间,最后把剩余空间分割给各个产品说明文字,注意布局的整体协调性和美观性。

草图确定后，就可以根据它在计算机上绘制正稿。熟练者可以不勾画草图，直接在计算机上做方案。

一本宣传册分为封面和内页两面，本项目使用不同的排版方法分别示范如何制作这本宣传册的封面和内页正文。具体操作步骤如下：

(1)新建一个 Word 文档，选择"布局"|"页面设置"组，单击"纸张大小"按钮，在弹出的下拉列表中选择"其他纸张大小"选项，在打开的"页面设置"对话框中设置纸张的"宽度"为 29.7 厘米，"高度"为 21 厘米，单击"确定"按钮。

(2)选择"布局"|"页面设置"组，单击"页边距"按钮，在弹出的下拉列表中选择"自定义页边距"选项。打开"页面设置"对话框的"页边距"选项卡，在"纸张方向"选项区中选择"横向"，在"页边距"选项区中将上、下数值框的值均设置为 1 厘米，左、右数值框的值均设置为1.27 厘米，如图 5-3 所示。然后单击"确定"按钮。

(3)单击"页面设置"组中的"分隔符"按钮，在弹出的下拉列表中选择"分页符"选项，如图 5-4 所示。这样文档变成两页，一页编辑宣传册的封面，一页编辑宣传册的内页正文。

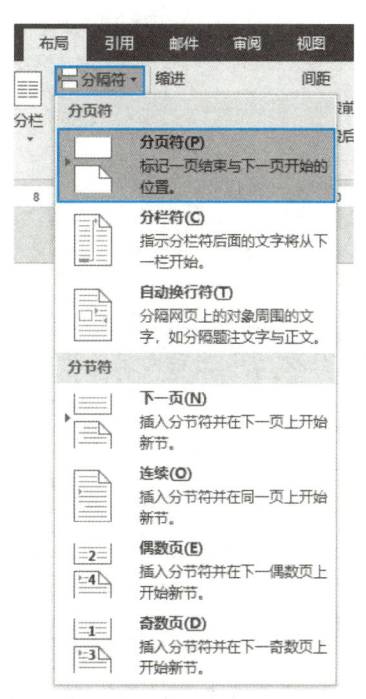

图 5-3　页面设置　　　　　　　　　图 5-4　插入分页符

> **提示** 插入分页符后,可以单击"文件"|"选项"命令,在打开的"Word 选项"对话框左侧单击"显示"选项卡,右侧勾选"显示所有格式标记"复选框,如图 5-5 所示,单击"确定"按钮将分页符显示出来。分页符在文档中显示为包含"分页符"字样的虚线,如果要取消分节,只需删除分页符即可。

图 5-5 "Word 选项"对话框

（4）选择"插入"选项卡,单击"表格"组中的"表格"按钮,在下拉列表中选择"绘制表格"命令,此时鼠标变为笔形,直接拖动鼠标在页面上画一个 1 行 3 列的表格。

> **提示** 在对全页面范围内的表格、图形等对象进行操作时,要注意调整文档的可视面积,拖动文档右下角的"缩放"滑块,可调整页面的显示比例,如图 5-6 所示。

图 5-6 设置页面的显示比例

（5）选中整个表格,激活"表格工具"|"布局"选项卡,单击"单元格大小"组中的"分布列"按钮,将表格中的各列进行平均分布。

> **提示** 将表格绘制成纯粹的辅助线条,只是为了方便读者把握宣传册的整体布局。如果不需要显示表格框线,读者可以选择"表格工具"|"设计"选项卡,单击"边框"组中的"边框"按钮,从下拉列表中选择"无框线"命令,如图 5-7 所示,将表格的框线隐藏起来,在打印文档时,框线不会被打印出来。

图 5-7 设置无框线

有了这个版面布局,就可以向其中添加具体的内容了,下面先介绍封面的制作。

任务 2　制作宣传册封面

宣传册的封面主要采用图形和文本框结合的方式进行设计,具体操作步骤如下:

(1)单击"插入"|"插图"|"形状"按钮,在下拉列表中选择"圆角矩形"按钮。用鼠标在文档中拖出一个圆角矩形,调整图形对象的大小并将其移动到文档的右边。

(2)选中图形对象,拖动图形对象左上方的黄色圆形控制点,调整圆角矩形圆角的曲率半径,如图 5-8 所示。

图 5-8　调整圆角的曲率半径

> 提示：创建的圆角矩形周围有十个控制点,如图 5-8 所示。周围八个空心圆形控制点用来调整图形的长度和宽度;黄色圆形控制点用来调整圆角矩形圆角的曲率半径;形状上方的旋转控制点用来旋转图形。

(3)右键单击圆角矩形,在快捷菜单中选择"其他布局选项"命令,打开"布局"对话框,在"大小"选项卡中设置图形"高度"绝对值为 1.86 厘米,"宽度"绝对值为 8.33 厘米,如图 5-9 所示。单击"确定"按钮。

(4)选择"绘图工具"|"格式"选项卡,从"形状样式"组中的"其他"下拉列表中单击"强

烈效果-蓝色,强调颜色5"选项。

(5)单击"插入"|"插图"|"形状"按钮,在下拉列表中选择"矩形"按钮,在圆角矩形的左边绘制一个矩形,移动矩形并调整矩形大小,将圆角矩形的左边遮住一部分。如图5-10所示。

图5-9　设置自选图形大小　　　　图5-10　在左边插入一个矩形

(6)将此图形设置为白色填充,无边框显示。在"绘图工具"|"格式"选项卡中单击"形状样式"组中的"形状填充"按钮,在下拉列表中选择"白色";单击"形状轮廓"按钮,在下拉列表中选择"无轮廓"。

(7)单击"插入"|"插图"|"形状"|"直线"按钮,在圆角矩形上画一条直线,单击"形状轮廓"按钮,将它设置为白色。

(8)单击"插入"|"文本"|"文本框"|"绘制文本框"命令,在圆角矩形上插入一个文本框,在文本框中输入品牌名称"步步高VIVO智能手机"字样,将其设置为"宋体""小三""白色"。

(9)单击"形状样式"组中的"形状填充"按钮,将文本框设置为"无填充",单击"形状轮廓"按钮,将文本框设置为"无轮廓"。效果如图5-11所示。

图5-11　设置后的效果

> **提示**　将文本框的填充颜色和线条颜色均设为无色是为了防止文本框遮挡标题中的装饰框,但是如果每次添加文本框都要设置文本框格式,操作就显得太繁杂。读者可以通过以下方法来解决这个问题:设置好一个文本框后,右键单击它,在弹出的快捷菜单中选择"设置为默认文本框"命令,此时,Word将该文本框的效果设置为自选图形的默认效果。

(10)将所有的图形组合成一个整体。选中绘制的所有图形,在"绘图工具"|"格式"选项卡中选择"排列"|"组合"|"组合"按钮,也可以在选择对象之后右键单击,在快捷菜单中

选择"组合"|"组合"命令，如图 5-12 所示。

图 5-12　右键快捷菜单中的"组合"命令

(11) 依次插入三行艺术字，分别是"智能手机信息"、"vivo my world！"和"vivo myself！"，分别设置为不同的大小和样式，参考图 5-1。

(12) 在文档中插入图片。选择"插入"选项卡，单击"图片"按钮，打开"插入图片"对话框，如图 5-13 所示。找到需要插入图片的路径，选中所需图片后，单击"插入"按钮，即可将图片插入文档。

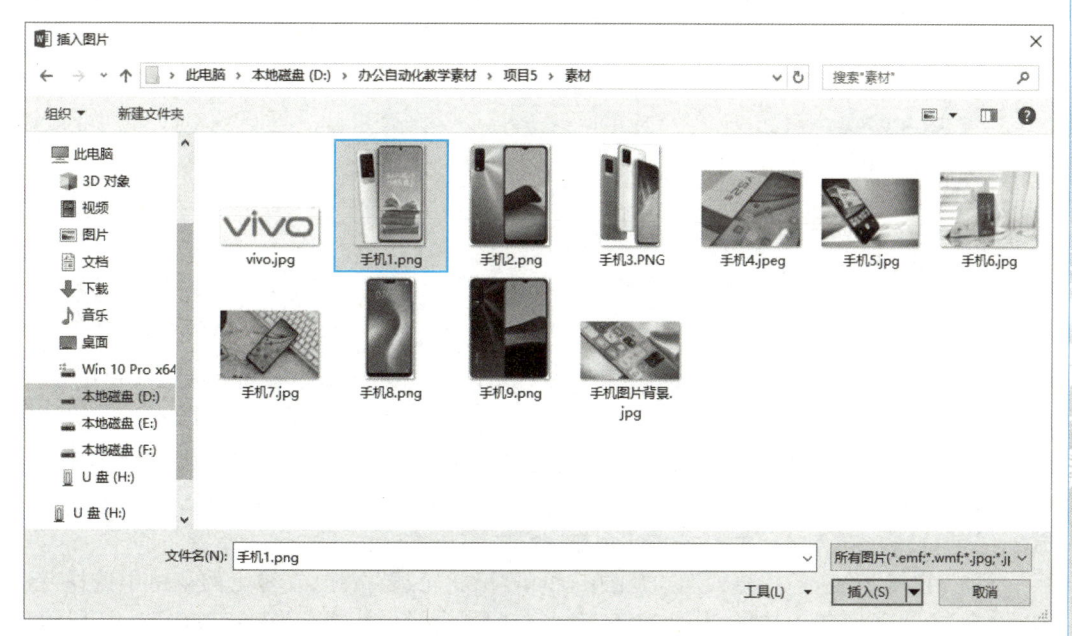

图 5-13　插入手机图片

> 提示
>
> Word中的图形、图片和艺术字有两种基本的版式，即嵌入式和浮动式。嵌入式的对象是和文字处于同一层中，该对象就相当于一个特殊的字符。而浮动式的对象与文字处于不同的层次中，可以自由移动，并和文字有多种排列组合方式，例如"四周型""浮于文字上方"等。

（13）选中插入的图片，激活"图片工具"|"格式"选项卡，单击"排列"组中的"环绕文字"按钮，在下拉列表中选择"浮于文字上方"，如图5-14所示。

> 提示
>
> 右键单击图片对象后，从快捷菜单中选择"环绕文字"|"其他布局选项"命令，打开"布局"对话框，在"文字环绕"选项卡中也可完成对图片环绕方式的操作，如图5-15所示。

图5-14 "环绕文字"按钮的下拉列表　　　图5-15 "布局"对话框

（14）为了让标题更加美观，我们用上面介绍的方法绘制一个圆角矩形，大小为7.56厘米×17.43厘米。

（15）选中插入的圆角矩形，激活"绘图工具"|"格式"选项卡，单击"形状样式"组中的"形状轮廓"按钮，在下拉列表中选择"其他轮廓颜色"，打开"颜色"对话框，颜色为红色：102，绿色：153，蓝色：153，单击"确定"按钮，如图5-16所示。

（16）在"绘图工具"|"格式"选项卡中，单击"形状轮廓"按钮，在弹出的菜单中选择"粗细"命令，在其子菜单中选择"其他线条"命令，打开"设置形状格式"窗格，如图5-17所示，将"宽度"数值框的值设置为2磅。

（17）在"设置形状格式"窗格中单击展开"填充"组，选择"无填充"。

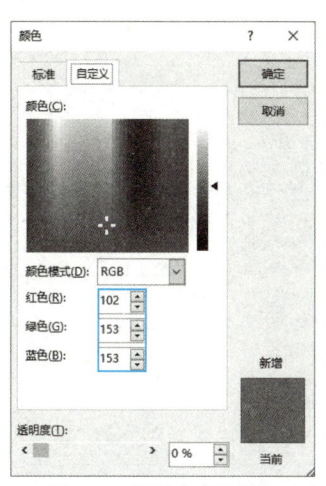

图 5-16　设置自定义颜色　　　　图 5-17　"设置形状格式"窗格

> **提示**　右键单击插入的圆角矩形,从右键快捷菜单中选择"设置形状格式"命令,也可以打开"设置形状格式"窗格。

(18)在"绘图工具"|"格式"选项卡中,单击"排列"组中的"下移一层"按钮,在下拉列表中选择"置于底层"命令。

(19)使用上面介绍的方法制作封面中部的服务信息以及左侧的公司简介。具体操作步骤不再赘述。

任务 3　利用分栏制作宣传册内页

要制作宣传册内页的正文部分,首先要确定其框架结构,然后再向框架中添加内容,可以使用分栏来确定内页框架。具体操作步骤如下:

(1)在第二页中输入手机说明文字,并设置其字体为"宋体""小四"。

(2)将手机说明文字选中,选择"布局"选项卡,单击"页面设置"组中的"分栏"按钮,在下拉列表中选择"更多分栏"选项,在打开的"分栏"对话框中进行分栏设置,如图 5-18 所示。在"预设"区域中选择"三栏",勾选"栏宽相等"复选框。如果需要,可以在两栏之间加一条分隔线,只要将"分隔线"复选框选中即可,本例不加分割线。单击"确定"按钮,分栏就设好了。

(3)单击"插入"|"插图"|"图片"按钮,插入一张手机图片。

(4)选中图片,单击"图片工具"|"格式"|"排列"|"环绕文字"按钮,改变图片的环绕方式为"四周型"。

(5)将手机图片拖到页面左上角的位置。

(6)以相同的方法完成其他手机图片的插入。

(7)为了使宣传册具有整体协调性,我们给正文部分添加和封面风格一致的装饰线,其操作方法不再赘述。

（8）添加背景图片。单击"设计"|"页面背景"|"水印"按钮，在下拉列表中选择"自定义水印"选项，在打开的"水印"对话框中选中"图片水印"单选按钮，选择准备好的背景图片，如图5-19所示，单击"确定"按钮。

图5-18　设置分栏　　　　　　　图5-19　设置水印

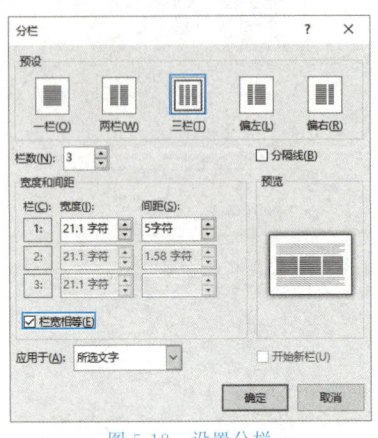

到目前为止，整个宣传册就制作完成了，内页最终效果如图5-2所示。

任务4　利用链接的文本框制作内页

刊物版面的布局设计，除了可以使用分栏的方法，还可以使用文本框来划分版面，具体操作步骤如下：

（1）选择"插入"选项卡，单击"文本"组中的"文本框"按钮，在下拉列表中选择"绘制文本框"命令，拖动鼠标在文档中画两个文本框。

（2）单击第一个文本框，激活"绘图工具"|"格式"选项卡，在"文本"组中单击"创建链接"按钮，此时鼠标指针变为一个直立的水壶，将直立的水壶移到第二个文本框上时，鼠标指针会变为倾倒的水壶，单击鼠标左键即可将这两个文本框链接起来。

（3）重复上述步骤，创建其他链接文本框，并将这些文本框和插入的手机图片按如图5-20所示的位置排好。

（4）在第一个文本框中输入文章的内容，当文本框填满时，文字会自动移到下一个链接文本框中。

> **提示**
> 链接文本框注意事项：
> ①将要链接的文本框中不能有任何内容。
> ②如果单击了"创建链接"按钮，又不想链接文本框了，按下Esc键可以撤销。
> ③如果要断开两个文本框之间的链接，单击"断开链接"按钮即可。

（5）选中文本框，单击"绘图工具"|"格式"|"形状样式"|"形状填充"按钮，可以改变文本框的填充颜色；单击"形状轮廓"按钮，可以改变文本框的边框颜色；单击"排列"|"旋转"

图 5-20　排列文本框和手机图片

按钮,可以改变文本框的旋转方式;单击"排列"|"环绕文字"按钮,可以改变文本框的环绕方式。

(6)本项目将文本框的填充颜色设置为白色,并设置无线条颜色。大小和位置按实际情况调整。

> **提示**　文本框的边框和背景并不一定是我们所需要的,在插入时为了显示方便,可以保持其默认的设置,等到内容键入完成后,再重新设置。

(7)最后,添加和封面风格一致的装饰线。最终效果如图 5-2 所示。

此宣传册可打印在大小为 8.5 英寸×14 英寸(21.95 厘米×35.56 厘米)的纸上,然后折叠为原尺寸的三分之一。宣传册由打印在同一张纸上的正反两个版面构成。可以手动进行双面打印,将打印纸送入打印机的手动送纸器,打印第一页,然后将同一张打印纸再次送入手动送纸器,在反面打印第二页。有关详细信息,请参阅"项目 15 常用办公设备"中的打印机内容。

最后将打印好的宣传册像折叠信函那样折为三折(注意:图片应放置在正面)。

项目小结

本项目主要介绍了 Word 2016 中使用表格、分栏、文本框等方法实现产品宣传册的版面设计。

实际工作中的许多文档都可以用 Word 来制作,比如酒店的工作人员可以利用 Word 为本酒店制作一个菜单;对于公司宣传人员,可以利用 Word 为公司制作新产品的宣传单。总之,只要灵活地运用 Word 中的图文工具,就能随心所欲地制作出丰富多彩的文档。

上机实战

1.分别使用段落边框和表格两种方法制作如图 5-21 所示的正文版式框架。具体要求:第一篇正文左侧和第二篇正文右侧的线条为 3 磅、黑色直线,两篇文章之间用 3 磅的虚线分隔,文字首行缩进 2 个字符,再分别在上方文字右侧和下方文字左侧添加图片,图片是四周型环绕的。

2.使用分栏方法制作如图 5-22 所示的正文版式框架。具体要求:第一篇正文分两栏,第二篇正文分三栏,标题不参与分栏,正文文字首行缩进 2 个字符,添加两张图片,图片是紧密型环绕的。

图 5-21 正文版式框架(1)　　　　图 5-22 正文版式框架(2)

3.结合掌握的 Word 知识,自选内容,创建一份与你的专业或生活有关的宣传小报。小报的内容可由自己撰写,也可从网上下载,如图 5-23 所示是宣传小报样例。具体排版要求:

(1)整个小报做成一个文档,使用 A4 纸张,内容不能少于四页,用 A4 纸打印成正反两面,共四版。

(2)必须用适当的艺术字、图片或自绘图形对栏目进行修饰。

(3)可通过表格、分栏或者文本框编排不同的版式效果。

(4)要求主题突出,布局美观,图文并茂,别具一格。

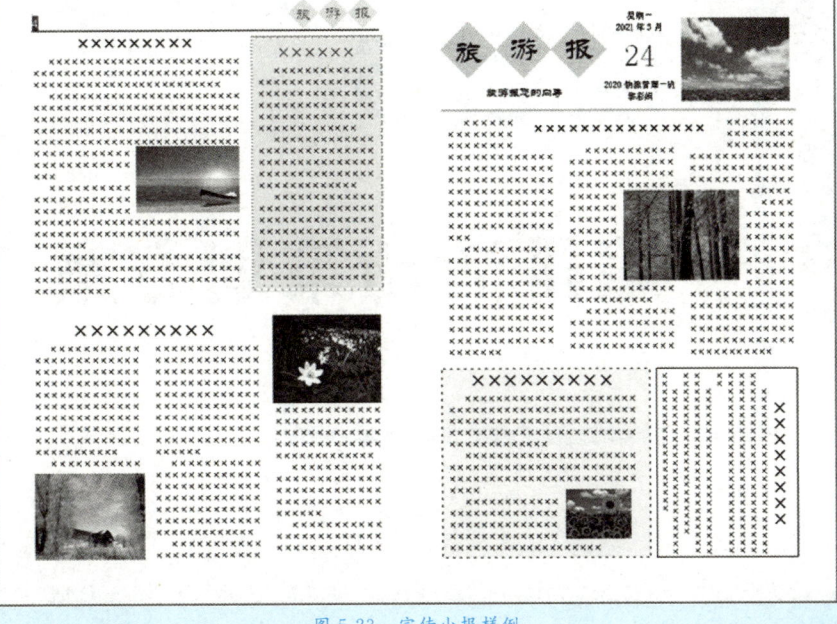

图 5-23 宣传小报样例

项目 5 制作产品宣传册

65

项目 6

编排活动策划方案

项目背景

在日常使用 Word 进行办公的过程中,除了需要制作短篇幅的文档,还要制作活动策划、宣传手册、公司章程、营销报告、毕业论文等类型的长文档。由于长文档的纲目结构通常比较复杂,内容也比较多,如果用手工一一设置每段内容的格式,整个排版过程费时费力,质量也难以让人满意。

本项目将根据已编辑好的十周年庆典 & 产品促销策划方案内容,对文档版式进行美化,并通过制作策划书封面、创建和应用样式、插入页眉和页脚、生成目录、设置水印背景、插入批注、模板的设置和使用等任务,完成长文档的格式编排。

| 设置封面 | 设置样式和格式 | 自动生成目录及插入页眉/页脚 | 文档的修订和批注 | 大纲视图 |

项目效果

项目效果如图 6-1 所示。

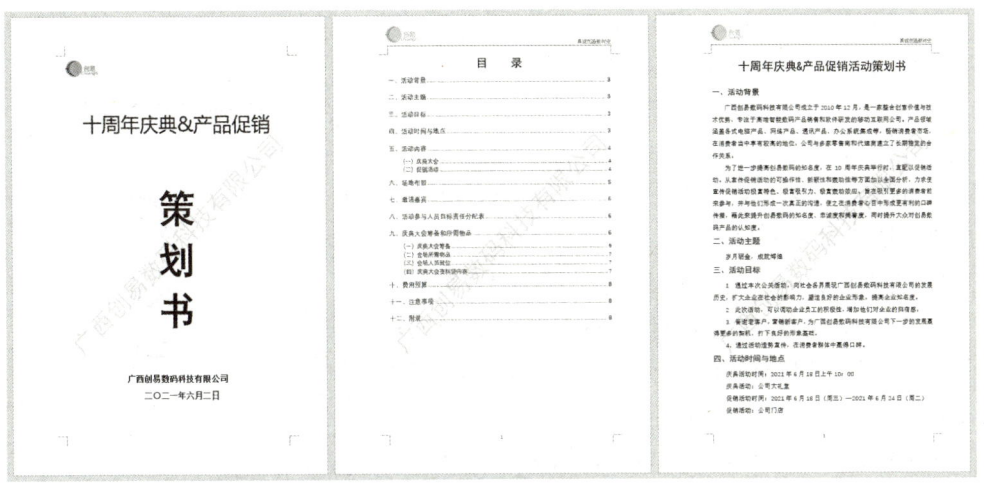

图 6-1 "活动策划方案"最终效果

任务1 设置封面

本任务通过在文档中插入图片、输入文字来制作文档封面,并对文档进行页面设置。操作步骤如下:

(1)新建一个 Word 文档,选择"布局"|"页面设置"组,单击"页边距"按钮,在弹出的下拉列表中选择"自定义页边距"选项,打开"页面设置"对话框,在"页边距"选项卡中设置参数,如图 6-2 所示。

(2)切换到"版式"选项卡,如图 6-3 所示设置参数,单击"确定"按钮完成页面设置。

图 6-2 设置页边距　　　　　图 6-3 设置版式

项目 6　编排活动策划方案

67

(3)将光标定位到文档开始处,选择"插入"|"插图"组,单击"图片"按钮,将素材图片"创易 Logo.jpg"插入文档中,录入活动策划方案封面文本,并对其进行设置,如图 6-4 所示。

(4)选择"文件"|"保存"命令,将文件命名为"十周年庆典促销策划方案"并保存。

(5)将光标置于文档的最后,选择"布局"|"页面设置"组,单击"分隔符"按钮,在弹出的下拉列表中选择"下一页"选项,在当前光标位置插入一个分节符,将策划方案封面设为单独的一页。

(6)再插入一个分节符,此时,整篇文档被分成封面、目录和正文三节,如图 6-5 所示。

图 6-4 设置封面内容

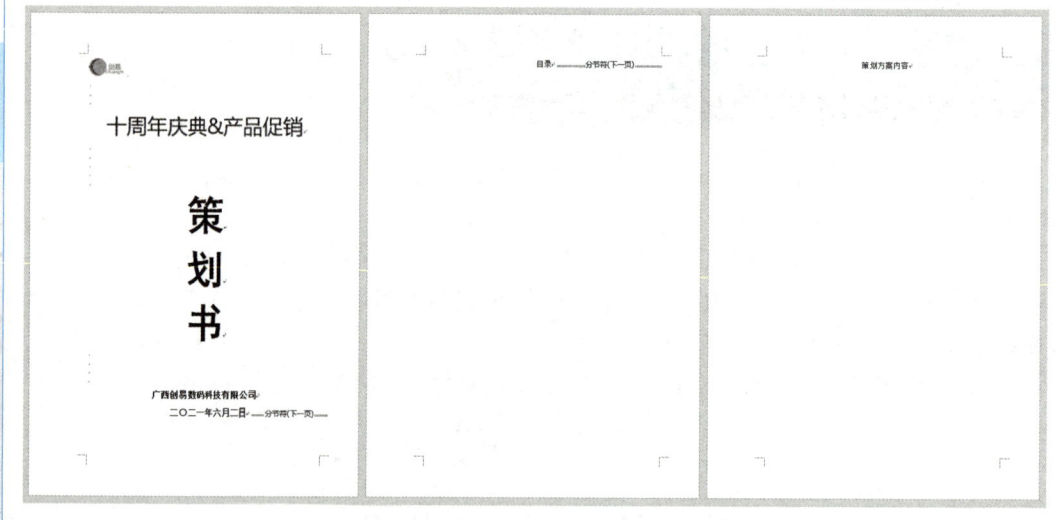

图 6-5 整篇文档被分成封面、目录和正文三节

> **提示**：节是一段连续的文档块,同节的页面拥有同样的页面属性、页面边框、垂直对齐方式、页眉和页脚、分栏、页码编排、行号及脚注和尾注等。Word 默认一个文档只有一个节,所有页面都属于这个节。若想对页面设置不同的格式,必须插入分节符将文档分为多个节。

任务 2　设置样式和格式

样式是一组命令或格式的集合。样式规定了文本的各种参数,如大小、字体、颜色、对齐方式以及边框和底纹等,并将这些参数命名为一个特定的段落格式名称。通常,我们就把这个名称叫作样式。形象地说,样式就是一套加工文本的模具,使得文本和段落具有相同的外观和格式。使用样式能提高工作效率,使文档更加规范化。Word 提供了许多内置的标准样式,也允许用户自定义样式。

活动策划方案属于长文档,在进行编辑时,若对标题逐一设置格式会很烦琐,为避免这种情况,可对文档设置自定义样式。具体操作步骤如下:

(1)选择"开始"|"样式"组,单击右下角的"对话框启动器"按钮。

(2)打开"样式"窗格,如图 6-6 所示。在窗格下方单击"新建样式"按钮,打开"根据格式设置创建新样式"对话框,如图 6-7 所示。在"名称"文本框中输入"1 级标题",在"样式基准"下拉列表中选择"标题 1",在"后续段落样式"下拉列表中选择"1 级标题",设置字体为"黑体""小三""左对齐"。

图 6-6 "样式"窗格　　　图 6-7 "根据格式设置创建新样式"对话框

(3)单击"格式"按钮,在弹出的下拉列表中选择"段落"命令,打开"段落"对话框,如图 6-8 所示。设置"行距"为"1.5 倍行距","大纲级别"为"1 级",单击"确定"按钮返回"根据格式设置创建新样式"对话框。

(4)再次单击"格式"按钮,在弹出的下拉列表中选择"快捷键"命令,打开"自定义键盘"对话框,如图 6-9 所示,在"请按新快捷键"文本框中按"Ctrl+1"组合键,单击"指定"按钮。单击"关闭"按钮返回"根据格式设置创建新样式"对话框,单击"确定"按钮返回。

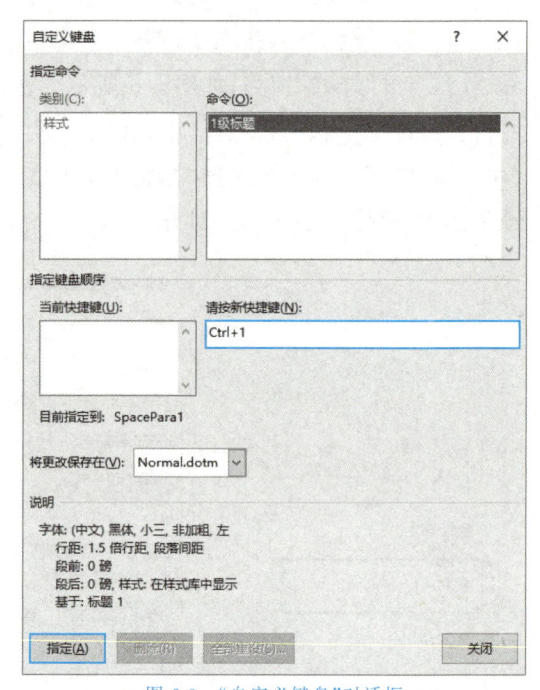

图 6-8 "段落"对话框　　　　图 6-9 "自定义键盘"对话框

（5）按照此方法新建样式"2 级标题"为"宋体""四号""加粗""左对齐"。

（6）新建并设置策划方案正文字体为"宋体""小四"，首行缩进 2 字符，"行距"为固定值 22 磅。

在文档中插入活动策划方案的内容后，再用新建的样式进行排版。

（7）选择"插入"|"文本"组，单击"对象"按钮，在下拉列表中选择"文件中的文字"选项，打开"插入文件"对话框，将活动策划方案内容插进来。

（8）将光标定位到"一、活动背景"所在的行，按 Ctrl+1 组合键，为其应用"1 级标题"的样式。将光标定位到"（一）庆典大会"所在的行，单击"样式"窗格中的"2 级标题"，为其应用"2 级标题"的样式。将光标定位到正文部分，单击"样式"窗格中的"正文样式"，为其应用正文样式。

> **提示** 如果对应用的样式不满意，可对其进行修改，方法是：将鼠标移动到"样式"窗格中要修改的样式处，并单击其右边的下三角按钮，在弹出的下拉列表中选择"修改"选项，在打开的"修改样式"对话框中修改即可，如图 6-10 所示。

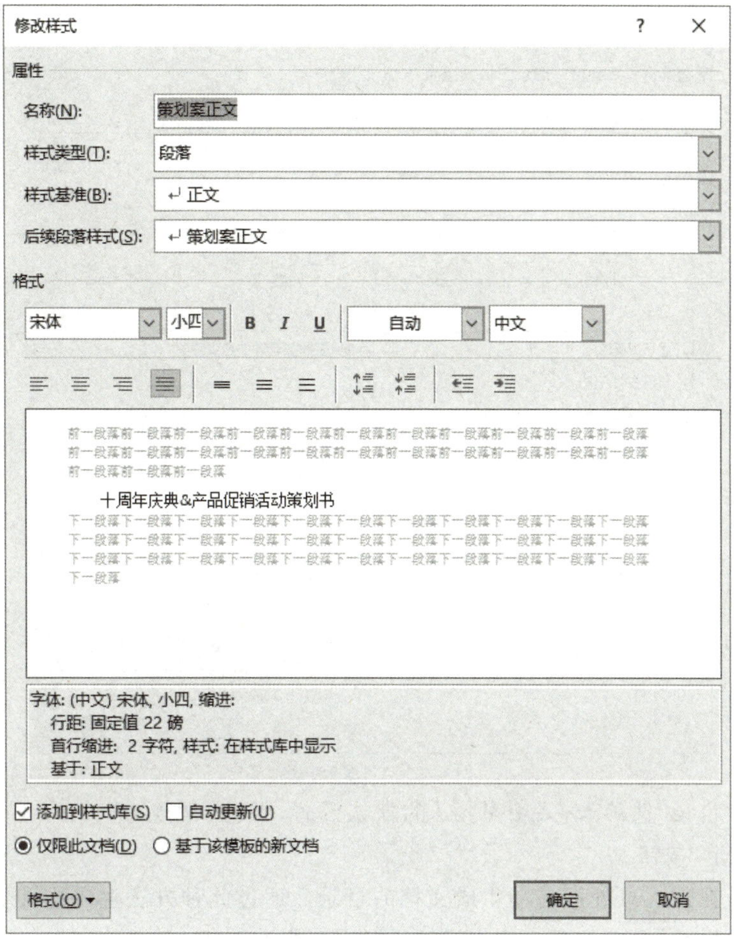

图 6-10 "修改样式"对话框

任务 3　自动生成目录

目录是一篇文章的标题及其页码的列表,在长文档中,文档内容非常多,插入目录可以方便用户查阅。使用 Word 提供的自动生成目录功能,首先要将内置标题样式应用到要创建目录的文档中,当然,如果需要,也可以应用包含大纲级别或自定义的标题样式。具体操作步骤如下:

(1)将光标定位于第 2 页开始处,输入"目录"二字,设置为"黑体""二号""居中",字与字之间空 4 个字距。另起一段,选择"引用"|"目录"组,单击"目录"按钮,在弹出的下拉列表中选择"自定义目录"选项,打开"目录"对话框,如图 6-11 所示。

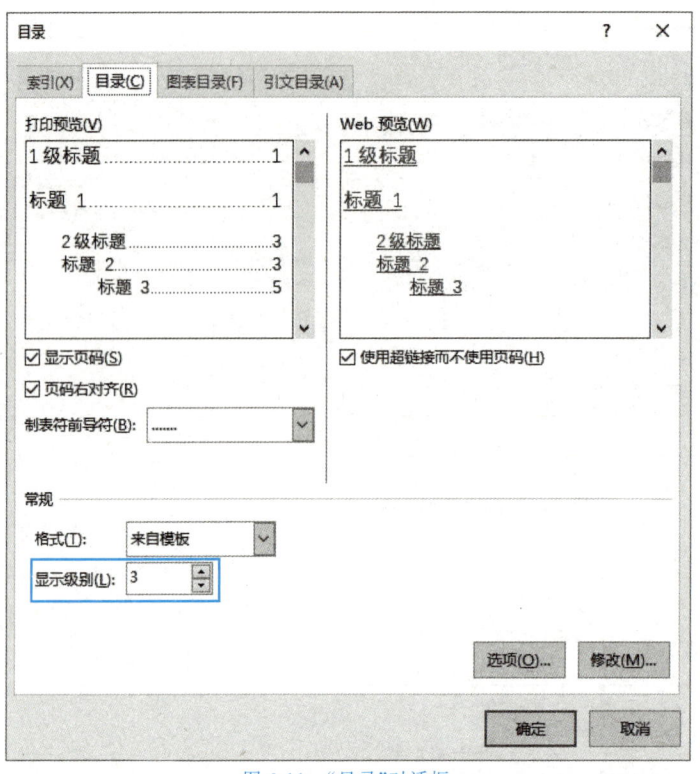

图 6-11 "目录"对话框

（2）单击"目录"选项卡，采用 Word 的默认设置，保持"常规"选项区"显示级别"设置为 3，单击"确定"按钮。

（3）此时，在插入点处即自动生成文档的目录。通过此种方法生成的目录具有超链接功能，可以通过标题链接到相应的内容，如图 6-12 所示。

```
一、活动背景 .................................................................3
二、活动主题 .................................................................3
三、活动目标 .................................................................3
四、活动时间与地点 .........................................................3
五、活动内容 .................................................................4
    （一）庆典大会 ..........................................................4
    （二）促销活动 ..........................................................4
六、场地布置 .................................................................5
七、邀请嘉宾 .................................................................6
八、活动参与人员目标责任分配表 .........................................6
九、庆典大会筹备和所需物品 ..............................................6
    （一）庆典大会筹备 ....................................................6
    （二）会场所需物品 ....................................................7
    （三）会场人员就位 ....................................................7
    （四）庆典大会资料袋内容 ............................................7
十、费用预算 .................................................................8
十一、注意事项 ..............................................................8
十二、附录 ...................................................................8
```

图 6-12 自动生成的目录

当目录创建以后，如果对源文件进行了修改，使标题和页码发生了改变，必须更新目录以适应文档的修改。

(4)选中整个目录,在目录中单击鼠标右键,在弹出的快捷菜单中选择"更新域"命令,打开"更新目录"对话框,如图 6-13 所示。

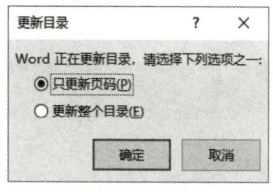

图 6-13 "更新目录"对话框

(5)选择"更新整个目录"单选项,单击"确定"按钮。此时目录自动根据文档内容进行更新。

(6)打开"样式"窗格,在"样式"列表框中选择"标题 1"选项,单击"修改"按钮,打开"修改样式"对话框。设置字号为"小四",行距为"1.5 倍行距",单击"确定"按钮返回编辑窗口,最终效果如图 6-14 所示。

目　录

一、活动背景	1
二、活动主题	1
三、活动目标	1
四、活动时间与地点	1
五、活动内容	1
(一)庆典大会	2
(二)促销活动	2
六、场地布置	3
七、邀请嘉宾	3
八、活动参与人员目标责任分配表	4
九、庆典大会筹备和所需物品	4
(一)庆典大会筹备	4
(二)会场所需物品	4
(三)会场人员就位	5
(四)庆典大会资料袋内容	5
十、费用预算	5
十一、注意事项	6
十二、附录	6

图 6-14 目录的最终效果

任务 4　插入页眉和页脚

为了使策划方案看起来更加专业,还需要插入页眉和页脚。具体操作步骤如下:

(1)按下 Ctrl+Home 组合键将光标快速定位到文档开始处,选择"插入"|"页眉和页脚"组,单击"页眉"按钮,在弹出的下拉列表中选择"编辑页眉"选项,进入页眉/页脚编辑状态。

（2）第 1 节是封面，不需要设置页眉，在"导航"组中单击"下一节"按钮，将光标定位于第 2 节页眉处，如图 6-15 所示。注意在页眉的左上角显示有"首页页眉 - 第 2 节 - "的提示文字，表明当前是对第 2 节设置页眉。

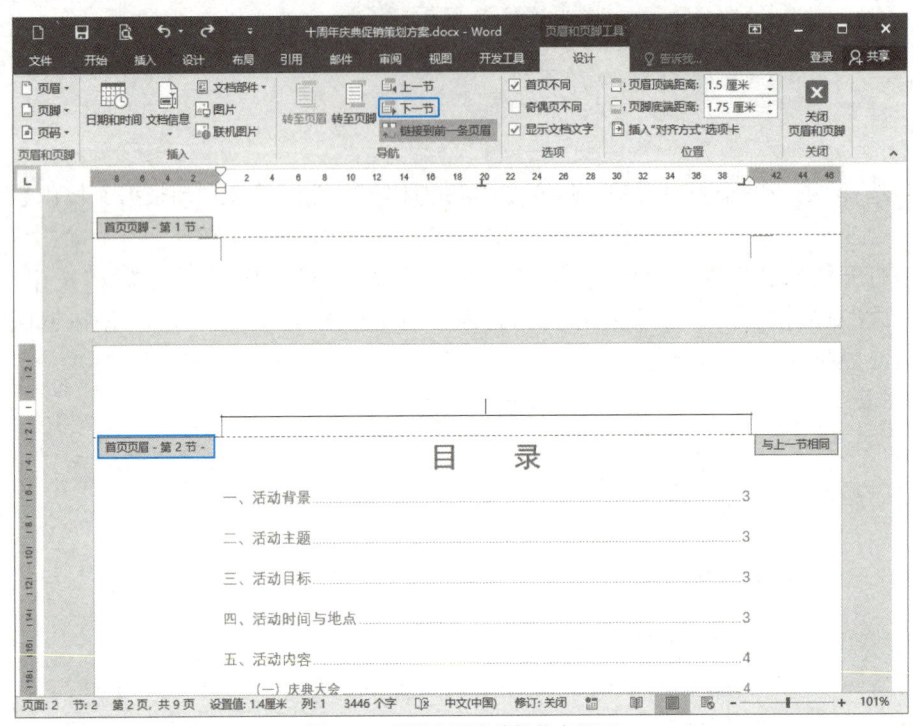

图 6-15　页眉和页脚编辑状态界面

（3）单击"导航"组中的"链接到前一条页眉"按钮，取消与前一节的链接，这时页眉右上角的"与上一节相同"提示消失，表明当前节的页眉与前一节不同。

（4）在页眉处输入文字"真诚创造新时空"，并设置段落下划线。将"创易 Logo.jpg"图片拖到页眉处，选中图片，在"图片工具"|"格式"选项卡中单击"环绕文字"按钮，在下拉列表中选择"浮于文字上方"命令。移动图片，使其与页面左边距对齐，如图 6-16 所示。

（5）在"页眉和页脚"组中单击"转至页脚"按钮，将光标定位到页脚区域。

（6）选择"页眉和页脚工具"|"设计"|"页眉和页脚"组，单击"页码"|"页面底端"|"普通数字 2"选项，如图 6-17 所示。

（7）再单击"页码"按钮，在下拉列表中选择"设置页码格式"选项，打开"页码格式"对话框，如图 6-18 所示。在"页码编号"选项区中设置"起始页码"为 1，让正文部分从 1 开始编号。单击"确定"按钮返回页眉和页脚编辑状态。

（8）在"页眉和页脚工具"|"设计"选项卡中单击"关闭页眉和页脚"按钮，退出页眉/页脚编辑状态。

用打印预览可以查看各页页眉和页脚的设置情况，其中封面没有页眉和页脚，目录及之后的正文在每页显示页眉和页脚，并且目录页的页码为 1，正文的页码从 1 开始编号。

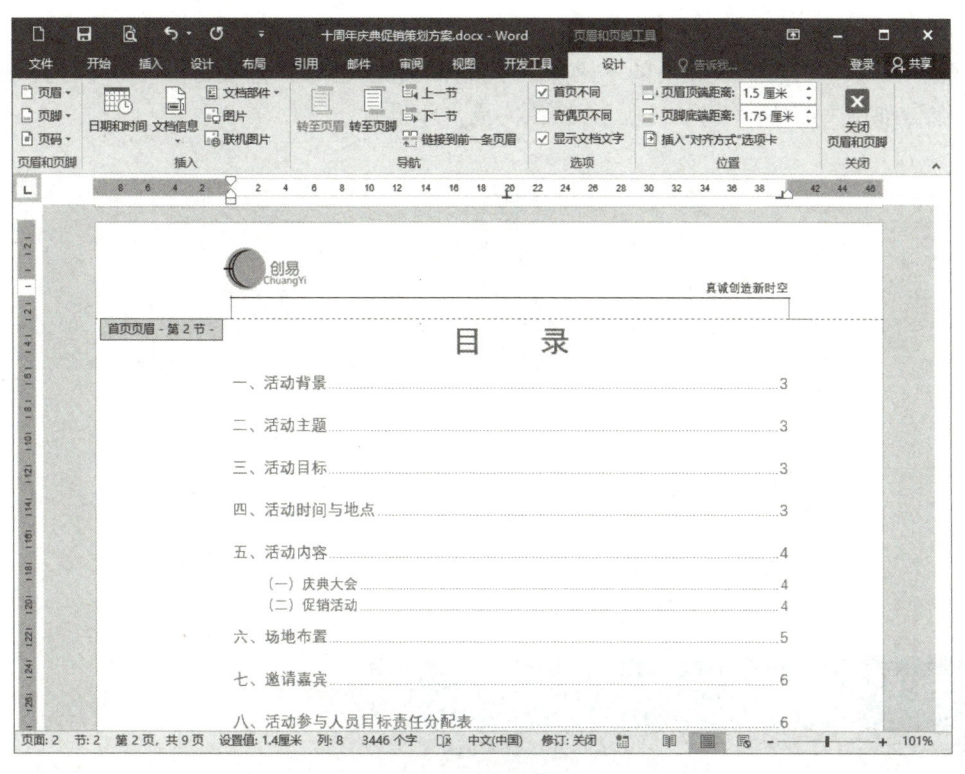

图 6-16　编辑页眉

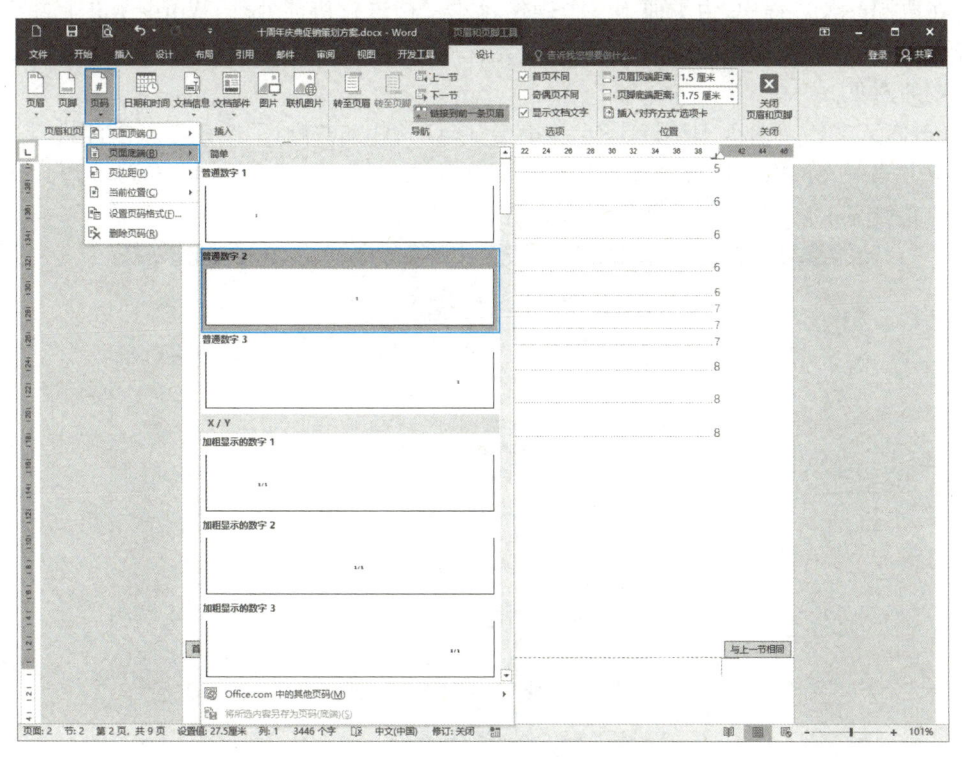

图 6-17　插入页码

（9）为了增加文档的专属性，在文档中插入水印。选择"设计"选项卡，单击"页面背景"组中的"水印"按钮，在弹出的下拉列表中选择"自定义水印"选项，打开"水印"对话框，设置参数如图 6-19 所示，单击"应用"按钮完成水印设置。

图 6-18 "页码格式"对话框　　　　图 6-19 "水印"对话框

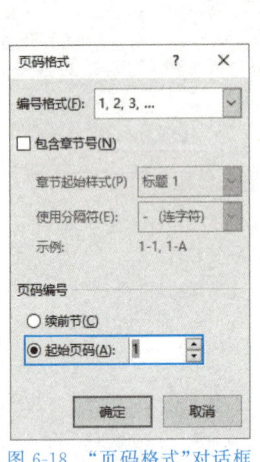

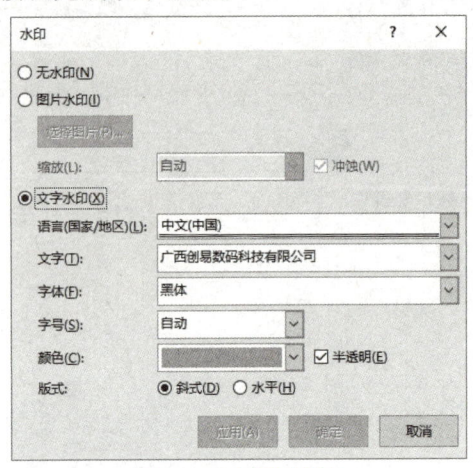

任务 5　对文档添加修订和批注

在协同办公过程中，为了便于多个操作者对文档进行协同处理，Word 提供了自动记录修订的功能，能够标注修订的痕迹，同时允许不同的审阅者在文档中添加批注，以记录审阅者的意见。

（1）修订文档。选择"审阅"选项卡，单击"修订"组中的"修订"按钮进入修订状态。按照正常方式对文档内容进行修改，Word 会在修改原位置显示修订结果，在修改位置所在段落的左侧显示修订标记(一条竖线)，如图 6-20 所示。

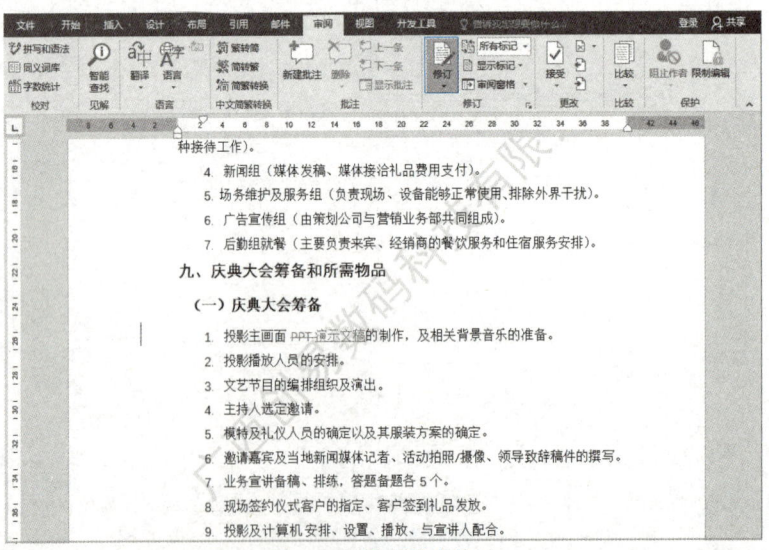

图 6-20　对文档进行修订

（2）如果要以批注框的形式显示修订信息，可以在"审阅"选项卡中，单击"修订"组中"显示标记"按钮右侧的下三角，在弹出的下拉列表中选择"批注框"命令，再选择"在批注框中显示修订"命令，如图 6-21 所示。

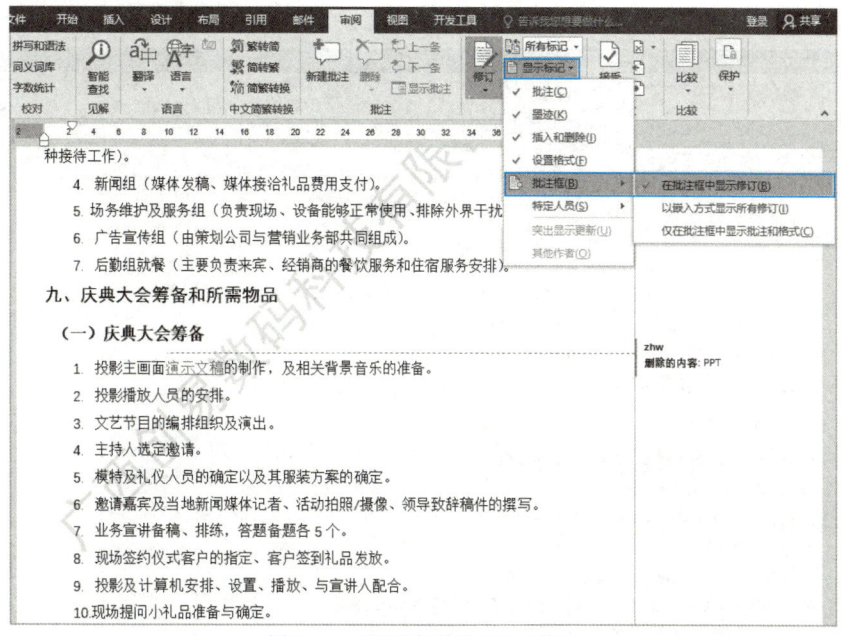

图 6-21　以批注框的形式显示修订

（3）用户可根据需要选择接受或者拒绝修订的内容。在本例中，在修订的内容上单击鼠标右键，在弹出的快捷菜单中选择"接受插入"命令，可以接受修订结果；如果对修订的内容不满意，则可以选择"拒绝插入"命令，如图 6-22 所示。

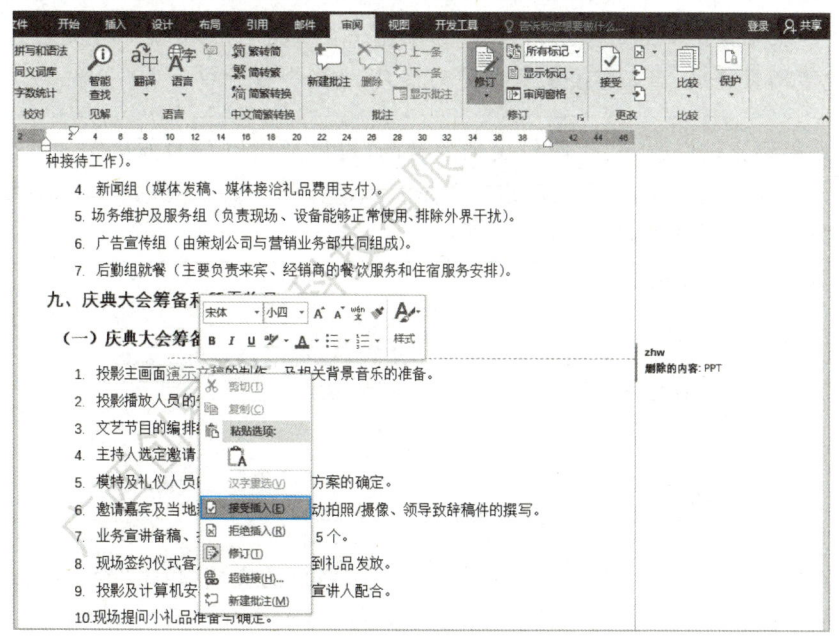

图 6-22　接受或拒绝修订

（4）用户可以在阅读文档时随时在所需位置添加批注。选中待添加批注的文字，如"投影主画面 PPT 的制作"，在"审阅"选项卡中，单击"批注"组中"新建批注"按钮，此时将在文档的页边距中显示批注框，如图 6-23 所示，审阅者在标注框中输入批注内容后，在批注框外的其他位置单击返回常规的正文编辑状态。

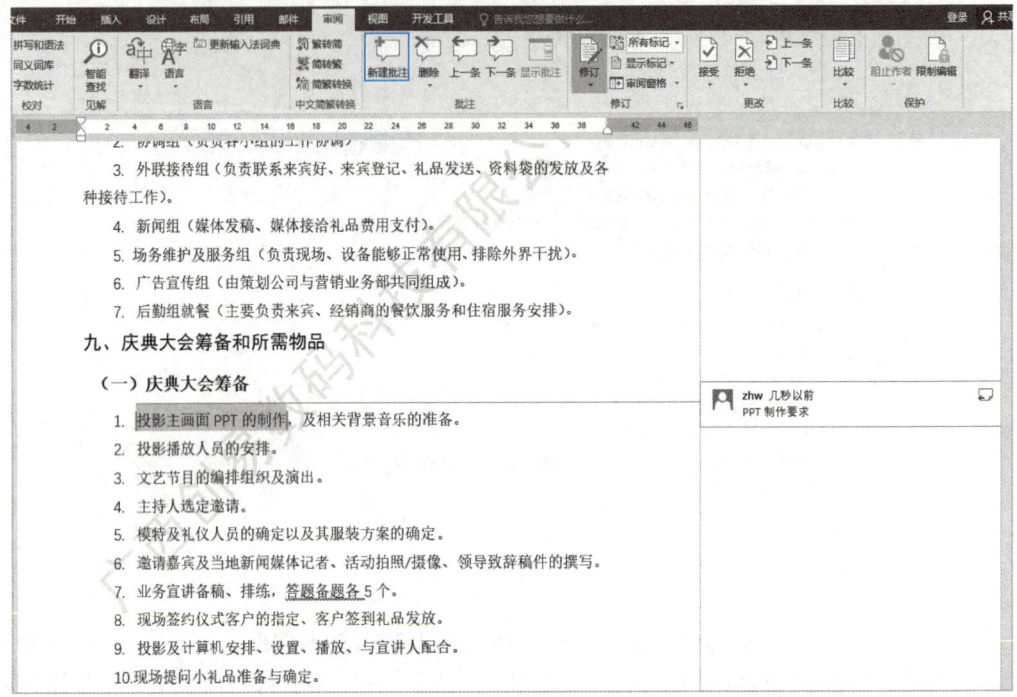

图 6-23　插入批注

> **提示**　批注是附加到文档上的注释，它不显示在正文中，而是显示在文档的页边距或审阅窗格中，因而不会影响文档的格式，也不会被打印出来。

（5）如果要比较修改前、后两份文档的异同，可以通过以下的方法实现。打开 Word 窗口，单击"审阅"选项卡，在"比较"组中单击"比较"按钮，在其下拉列表中选择"比较"命令，打开"比较文档"对话框，如图 6-24 所示。

图 6-24　"比较文档"对话框

（6）在"比较文档"对话框中分别打开原文档和修订的文档，单击"确定"按钮，即可将两个文档合并到一个文档中。如图 6-25 所示，不仅显示了合并后的文档，还显示了原文档与修订文档，并且还在左侧的审阅窗格中显示了修订内容和修订人姓名。

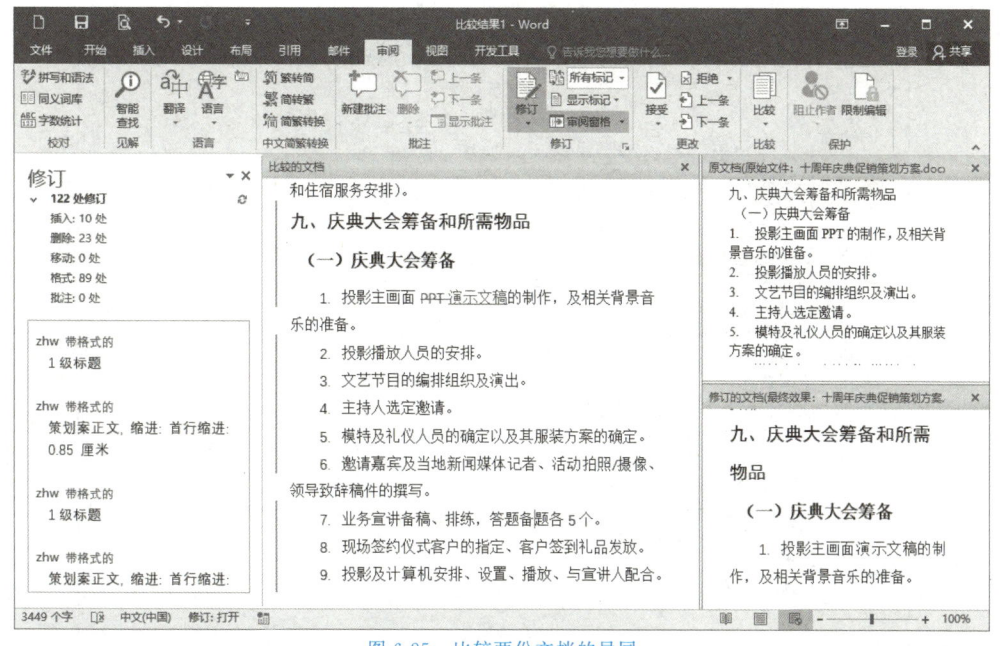

图 6-25　比较两份文档的异同

任务 6　设置视图

编辑长文档时,由于篇幅太长,因此页面之间的翻动或定位变得非常不便。若使用大纲视图和拆分窗口等实用技巧,就能很方便地对长文档进行编辑。具体操作如下:

(1)选择"视图"选项卡,单击"视图"组中的"大纲视图"按钮,将页面切换到大纲视图,同时激活"大纲"选项卡。

(2)如果要在"大纲视图"中只显示 3 级以上的标题,可在"大纲工具"组中单击"显示级别"下拉按钮,从中选择"3 级"。

(3)此时,在文档窗口中就只显示 1,2,3 级标题,如图 6-26 所示。

(4)如果想查看文档的全部内容,在"显示级别"下拉列表框中选择"所有级别"选项。

> 提示：大纲视图只是改变了文档的显示效果,不改变文档的内容。大纲视图是一种以缩进文档标题方式来代表它们在文档中级别的显示方式。视图中的缩进符号不影响文档在其他视图中的外观,也不会被打印出来。

除了可以通过文档结构图来帮助把握文档的整体结构之外,还可以使用窗口拆分来同时关注 Word 文档中的两个局部。具体操作如下:

单击"窗口"组中的"拆分"按钮,可将窗口拆分成上、下两个窗口,在每一个窗口中可以相对独立地浏览同一文档中的不同内容,如图 6-27 所示。

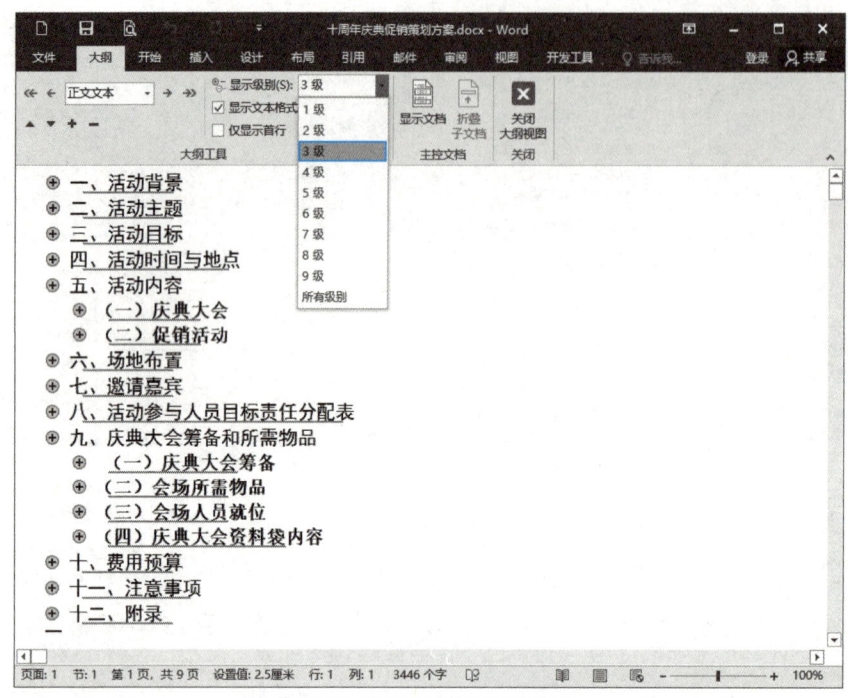

图 6-26　设置 3 级标题时的视图

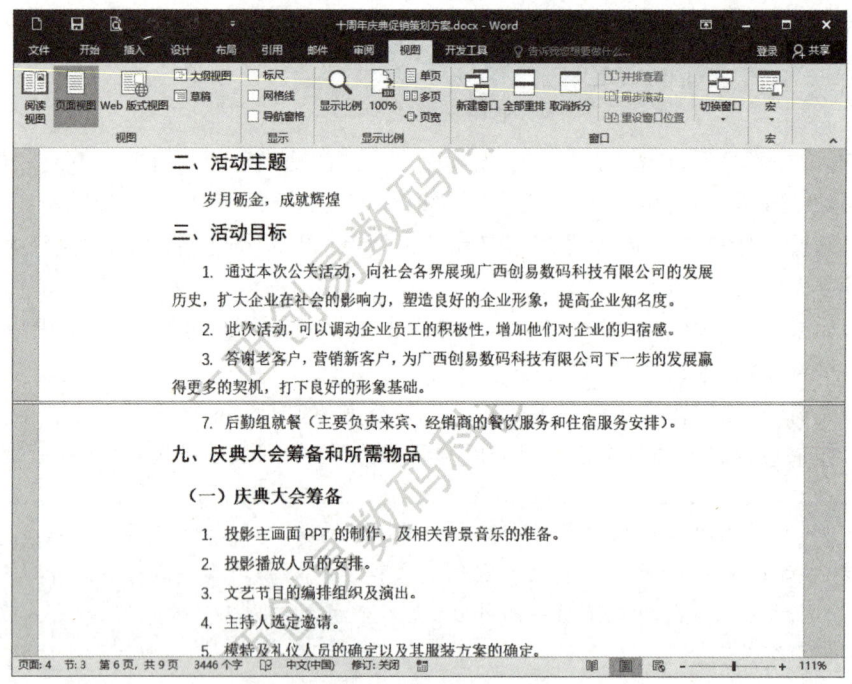

图 6-27　拆分后的窗口

> **提示**　将鼠标移至窗口拆分线上,当鼠标变成双向拖拉箭头状时,按住鼠标左键拖动可调整窗口大小;在窗口拆分线上双击鼠标,可快速取消窗口的拆分。

任务 7　设置和使用模板

同一类型的文档往往具有相同的格式和结构,使用"模板"可以大大加快创建新文档的速度。下面将刚才编辑好的策划案作为模板保存起来,以备日后使用和修改。具体操作步骤如下:

(1)选择"文件"|"另存为"选项,单击"浏览"按钮,打开"另存为"对话框。

(2)在"文件名"文本框中输入"策划案模板",在"保存类型"下拉列表中选择"Word 模板(*.dotx)",如图 6-28 所示。单击"保存"按钮,模板文件就被保存好了。

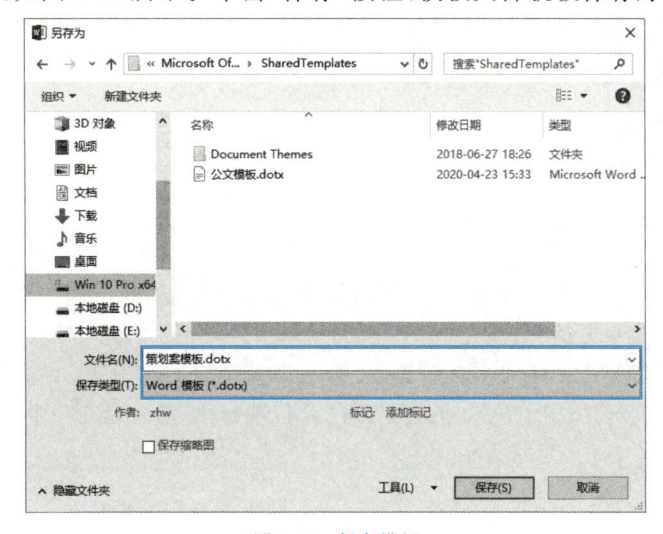

图 6-28　保存模板

> **提示**　创建的模板必须保存在固定的位置,才能在"新建"页面中找到。在 Windows 10 中,保存模板的位置为"C:\Program File(x86)\Microsoft Office 2016\SharedTemplates\"。

在以后的策划案编排中,我们可以基于这个模板来建立文档,这样能大大提高工作效率。具体的操作步骤如下:

单击"文件"|"新建"按钮,在打开的页面中选择"自定义"|"SharedTemplates"按钮,在其中选择需要使用的模板,即可创建基于该模板的新文档,如图 6-29 所示。

在新文档中,页面设置已经完成,而且标题、正文的样式等都已经设置好了,可以直接在里面加入新策划方案的内容。这样,一份策划案很快就可以编排好。

Word 2016 提供了各式各样的模板,每个模板都提供了一个样式集合,供格式化文档时使用。除了样式之外,模板还包含其他元素,比如宏、自动图文集等。因此可以把模板形象地理解成一个容器,它包含前面提到的各种元素。不同功能的模板包含的元素当然也不尽相同,而一个模板中的这些元素,在处理同一类型的文档时是可以重复使用的。

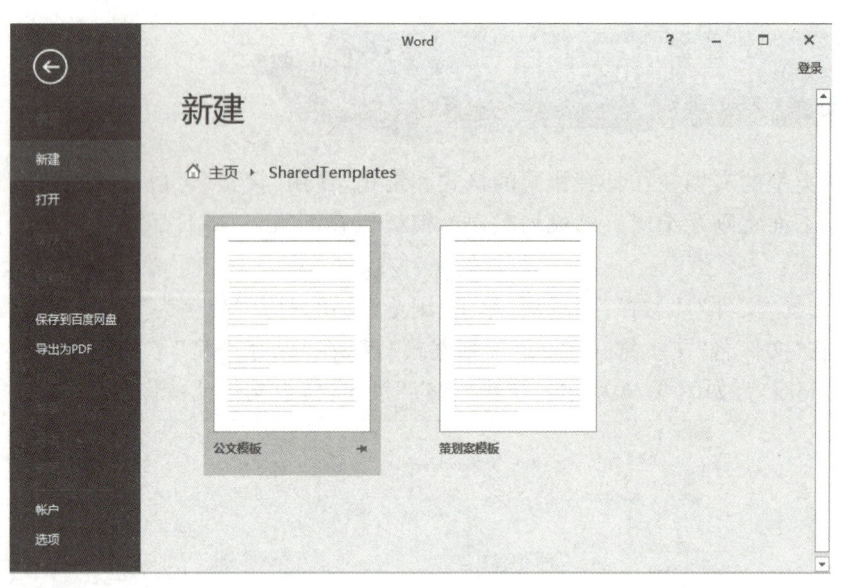

图 6-29 选择创建的模板

> **提示**
>
> 目前已经介绍很多概念了,有些概念容易混淆,比如,格式、样式、模板。格式是指文本的外观属性,如大小、字体、对齐方式等。样式是一种被命名且被保存的某种或某几种具体格式参数的集合,像一套加工文本的模具,可直接应用于文本。模板则是更加广泛的集合,包括多种样式和多种格式,可运用于整个文档。

项目小结

本项目主要介绍了 Word 2016 样式的创建和使用、文档的修订、批注、目录的自动生成、模板的设置和使用等。

通过本项目的学习,学生能够掌握长文档编辑手段,并能熟练运用各种工具,使长文档的管理和组织变得更加科学有效。

上机实战

仔细阅读本项目内容,按下列要求完成一篇毕业论文的排版。
(1)按"毕业生毕业论文格式"要求设置页面。
(2)按"毕业生毕业论文格式"要求,应用样式设置各级标题。
(3)为毕业论文添加目录。
(4)为毕业论文添加页眉和页脚,使目录和正文具有不同的页码格式。
(5)制作毕业论文模板。

项目 7

制作客户回访信函

项目背景

在实际工作中,经常会处理内容基本相同只是具体数据有所变化的文件,如批量打印信函、信封、工作证件、工资条、学生成绩单、请柬、获奖证书等。如果一份一份地编辑打印会很麻烦,而且重复性的劳动也很容易出错。Word 2016 提供的邮件合并功能就能轻松地解决问题。

邮件合并是指在邮件文档(主文档)的固定内容中,合并与发送信息相关的一组通信资料(数据源),从而批量生成需要的邮件文档。邮件合并需要两个文件,一个是含有相同内容,起到模板作用的主文档,另一个是变化信息的数据源,邮件合并就是把数据源和主文档合并成一个新文档,可以打印出来,也可以以邮件形式发送出去。

本项目要求制作客户回访函和信封,希望将这份回访函传给多位不同的收件人,每位收件人的姓名和职务都不相同。

制作客户回访信函

项目效果

项目效果如图 7-1 所示。

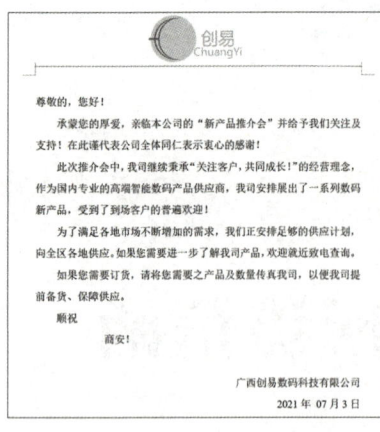

图 7-1　客户回访函及信封

任务 1　利用邮件合并功能生成客户回访函

制作邮件合并文档可利用"邮件合并"向导,按向导的提示创建邮件合并文档。还可以按照以下操作步骤实现"邮件合并"文档的创建,即,建立邮件合并主文档→制作邮件的数据源→建立主文档与数据源的连接→在主文档中插入域→邮件合并。

(1)制作客户回访函(主文档)

新建一个 Word 2016 文档,命名为"客户回访函",输入如下内容,保存备用,如图 7-2 所示。

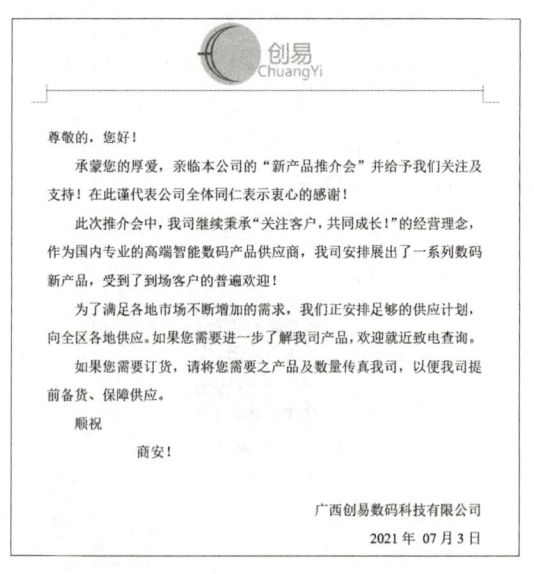

图 7-2　客户回访函(主文档)

(2)制作客户信息表(数据源数据库)

运行 Excel 2016,新建一个工作表,命名为"客户信息表",然后将公司名称、详细地址、联系人、性别、职务等信息输入表格(Excel 2016 知识在模块 3 中讲解,因本任务需要用表格完成,故先创建一个表,具体方法请参考模块 3),保存备用,如图 7-3 所示。

	A	B	C	D	E	F	G	H
1	编号	公司名称	详细地址	联系人	性别	职务	手机号码	邮政编码
2	0001	成功辅导	南宁市西湖路 49号	高建华	先生	助理总裁	13415644233	456203
3	0002	世纪宝贝有限公司	南宁市宁西路 5号	麦浩东	先生	网络主管	13245641266	235645
4	0003	嘉业科技	柳州市兖州路 48号	张海燕	女士	总经理	13589898898	356510
5	0004	鲁北实业有限公司	桂林市南门路 36号	郭文艺	先生	总经理	13645749892	355600
6	0005	红太阳练歌房	南宁市环城路 113号	李润发	先生	主管	13556556200	435600
7	0006	世帮文化	北海市白马路 60号	尹胜利	先生	科长	13056145412	135654
8	0007	中企公司	南宁市唐山路 64号	迟小双	女士	经理	13826356542	565601
9	0008	三捷失业有限公司	南宁市中山路 22号	苏醒	女士	职员	13626598808	134452
10	0009	华北贸易	柳州市华夏路 22号	王小丫	女士	经理	13856468985	465642
11	0010	农业招待所	柳州市八一路 67号	刘露	女士	服务员	13425622032	561322

图 7-3 数据源"客户信息表"

提示 邮件的数据源文件还可以是 Word 表格、Access 数据库。

(3)建立主文档与数据源的连接

打开刚才建立的"客户回访函",选择"邮件"选项卡,单击"开始邮件合并"组中的"选择收件人"按钮,并在弹出的下拉列表中选择"使用现有列表",如图 7-4 所示。弹出"选取数据源"对话框,找到并打开前面创建的"客户信息表",如图 7-5 所示,这时会弹出"Microsoft Excel"对话框,选择"整张电子表格",如图 7-6 所示。单击"确定"按钮。

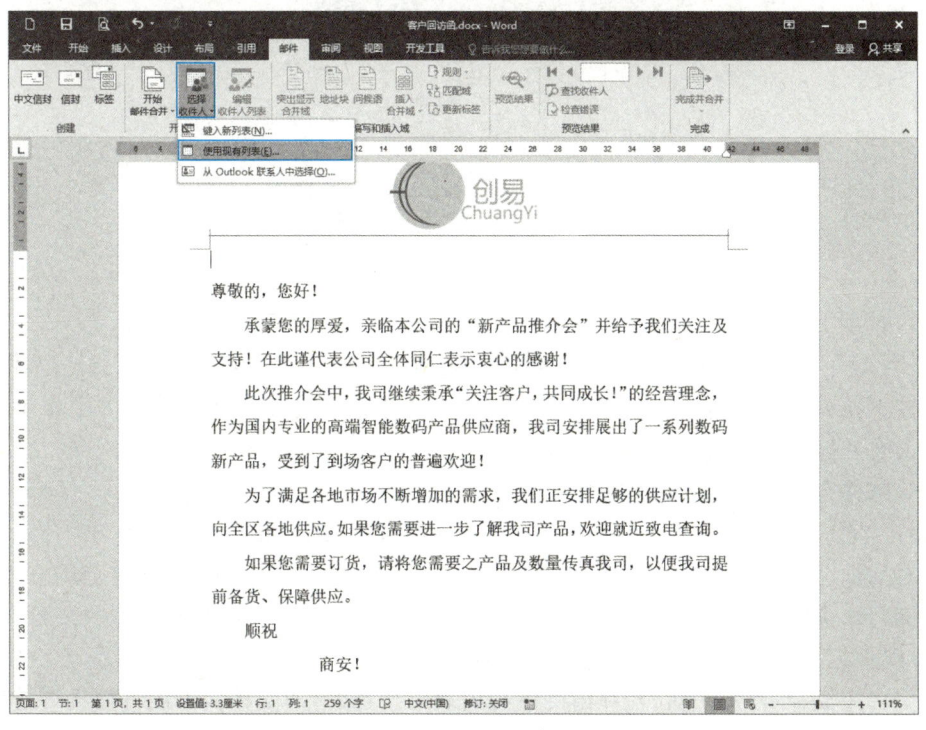

图 7-4 "选择收件人"按钮

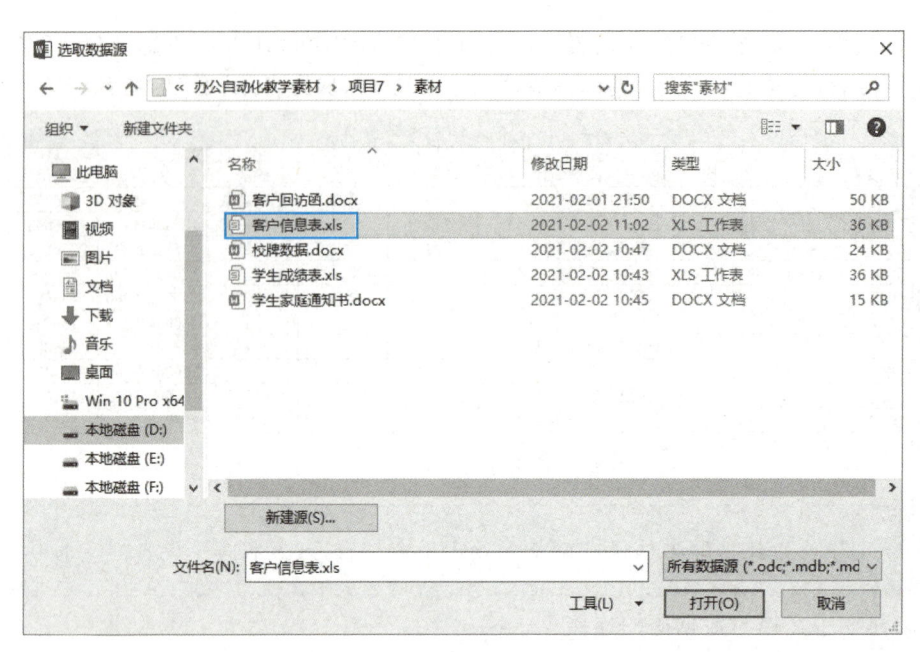

图 7-5 "选取数据源"对话框

图 7-6 "Microsoft Excel"对话框

(4)在主文档中插入域

在主文档"客户回访函"中将光标定位到"尊敬的"之后,单击"插入合并域"按钮,如图 7-7 所示,在下拉列表中单击"联系人"和"职务",将数据源一项一项地插入回访函相应的位置,插入合并域之后的信函如图 7-8 所示。

(5)邮件合并(生成批量信函)

单击"完成并合并"按钮,在弹出的下拉列表中选择"编辑单个文档",弹出"合并到新文档"对话框,如图 7-9 所示。根据实际需要选择"全部"、"当前记录"或指定范围,此处选择"全部",单击"确定"按钮,Word 将建立一个新的文档,其中包含了所选中的多封信函。用户可以根据需要为每封信函做一些其他的改动。

单击"完成并合并"按钮,在弹出的下拉列表中选择"打印文档",可以直接批量打印回访函,选择"发送电子邮件",可以将批量生成的回访函通过邮件发送给指定的收件人。

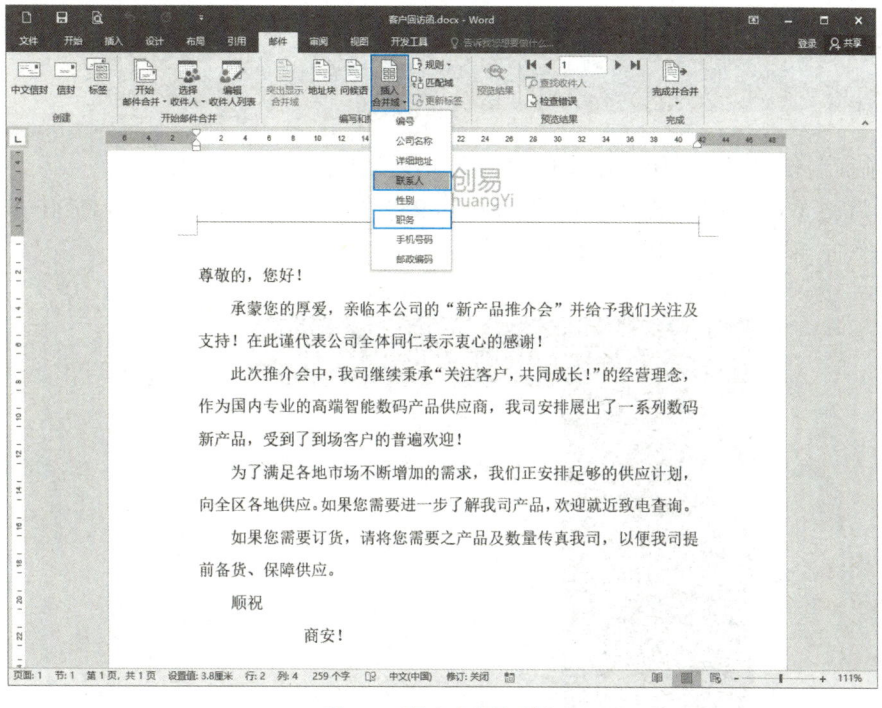

图 7-7 "插入合并域"按钮

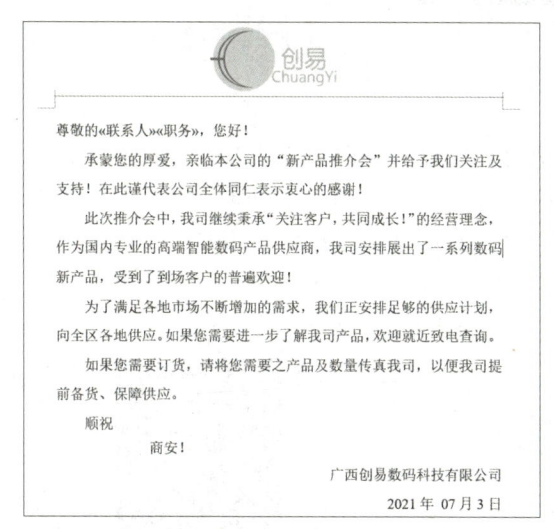

图 7-8 插入合并域之后的信函

图 7-9 "合并到新文档"对话框

项目 7 制作客户回访信函

87

任务 2　利用信封制作向导制作回访函信封

为前面制作的客户回访函制作信封。操作步骤如下：

(1)启动 Word 2016，选择"邮件"选项卡，单击"创建"组中的"中文信封"按钮，打开"信封制作向导"对话框，如图 7-10 所示。

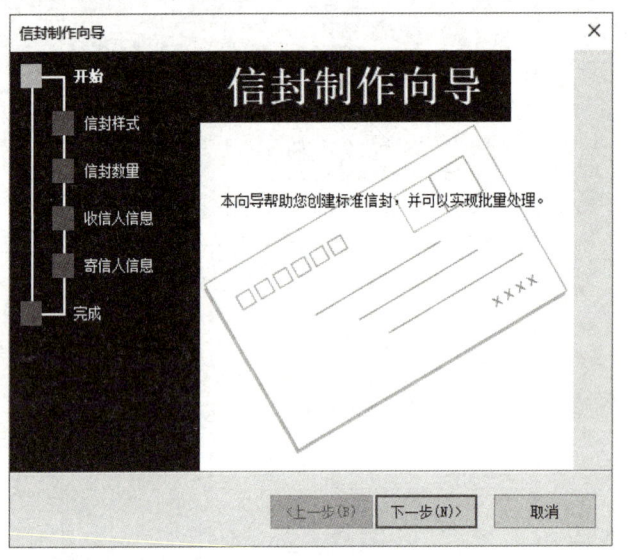

图 7-10　"信封制作向导"对话框

(2)单击"下一步"按钮，进入"选择信封样式"向导页，在"信封样式"下拉列表中选择符合国家标准的信封型号，如图 7-11 所示。根据打印需要勾选相关复选框。

(3)单击"下一步"按钮，进入"选择生成信封的方式和数量"向导页，选中"基于地址簿文件，生成批量信封"单选按钮，如图 7-12 所示。

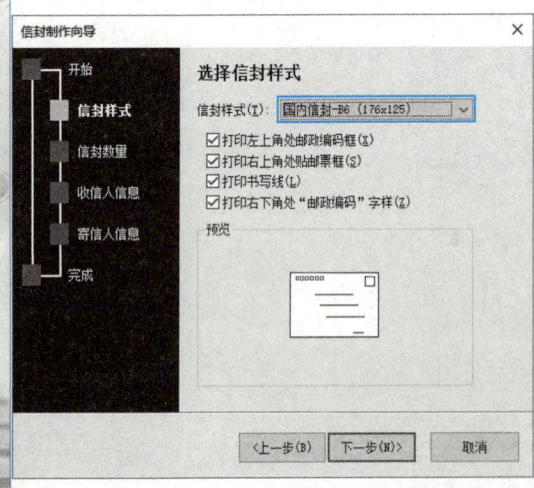

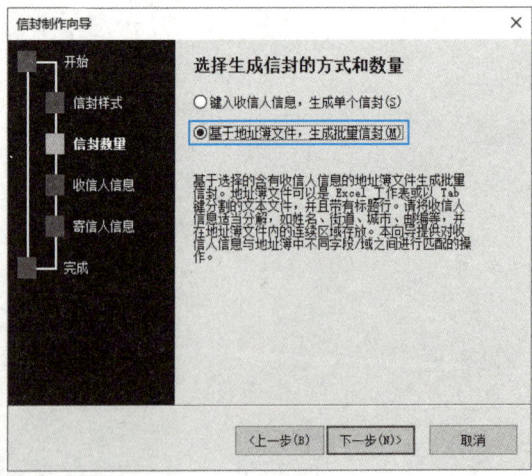

图 7-11　"选择信封样式"向导页　　　图 7-12　"选择生成信封的方式和数量"向导页

(4)单击"下一步"按钮,进入"从文件中获取并匹配收信人信息"向导页,单击"选择地址簿"按钮,选中前面制作的"客户信息表"。在"匹配收信人信息"区域中设置收信人信息与地址簿中的对应信息,如图 7-13 所示。

(5)单击"下一步"按钮,进入"输入寄信人信息"向导页,分别输入寄信人的姓名、单位、地址、邮编等信息,如图 7-14 所示。

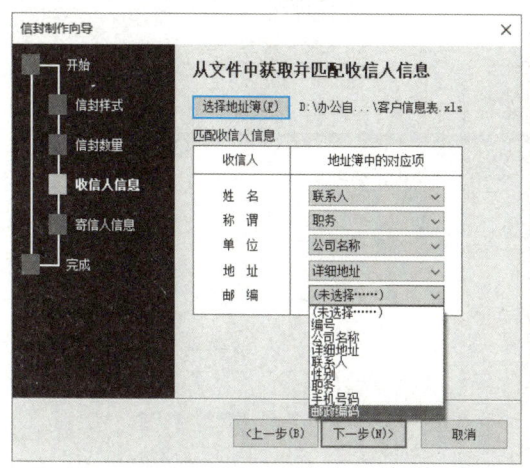

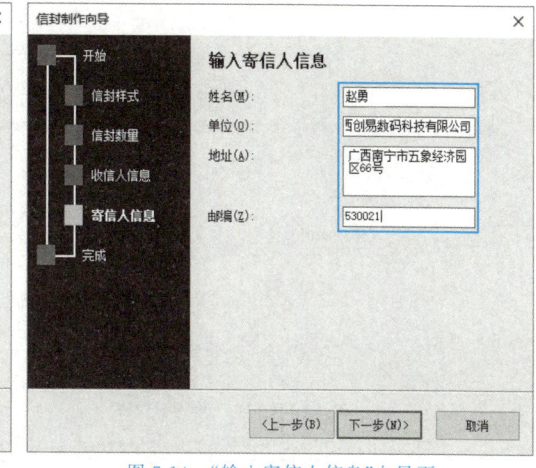

图 7-13 "从文件中获取并匹配收信人信息"向导页

图 7-14 "输入寄信人信息"向导页

(6)单击"下一步"按钮,完成信封向导,如图 7-15 所示,单击"完成"按钮。

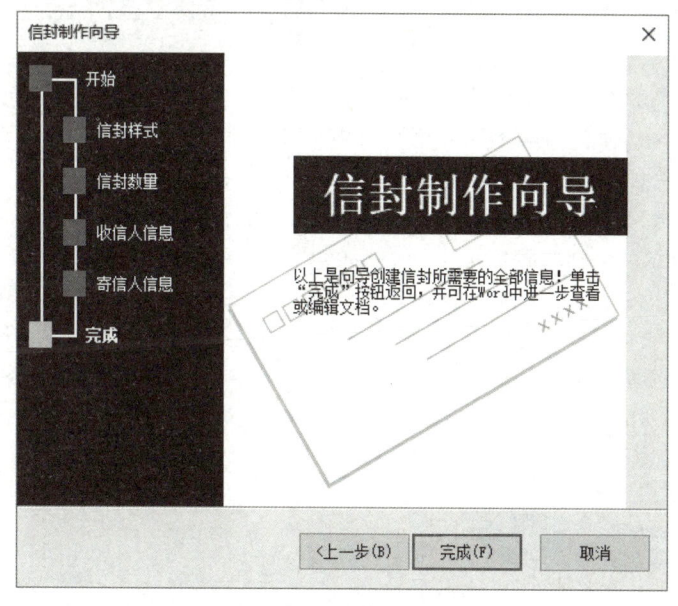

图 7-15 "信封制作向导"完成对话框

经过上述步骤,可以一次性制作多个中文信封,如图 7-16 所示。用户可以直接打印信封或保存信封信息。

图 7-16 成功制作多个中文信封

项目小结

本项目主要介绍了 Word 2016 邮件合并的基本功能和操作方法,包括利用邮件合并功能生成客户回访函和利用信封制作向导制作回访函信封。

邮件合并实际上就是将数据源中的变动数据和主文档的固定文本进行合并,生成一个合并文档或打印输出。邮件合并的操作简单总结起来分三步,即邮件合并三部曲:①创建主文档,输入固定不变的内容(如"客户回访函");②创建或打开数据源,存放变动的信息内容,数据源一般来自 Excel 工作表、Access 数据库、Word 表格或者 Outlook 联系人列表等(如"客户信息表");③在主文档所需的位置插入合并域。邮件合并功能非常强大,还需要读者继续挖掘,以便延伸到更深的领域中。

上机实战

1. 利用邮件合并功能成批打印证书,其数据源和证书样本如图 7-17、图 7-18 所示。

姓名	院系	专业	成绩	证书编号
陈小洁	信息工程系	软件技术	90	04211001
黎彩娟	信息工程系	软件技术	84	04211002
马旭娜	信息工程系	软件技术	90	04211003

图 7-17 证书数据源

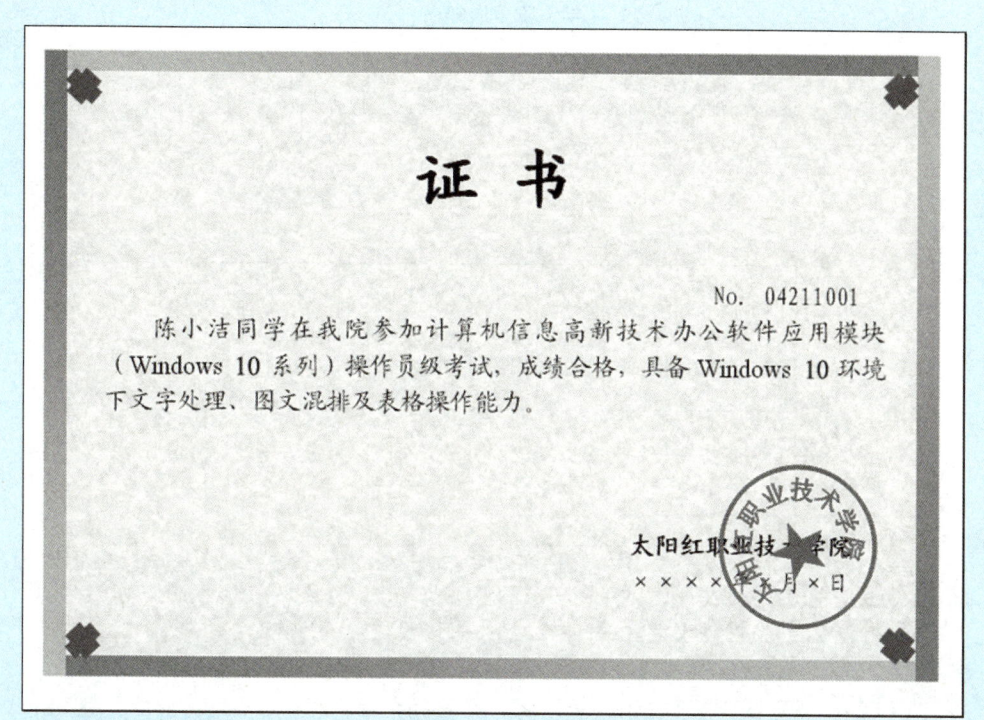

图 7-18 证书样本

【关键步骤提示】

利用 Word 2016 制作证书外观,记录考生姓名、院系、专业、成绩、证书编号等信息,利用邮件合并在 Word 2016 中姓名、院系、专业、成绩、证书编号处提取表格数据。

2.利用邮件合并功能成批打印学生家庭通知书,其数据源和样本如图 7-19、图 7-20 所示。

【关键步骤提示】

利用 Word 2016 制作学生家庭通知书文档,利用 Excel 2016 记录学生学号、姓名、各科成绩、总分、平均分以及评语信息,利用邮件合并在 Excel 2016 中提取表格数据。

学号	姓名	物流学导论	高等数学	大学英语	应用文写作	地理	体育	总分	平均分	班主任评语
321142001	黎彩娟	90	87	78	86	65	67	473	78.83	该生遵守学校
321142002	赵 勇	84	81	98	90	47	86	486	81.00	
321142003	马旭娜	90	58	43	95	64	62	412	68.67	
321142004	黄雅梅	86	83	67	40	82	80	438	73.00	
321142005	阳少勤	88	87	98	98	83	81	535	89.17	
321142006	韦小艺	85	65	40	67	88	80	425	70.83	
321142007	蓝 波	55	75	95	87	75	70	457	76.17	
321142008	王文婕	98	76	95	65	76	63	473	78.83	
321142009	梁文浩	50	46	90	46	46	86	364	60.67	
321142010	唐尚龙	75	82	86	76	65	87	471	78.50	

图 7-19 学生家庭通知书数据源

学生家庭通知书

尊敬的家长：

　　本学期教学工作已结束，为了使学校和家庭教育紧密结合，现将_____本学期期末考试成绩单抄送您，请您积极配合学校教育好子女，使之全面发展，成长为现代化建设有用之才。

　　此致

敬礼！

南方职业技术学院
2017 年 1 月 20 日

附：_____在校表现情况：

学习情况	考试课程	物流学导论	高等数学	大学英语	应用文写作	地理	体育	总分	平均分
	成绩								
班主任评语									

班主任签章：

图 7-20　学生家庭通知书样本

3.利用邮件合并功能制作学生校牌，其数据源和样本如图 7-21 所示。

系别	姓名	性别	专业	职务
信息工程系	覃键祥	男	2020 软件技术 1 班	班长
信息工程系	段　超	男	2020 软件技术 1 班	学生会干事
信息工程系	潘　娜	女	2020 软件技术 1 班	组织委员

南方职业技术学院

贴照片处

系　别：_____
专　业：_____
姓　名：_____
性　别：_____
职　务：_____

图 7-21　数据源和学生校牌样本

模块 3

Excel 2016的应用

——不积跬步，无以至千里；不积小流，无以成江海。

　　Excel软件操作是一个由简至繁的过程，是一个由量变到质变的过程，必须打好基础，才能为制作复杂的表格打下良好的基础。

项目 8

制作客户信息表

项目背景　Excel 2016 是一款功能强大的电子表格制作软件,是 Microsoft Office 2016 办公套装软件的一个重要组成部分,使用它可以进行各种数据的处理、统计分析和辅助决策操作,广泛地应用于日常事务管理、财会统计、金融分析和决策预算等众多领域。

　　广西创易数码科技有限公司营销业务部运用 Excel 2016 制作客户信息表,能较好地管理企业信息、联系方式以及客户的基本资料等。

　　通过本项目,学生能熟悉 Excel 2016 的基本功能,掌握常用数据类型及输入技巧,掌握工作表的编辑及格式化,掌握打印设置、页面设置等。

创建并美化客户信息表　　管理客户信息表

项目效果

项目效果如图 8-1 所示。

图 8-1　客户信息表

任务 1　建立工作表并输入数据

启动 Excel 2016 软件,在 D 盘的"项目 8"文件夹中新建一个"客户信息表"Excel 2016 文档,并按样文输入内容。

(1)启动 Excel 2016,新建一个名为"工作簿 1.xlsx"的空白文档,保存为"客户信息表.xlsx"。

(2)如图 8-2 所示输入基本客户信息数据。

图 8-2　输入具体的客户信息

(3)选定单元格 A4,然后输入第一个客户的编号"0001"。先在单元格 A4 内输入英文单引号"'",再输入数字"0001",这样系统默认"'"后输入的数字是文本形式。如果仅输入"0001",系统将默认为数字形式 1。如图 8-3 所示。

(4)使用自动填充快速输入其他编号。选定已输入编号"0001"的单元格 A4,将鼠标指向单元格右下角的小黑方块(填充柄),指针变为黑十字"+",用鼠标拖动填充柄至单元格 A13,然后释放鼠标。则鼠标经过的单元格区域 A5 至 A13 将自动填充序列"0002"~"0010",如图 8-4 所示。

图 8-3　录入客户编号　　　图 8-4　运用填充柄自动填充编号

任务 2　美化客户信息表

工作表数据内容录入完后,要对工作表进行必要的修饰美化,即格式化工作表。基本的格式设置包括单元格字体、对齐方式、数字格式、边框和底纹以及行高、列宽等。

操作 1　设置标题

(1)设置标题合并居中。选择单元格区域 A1:J1,选择"开始"选项卡,单击"对齐方式"组中的"合并后居中"按钮,如图 8-5、图 8-6 所示。

图 8-5　"对齐方式"组中的"合并后居中"按钮

图 8-6　合并后的单元格

(2)插入艺术字。选择"插入"选项卡,单击"文本"组中的"艺术字"按钮,在下拉列表中选择第二行第三列的"渐变填充-紫色,着色 4,轮廓-着色 4",如图 8-7 所示,输入标题"客户信息表"。在"开始"选项卡"字体"组中设置字体为"方正姚体",字号为"36",选择"绘图工具"|"格式"选项卡,单击"艺术字样式"组中的"文本轮廓"按钮,在下拉列表中将颜色设置为"紫色",如图 8-8 所示。艺术字效果如图 8-9 所示。

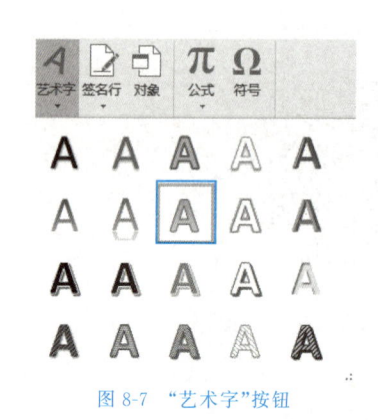

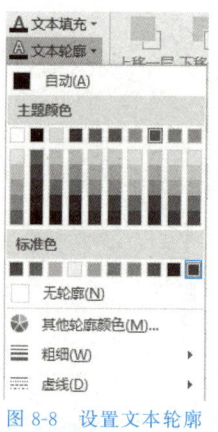

图 8-7 "艺术字"按钮　　　　图 8-8 设置文本轮廓　　　　图 8-9 艺术字效果

操作 2　设置单元格格式和对齐方式

(1)设置单元格数字格式。选择单元格区域 J4:J13,选择"开始"选项卡,单击"数字"组中的"对话框启动器"按钮,打开"设置单元格格式"对话框,在"数字"选项卡"分类"列表框中选择"日期",在"类型"列表框中选择"2012 年 3 月"的格式,单击"确定"按钮。如图 8-10 所示。

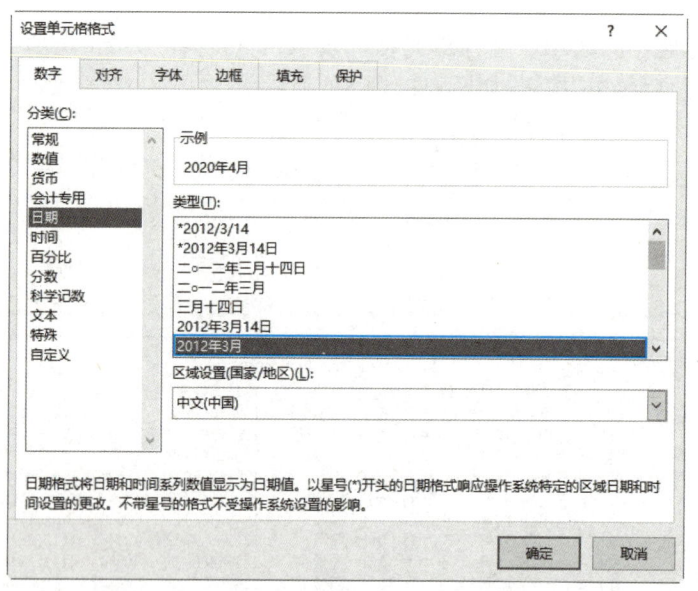

图 8-10 "设置单元格格式"对话框

(2)设置单元格对齐方式。选择单元格区域 A3:J13,选择"开始"选项卡,单击"对齐方式"组中的"垂直居中"按钮和"居中"按钮,如图 8-11、图 8-12 所示。

图 8-11 "垂直居中"按钮和"居中"按钮

图 8-12　数据清单居中对齐效果

操作 3　设置行高和列宽

（1）调整工作表列宽。此时整个表格的宽度过宽，可以考虑减小某些列的宽度。这里通过手工调整减小"详细地址"列的宽度。把光标置于 C 列列标右边界，光标变为"✥"，此时按住鼠标左键，在光标旁将显示当前列的宽度值，然后拖动鼠标到适合的宽度（12.50），释放鼠标左键，就可以手动改变列的宽度了，如图 8-13 所示。

图 8-13　在 C 列列标右边界拖动鼠标

（2）设置自动换行。"详细地址"列改变列宽后，部分地址信息看不到，此时可以通过设置自动换行来解决这个问题。选择 C 列，选择"开始"选项卡，单击"对齐方式"组中的"对话框启动器"按钮，打开"设置单元格格式"对话框，在"对齐"选项卡中勾选"自动换行"选项，并把"水平对齐"选项设置为"常规"，如图 8-14 所示，单击"确定"按钮后如图 8-15 所示。

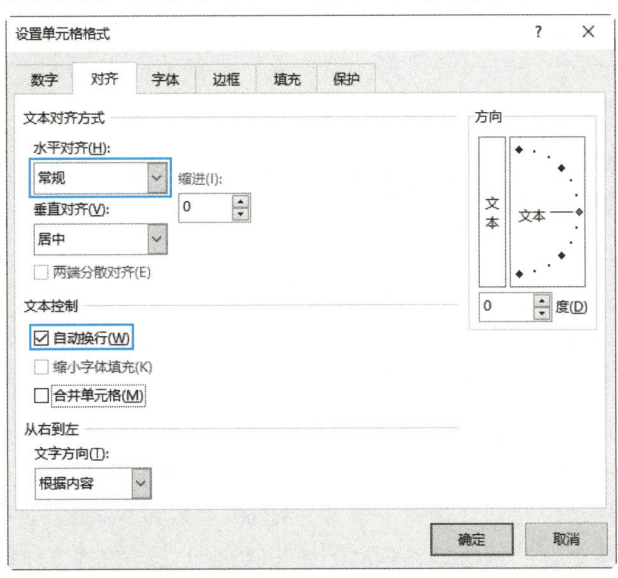

图 8-14　设置"自动换行"

（3）调整工作表行高。选择第 3 行至 13 行，选择"开始"选项卡，单击"单元格"组中的"格式"按钮，在下拉列表中选择"自动调整行高"选项，如图 8-16 所示。

图 8-15　自动换行效果　　　图 8-16　"自动调整行高"选项

(4)手动调整工作表行高。选择第 2 行,把光标置于第 2 行行号下边界,光标变为"✢",此时按住鼠标左键,在光标旁将显示当前行的高度值,然后拖动鼠标到适合的高度(12.00),同理,调整第 1 行的行高,将标题艺术字移动到第 1 行合适的位置上,如图 8-17 所示。

图 8-17　设置行高后的效果

操作 4　设置表格线和底纹

(1)设置单元格样式。选择单元格区域 A3:J3,选择"开始"选项卡,单击"样式"组中的"单元格样式"按钮,在下拉列表中选择"着色 4",如图 8-18、图 8-19 所示。

(2)设置单元格底纹效果。选择单元格区域 A4:J4,选择"开始"选项卡,单击"字体"组中的"填充颜色"按钮 ,在下拉列表中选择"水绿色,个性色 5,淡色 60%",如图 8-20 所示。选择单元格区域 A5:J5,单击"字体"组中的"填充颜色"按钮,在下拉列表中选择"橄榄色,个性色 3,淡色 80%",如图 8-21 所示。选定第一、第二条客户记录(A4:J5),使用自动填充方法,拖动填充柄至最后一条客户记录,释放鼠标左键,此时填充区域全部被填充成第一、第二条记录。单击填充柄右下角出现的"自动填充选项"按钮 ,在弹出的下拉列表中选择"仅填充格式"选项,如图 8-22 所示。此时填充区域还原为原记录内容,仅保留格式。此表格实现了隔行添加相同颜色的底纹的效果,使客户信息记录明显区分开。效果如图 8-23 所示。

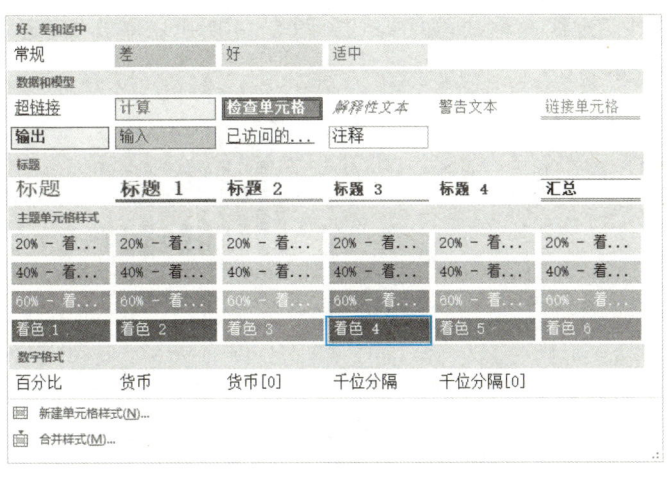

图 8-18 "样式"组中的"单元格样式"按钮

图 8-19 设置了"着色 4"效果后的列标题

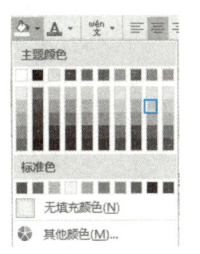

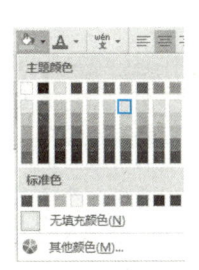

图 8-20 水绿色填充颜色　　图 8-21 橄榄色填充颜色　　图 8-22 "仅填充格式"选项

图 8-23 隔行添加相同颜色的底纹

（3）设置单元格边框。选择单元格 A1，选择"开始"选项卡，单击"字体"组中的"边框"按钮，在下拉列表中选择"下框线"选项，如图 8-24 所示。选择数据表区域，即选择 A3：J13 单元格区域，选择"开始"选项卡，单击"字体"组中的"边框"按钮，在下拉列表中选择"其他边框"，打开"设置单元格格式"对话框，将边框线设置为双线边框黑色外框线，"黑色,文字1,淡色50%"虚线内框线,如图8-25、图8-26所示。单击"确定"按钮,边框线设置效果如图8-27所示。

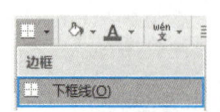

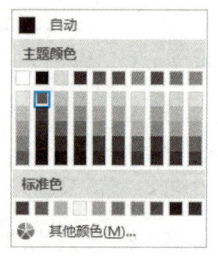

图8-24 "下框线"选项   图8-25 "黑色,文字1,淡色50%"的内框线颜色设置

图8-26 "设置单元格格式"对话框

编号	公司名称	详细地址	联系人	性别	职务	手机号码	邮政编码	E-mail	登记日期
0001	成功辅导	南宁市西湖路49号	高建华	先生	助理总裁	13415644233	456203	xjy203@sohu.com	2020年4月
0002	世纪宝贝有限公司	南宁市宁夏西路5号	麦浩东	先生	网络主管	13245641266	235645	ddy2000@163.com	2020年4月
0003	嘉业科技	柳州市兖州路48号	张海燕	女士	总经理	13589898898	356510	s1978@126.com	2020年4月
0004	鲁北实业有限公司	桂林市南门路36号	郭文艺	先生	总经理	13645749892	355600	wudonghai@163.com	2020年4月
0005	红太阳练歌房	南宁市环城路113号	李润发	先生	主管	13556556200	435600	ying_2001@163.com	2020年4月
0006	世帮文化	北海市白马路60号	尹胜利	先生	科长	13056145412	135654	y1980045@hotmail.com	2020年4月
0007	中企公司	南宁市唐山路64号	迟小双	女士	经理	13826356542	565801	cangel@sohu.com	2020年4月
0008	三捷失业有限公司	南宁市中山路22号	苏醒	先生	职员	13626598808	134452	s11123@gmail.com	2020年4月
0009	华北贸易	柳州市华夏路22号	王小丫	女士	经理	13856468985	465642	cat1122@163.com	2020年4月
0010	农业招待所	柳州市八一路67号	刘露	女士	职员	13425622032	561322	liuliu01@sohu.com	2020年4月

图8-27 客户信息表边框线设置效果

操作5　插入图片

(1)插入图片。选择"插入"选项卡，单击"插图"组中的"图片"按钮，打开"插入图片"对话框，选择图片"创易公司 Logo.png"，将插入的图片调整大小并移动到合适的位置，如图 8-28、图 8-29 所示。

图 8-28　"插图"组中的"图片"按钮　　　图 8-29　插入图片后的效果

(2)美化图片。选择图片，选择"图片工具"|"格式"选项卡，单击"图片样式"组中的"映像圆角矩形"按钮，如图 8-30、图 8-31 所示。

图 8-30　"图片样式"组中的"映像圆角矩形"按钮　　　图 8-31　"映像圆角矩形"效果

任务3　管理工作表

操作1　重命名工作表

在 Excel 2016 工作簿中，工作表默认的名称是"Sheet1""Sheet2""Sheet3"等，不方便记忆和操作，应给工作表起一个与内容贴切的名称。在这里，把"Sheet1"工作表命名为"客户信息表"，具体操作步骤如下：

(1)在 Excel 窗口下面的工作表标签区中，单击选中要重命名的工作表标签。

(2)单击鼠标右键，在快捷菜单中选择"重命名"选项。此时当前工作表标签被反相选中，如图 8-32 所示。

(3)在工作表标签中直接键入新名称覆盖当前名称，按 Enter 键确认，就可以重命名工作表了。这里输入"客户信息表"，如图 8-33 所示。

图 8-32　工作表标签被反相选中　　　图 8-33　重命名工作表

操作2　删除多余工作表

在一个新建的 Excel 工作簿中，默认有三个工作表，我们可以根据需要来添加、删除工作表。删除多余的工作表具体操作步骤如下：

(1)在工作表标签区中,单击选中要删除的工作表标签,按住 Ctrl 键单击可选中多个工作表标签,这里选中工作表"Sheet2"和"Sheet3"。

(2)选择"开始"选项卡,单击"单元格"组中的"删除"按钮,在下拉列表中选择"删除工作表"选项,如图 8-34 所示。或在工作表标签中单击鼠标右键,在快捷菜单中选择"删除"选项,如图 8-35 所示。则当前被选中的工作表被删除。

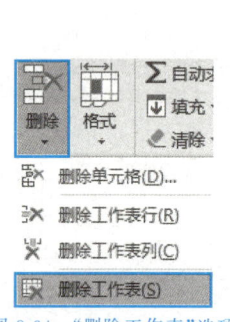

图 8-34 "删除工作表"选项   图 8-35 选择"删除"选项

操作 3 冻结窗格

通过 Excel 提供的"冻结窗格"功能,可以把工作表分为不同的区域(窗格),并冻结上窗格或左窗格,使得始终要保持可见的列标题或行标题在滚动时不会移动。具体的操作步骤如下:

(1)单击选定 C4 单元格,选择"视图"选项卡,单击"窗口"组中的"冻结窗格"按钮,在下拉列表中选择"冻结拆分窗格"选项,如图 8-36、图 8-37 所示。

(2)此时 C4 单元格上面的行与左边的列就被冻结,这时不管怎样滚动工作表,冻结的部分都不会做任何移动。

> **提示** 如要取消冻结窗格效果,可以选择"视图"选项卡,单击"窗口"组中的"冻结窗格"按钮,在下拉列表中选择"取消冻结窗格"选项,如图 8-38 所示。

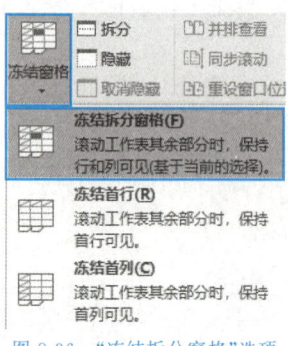

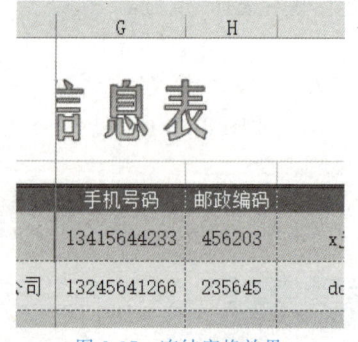

图 8-36 "冻结拆分窗格"选项   图 8-37 冻结窗格效果   图 8-38 "取消冻结窗格"选项

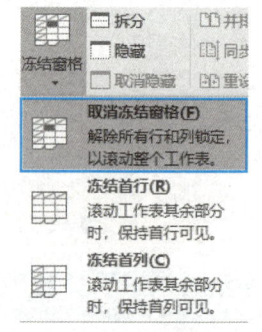

操作 4　隐藏工作表中的网格线

选择"视图"选项卡，取消勾选"显示"组中的"网格线"选项即可，如图 8-39 所示。

图 8-39　"显示"组中的"网格线"选项

任务 4　打印工作表

操作 1　页面设置

(1)选择"页面布局"选项卡，单击"页面设置"组中的"对话框启动器"按钮，如图 8-40 所示。打开"页面设置"对话框。

图 8-40　"页面设置"组

(2)设置纸张大小和纸张方向。选择"页面"选项卡，在"纸张大小"下拉列表中选择"A4"，在"方向"选项区域中选择"横向"，如图 8-41 所示。

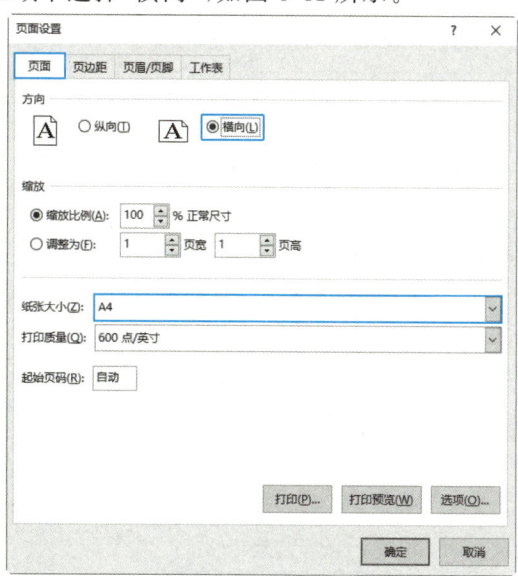

图 8-41　"页面"选项卡

(3)设置页边距。选择"页边距"选项卡,分别调节"上""下"边距为2.5,"左""右"边距为1.9;在"居中方式"选项中选择"水平"选项,如图8-42所示。

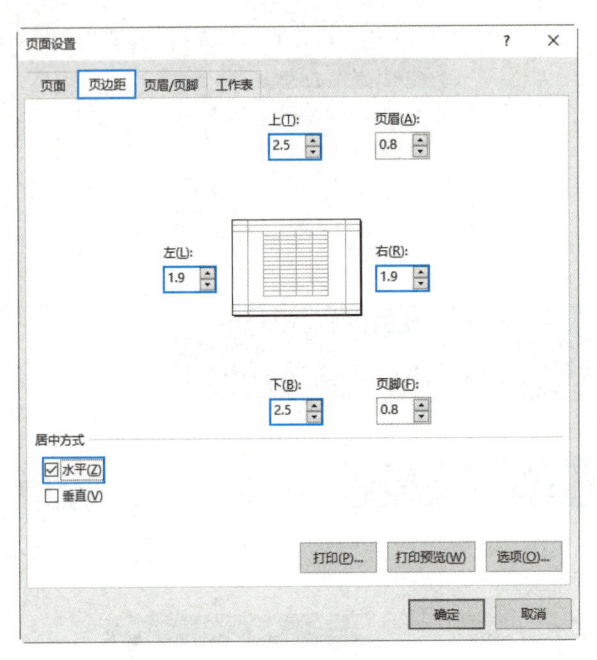

图8-42 "页边距"选项卡

(4)设置页眉。选择"页眉/页脚"选项卡,单击"自定义页眉"按钮,打开"页眉"对话框,在"右"文本框中输入页眉文字"广西创易数码科技有限公司",并选定,然后单击"字体"按钮,在弹出的"字体"对话框中设置"字体"为"隶书","大小"为"14",单击"确定"按钮退出"字体"对话框,如图8-43所示。再单击"确定"按钮退出"页眉"对话框。此时自定义的页眉将出现在"页眉"下拉列表中,如图8-44所示。

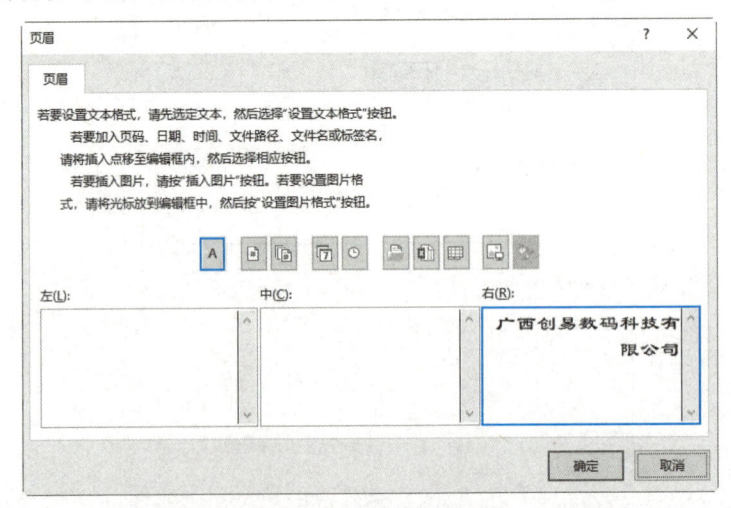

图8-43 "页眉"对话框

图 8-44 "页眉/页脚"选项卡

(5)设置页脚。在"页眉/页脚"选项卡的"页脚"下拉列表中选择"第 1 页,共？页",如图 8-45 所示。

图 8-45 设置页脚

(6)设置打印时始终出现的顶端标题行。选择"工作表"选项卡,单击"顶端标题行"选项,选择 1 行至 3 行,即 $1:$3,如图 8-46 所示,单击"确定"按钮。

图 8-46　设置打印顶端标题行

操作 2　打印预览

选择"文件"选项卡,单击"打印"菜单命令,可设置打印参数及预览打印效果。如图 8-47 所示。

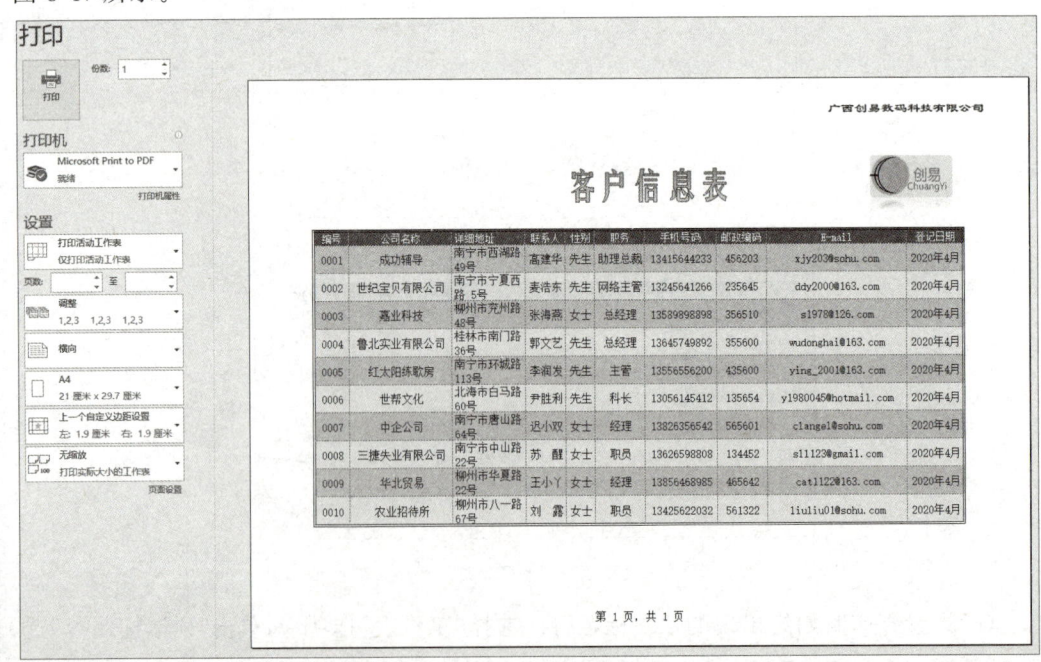

图 8-47　设置打印参数及预览打印效果

项目小结

Excel 是营销人员的优秀记录工具。本项目的制作包括了 Excel 2016 中各种最基本的操作,从工作簿的创建到保存,从数据的录入到设置单元格格式,从设置行高、列宽到页面的设置及打印,都是 Excel 2016 应用中必须掌握的,很适合初学者的学习。

学生通过本项目的学习,力求对 Microsoft Office Excel 2016 有一个基本的认识,同时熟悉和掌握以上各种基本操作,为后面项目的学习打下良好的基础。

上机实战

制作一份新品报价单,效果如图 8-48 所示。具体要求:掌握设置单元格格式、边框、底纹、字体、艺术字、页面等方法。

广西创易数码科技有限公司新品报价单

科技创新 融合应用

公司名称:广西创易数码科技有限公司　　　报价日期:2020年6月7日
公司地址:广西南宁市五象经济园区　　　　报价有效期至:2020年6月15日
邮政编码:530000
业务联系电话:0771-7900000、0771-8900000

联系人	发货方式	付款方式
胡倩倩	淘宝、现货上门	转账、支付宝

编号	品名	型号	单价	出产日期	备注
00001	步步高vivo	vivo X60 (8+128GB)	3498	2020年5月	
00002	步步高vivo	vivo S7 (8+128GB)	2798	2020年5月	货源紧张
00003	步步高vivo	Vivo Y52s (6+128GB)	1698	2020年5月	
00004	苹果iPhone	苹果iPhone 12 (128GB)	6469	2020年5月	
00005	华为Mate40	华为Mate40 (8+128GB)	7668	2020年5月	

图 8-48　新品报价单效果

【关键步骤提示】

(1)选择"插入"选项卡,单击"文本"组中的"艺术字"按钮,在下拉列表中选择"图案填充:橄榄色,主题色3,窄横线;内部阴影",标题文字要求:字体为幼圆,字号为18。

(2)"联系人""发货方式""付款方式"所在行边框线线条样式为第一列第五行样式,底纹颜色为"橄榄色,个性色3,深色25%"。

(3)标题所在行底纹颜色为浅蓝色。
(4)第一行记录所在行底纹颜色为"水绿色,个性色5,淡色80%"。
(5)第二行记录所在行底纹颜色为"水绿色,个性色5,深色25%"。
(6)表格文字均为宋体。
(7)"型号"列数据需要强行换行,方法是,将光标定位在需要强行换行的文字前,按 Alt+Enter 组合键。

项目 9

制作企业年收支预算表

项目背景

广西创易数码科技有限公司为了更好地管理产品的报价,合理地控制成本,科学地管理公司财务状况,一般会在年末做下一年的公司年收支预算,使用 Excel 2016 可以制作一份简洁明了、功能实用、运算简便的年收支预算表。

Excel 2016 之所以如此优秀,一个重要的原因就是可以通过公式和函数引用单元格中的数据进行自动运算,免除了手工计算的烦琐。因此本项目的重点是公式和函数的应用。此外,还需掌握条件格式、数据有效性、保护工作表等设置。

制作企业年收支预算表(上)

制作企业年收支预算表(下)

项目效果

项目效果如图 9-1 所示。

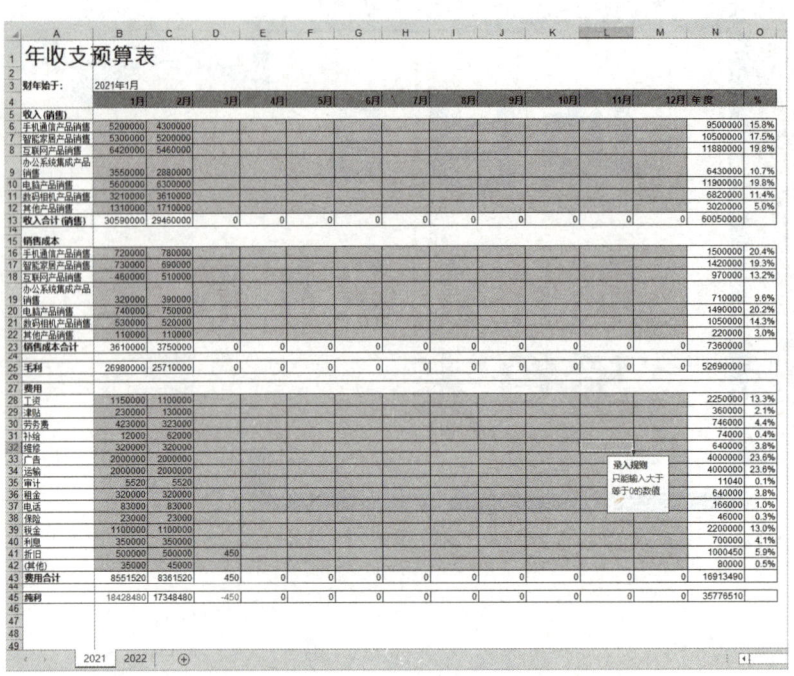

图 9-1　企业年收支预算表

任务 1　运用公式和函数计算数据

操作 1　计算收支合计

利用 Excel 2016 提供的求和函数 SUM,可以方便地解决单元格求和的问题。下面通过插入函数的方法求出收支合计项,具体操作步骤如下:

(1)计算收入合计(销售)。选择单元格 B13,选择"开始"选项卡,单击"编辑"组中的"自动求和"按钮,选择"求和",如图 9-2 所示。拖动鼠标选择单元格区域 B6:B12,此时"编辑"工具栏上显示单元格 B13 的求和公式:"=SUM(B6:B12)",如图 9-3 所示。单击"编辑"工具栏上的"输入"按钮✓。计算出 1 月的"收入合计(销售)"。拖动填充柄至单元格 M13 处释放鼠标左键,利用填充柄将公式复制到 C13:M13 单元格区域内,如图 9-4 所示。

图 9-2　"自动求和"按钮　　　　图 9-3　单元格 B13 的求和公式

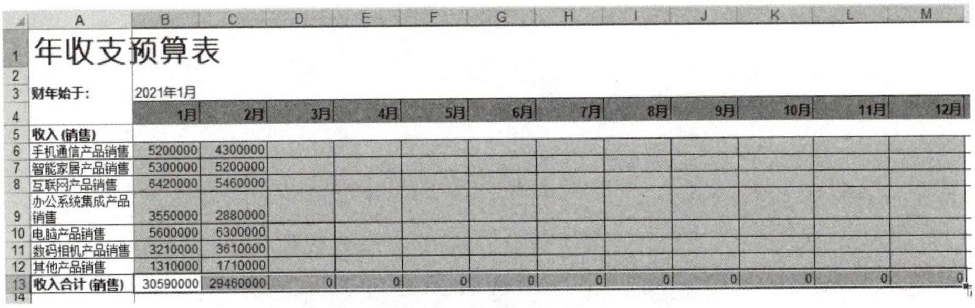

	A	B	C	D	E	F	G	H	I	J	K	L	M
1	年收支预算表												
2													
3	财年始于:	2021年1月											
4		1月	2月	3月	4月	5月	6月	7月	8月	9月	10月	11月	12月
5	收入(销售)												
6	手机通信产品销售	5200000	4300000										
7	智能家居产品销售	5300000	5200000										
8	互联网产品销售	6420000	5460000										
9	办公系统集成产品销售	3550000	2880000										
10	电脑产品销售	5600000	6300000										
11	数码相机产品销售	3210000	3610000										
12	其他产品销售	1310000	1710000										
13	收入合计(销售)	30590000	29460000	0	0	0	0	0	0	0	0	0	0

图 9-4　利用填充柄将公式复制到 C13:M13 单元格区域内

(2)计算销售成本合计。选择 B23 单元格,单击“编辑”组中的“自动求和”按钮,拖动鼠标选择单元格区域 B16:B22,此时“编辑”工具栏上显示单元格 B23 的求和公式:“=SUM(B16:B22)”,单击“编辑”工具栏上的“输入”按钮✓,计算出 1 月“销售成本合计”,如图 9-5 所示。拖动填充柄填充至单元格 M23 处释放鼠标左键,利用填充柄将公式复制到 C23:M23 单元格区域内,如图 9-6 所示。

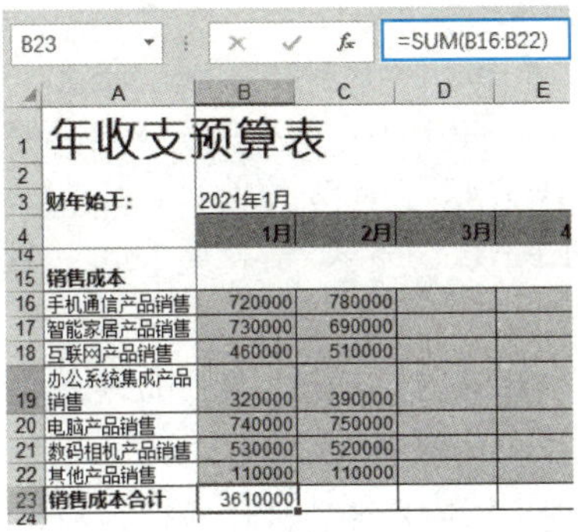

B23　=SUM(B16:B22)

	A	B	C	D	E
1	年收支预算表				
2					
3	财年始于:	2021年1月			
4		1月	2月	3月	4
15	销售成本				
16	手机通信产品销售	720000	780000		
17	智能家居产品销售	730000	690000		
18	互联网产品销售	460000	510000		
19	办公系统集成产品销售	320000	390000		
20	电脑产品销售	740000	750000		
21	数码相机产品销售	530000	520000		
22	其他产品销售	110000	110000		
23	销售成本合计	3610000			

图 9-5　单元格 B23 的求和公式

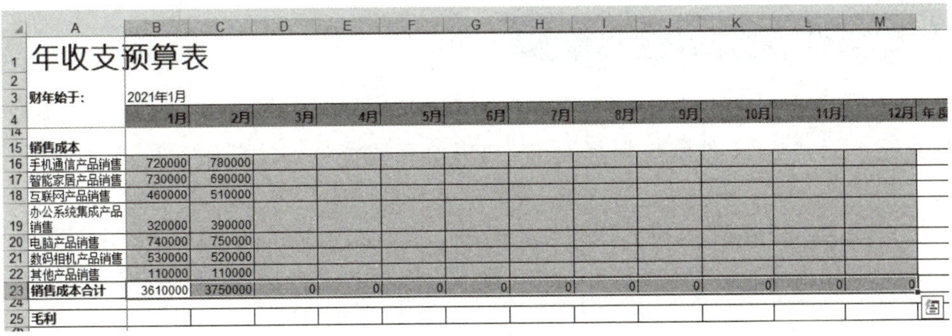

	A	B	C	D	E	F	G	H	I	J	K	L	M
1	年收支预算表												
2													
3	财年始于:	2021年1月											
4		1月	2月	3月	4月	5月	6月	7月	8月	9月	10月	11月	12月
15	销售成本												
16	手机通信产品销售	720000	780000										
17	智能家居产品销售	730000	690000										
18	互联网产品销售	460000	510000										
19	办公系统集成产品销售	320000	390000										
20	电脑产品销售	740000	750000										
21	数码相机产品销售	530000	520000										
22	其他产品销售	110000	110000										
23	销售成本合计	3610000	3750000	0	0	0	0	0	0	0	0	0	0
25	毛利												

图 9-6　利用填充柄将公式复制到 C23:M23 单元格区域内

(3)计算费用合计,选择 B43 单元格,单击“编辑”组中的“自动求和”按钮,拖动鼠标选择单元格区域 B28:B42,此时“编辑”工具栏上显示单元格 B43 的求和公式:“=SUM(B28:B42)”,单击“编辑”工具栏上的“输入”按钮✓,计算出 1 月“费用合计”,如图 9-7 所示。拖动填充柄填充至单元格 M43 处释放鼠标左键,利用填充柄将公式复制到 C43:M43 单元格区域内。

图 9-7 单元格 B43 的求和公式

> **提示**
>
> Excel 2016 中提供了 11 类上百种函数，除了上面的求和函数 SUM，常用的还有平均值函数 AVERAGE、最大值函数 MAX、最小值函数 MIN、计数函数 COUNT 及 IF 函数等。
>
> Excel 2016 在进行运算时，不是直接使用单元格里的原始数据，而是通过引用单元格名称（如 B28）来进行的，我们称之为单元格引用。引用分相对引用、绝对引用和混合引用三种，像 B42 这种仅仅由列标和行号构成的引用即相对引用。

操作 2　计算毛利和纯利

(1) 计算毛利。在单元格 B25 里输入公式："＝B13－B23"，如图 9-8 所示。拖动填充柄填充至单元格 M25 处释放鼠标左键，利用填充柄将公式复制到 C25：M25 单元格区域内。

(2) 计算纯利。在单元格 B45 里输入公式："＝B25－B43"，如图 9-9 所示。拖动填充柄填充至单元格 M45 处释放鼠标左键，利用填充柄将公式复制到 C45：M45 单元格区域内。

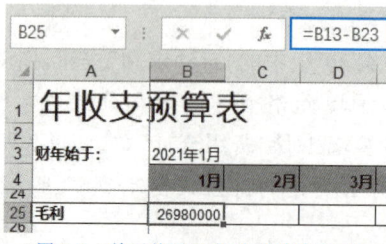

图 9-8　单元格 B25 的公式计算毛利

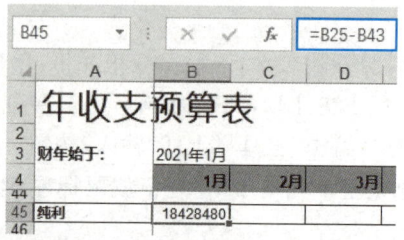

图 9-9　单元格 B45 的公式计算纯利

操作3　计算各年度合计

（1）计算"收入（销售）"系列年度合计。选择N6单元格，单击"编辑"组中的"自动求和"按钮，拖动鼠标选择单元格区域B6:M6，此时"编辑"工具栏上显示单元格N6的求和公式："=SUM(B6:M6)"，单击"编辑"工具栏上的"输入"按钮√，计算出"手机通信产品销售"收入年度合计，如图9-10所示。拖动填充柄填充至单元格N13处释放鼠标左键，利用填充柄将公式复制到N7:N13单元格区域内，如图9-11所示。

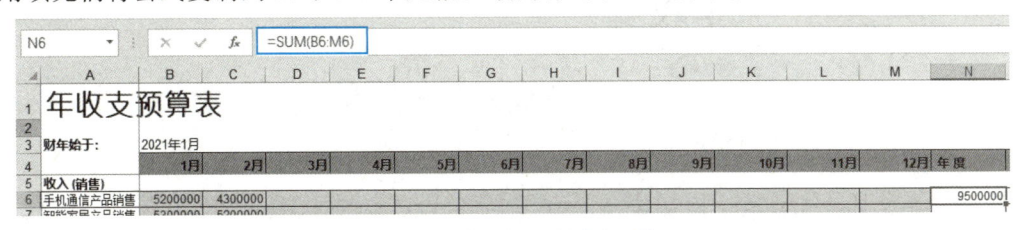

图9-10　单元格N6的求和函数

图9-11　利用填充柄将公式复制到N7:N13单元格区域内

（2）计算"销售成本"系列年度合计。选择N16单元格，单击"编辑"组中的"自动求和"按钮，拖动鼠标选择单元格区域B16:M16，此时"编辑"工具栏上显示单元格N16的求和公式："=SUM(B16:M16)"，单击"编辑"工具栏上的"输入"按钮√，计算出"手机通信产品销售"销售成本年度合计，如图9-12所示。拖动填充柄填充至单元格N23处释放鼠标左键，利用填充柄将公式复制到N17:N23单元格区域内。

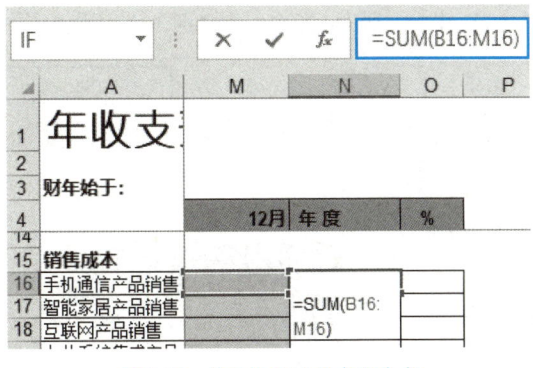

图9-12　单元格N16的求和公式

(3)计算"毛利"年度合计。选择 N25 单元格,单击"编辑"组中的"自动求和"按钮,拖动鼠标选择单元格区域 B25:M25,此时"编辑"工具栏上显示单元格 N25 的求和公式:"=SUM(B25:M25)",单击"编辑"工具栏上的"输入"按钮✓,计算出"毛利"年度合计,如图 9-13 所示。

图 9-13　单元格 N25 的求和公式

(4)计算"费用"系列年度合计。选择 N28 单元格,单击"编辑"组中的"自动求和"按钮,拖动鼠标选择单元格区域 B28:M28,此时"编辑"工具栏上显示单元格 N28 的求和函数:"=SUM(B28:M28)",单击"编辑"工具栏上的"输入"按钮✓,计算出"工资"费用年度合计,如图 9-14 所示。拖动填充柄填充至单元格 N43 处释放鼠标左键,利用填充柄将函数复制到单元格 N29:N43 单元格区域内。

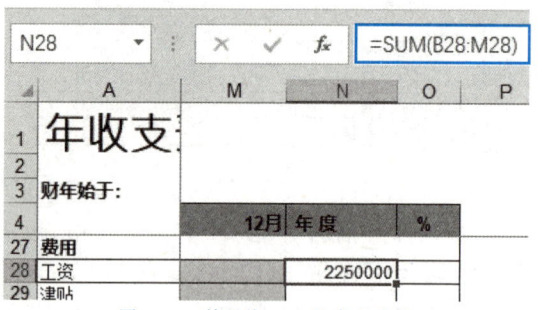

图 9-14　单元格 N28 的求和公式

(5)计算"纯利"年度合计。选择 N45 单元格,单击"编辑"组中的"自动求和"按钮,拖动鼠标选择单元格区域 B45:M45,此时"编辑"工具栏上显示单元格 N45 的求和公式:"=SUM(B45:M45)",计算出"纯利"年度合计,如图 9-15 所示。

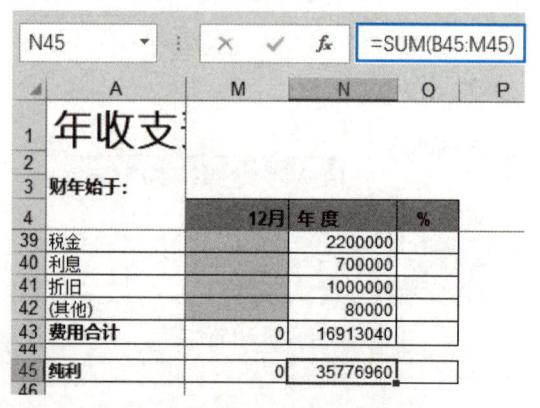

图 9-15　单元格 N45 的求和公式

操作 4　计算各项收支占收支总额的比例

（1）计算收入百分比。选择单元格 O6，单击"编辑"工具栏上的"插入函数"按钮，打开"插入函数"对话框，在"或选择类别"下拉列表中选择"逻辑"，在"选择函数"列表框中选择"IF"，如图 9-16 所示。单击"确定"按钮，打开"函数参数"对话框。

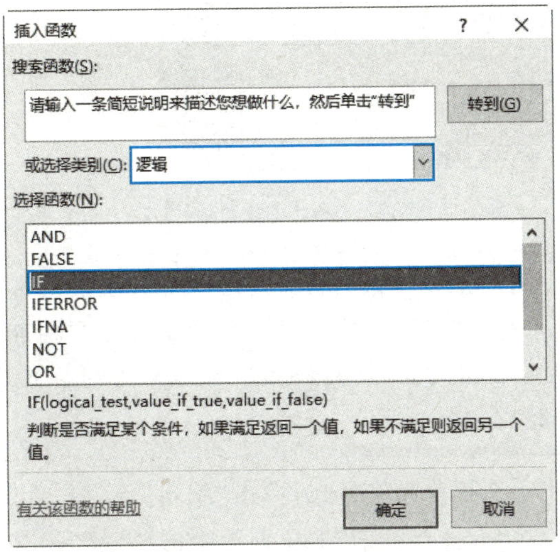

图 9-16　"插入函数"对话框

IF 函数需要三个参数，其中第一个参数（Logical_test）为条件，第二个参数（Value_if_true）为条件成立时函数的返回值，第三个参数（Value_if_false）为条件不成立时函数的返回值。在条件参数中输入条件"＄N＄13＝0"，在第二个参数中输入""-""，在第三个参数中输入"N6/＄N＄13"，如图 9-17 所示。其含义是：如果单元格 ＄N＄13 等于 0，即"收入合计（销售）"的年度合计为 0，那么单元格 O6 显示"-"，否则显示公式"N6/＄N＄13"的计算结果，即"手机通信产品销售"的年度收入合计占"收入合计（销售）"的年度合计的比率。拖动填充柄填充至单元格 O12 处释放鼠标左键，利用填充柄将公式复制到 O7:O12 单元格区域内，如图 9-18 所示。

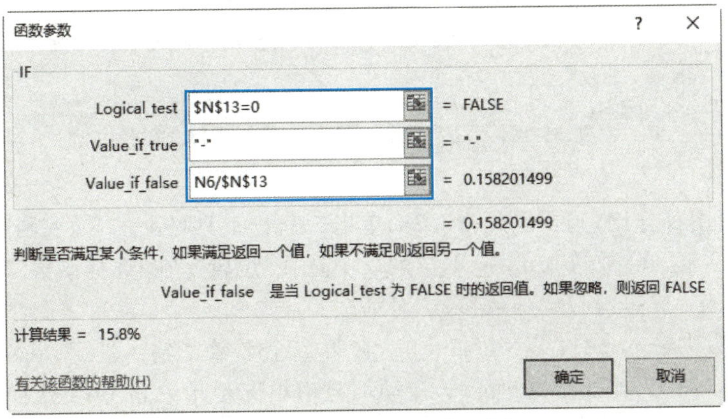

图 9-17　O6 单元格 IF 函数的参数

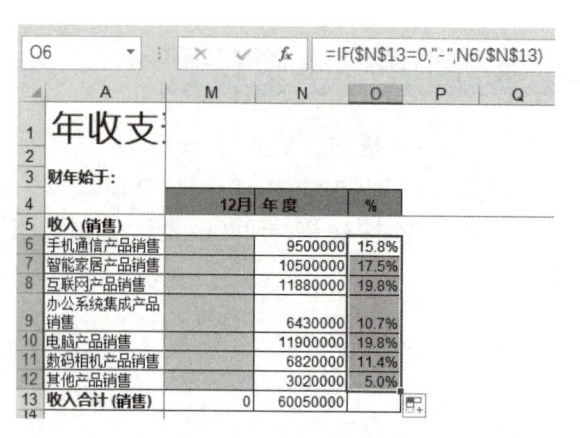

图 9-18　利用填充柄将函数复制到 O7：O12 内

> **提示**　这里我们绝对引用了单元格 N13，绝对引用的写法是＄N＄13（在行号和列标前添加绝对引用符号"＄"）。绝对引用的意义在于绝对指向工作表中固定位置的单元格，当复制公式时，不会随公式所在单元格的位置改变而改变，这是它与相对引用的区别。

（2）计算成本百分比。选择单元格 O16，单击"编辑"工具栏上的"插入函数"按钮，打开"插入函数"对话框，在"或选择类别"下拉列表中选择"逻辑"，在"选择函数"列表框中选择"IF"。单击"确定"按钮，打开"函数参数"对话框。

在条件参数中输入条件"＄N＄23＝0"，在第二个参数中输入""-""，在第三个参数中输入"N16/＄N＄23"，如图 9-19 所示。拖动填充柄填充至单元格 O22 处释放鼠标左键，利用填充柄将公式复制到 O17：O22 单元格区域内。

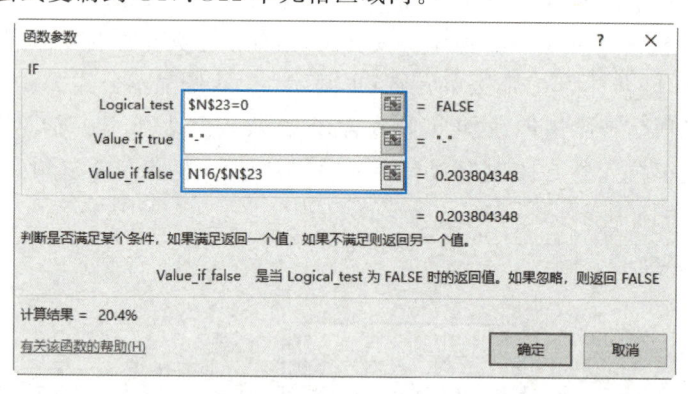

图 9-19　O16 单元格 IF 函数的参数

（3）计算费用百分比，选择单元格 O28，单击"编辑"工具栏上的"插入函数"按钮，打开"插入函数"对话框，在"或选择类别"下拉列表中选择"逻辑"，在"选择函数"列表框中选择"IF"。单击"确定"按钮，打开"函数参数"对话框。

在条件参数中输入条件"＄N＄43＝0"，在第二个参数中输入""-""，在第三个参数中输入"N28/＄N＄43"，如图 9-20 所示。拖动填充柄填充至单元格 O42 处释放鼠标左键，利用填充柄将公式复制到 O29：O42 单元格区域内。

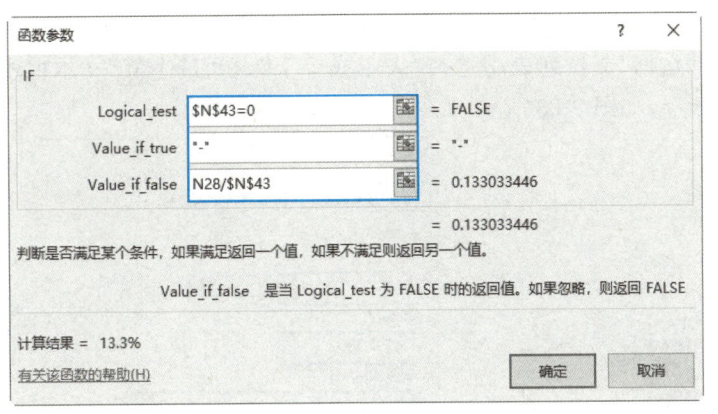

图 9-20　O28 单元格 IF 函数的参数

输入函数后的效果如图 9-21 所示。

图 9-21　输入函数后的效果

任务 2　验证数据有效性

本项目只录入了部分数据，尚需要用户录入剩余的数据，为避免用户在输入原始数据过程中的操作错误，可通过为单元格设置"数据验证"来限制单元格数据的输入。

（1）选择所有要手工录入数据的区域，即单元格区域 B6：M12、B16：M22、B28：M42，选择"数据"选项卡，单击"数据工具"组中的"数据验证"按钮，在下拉列表中选择"数据验证",如图 9-22 所示。打开"数据验证"对话框,选择"设置"选项卡,在"允许"下拉列表中选择"小数",在"数据"下拉列表中选择"大于或等于",在"最小值"文本框中输入 0,并选择"忽略空值"选项,如图 9-23 所示。

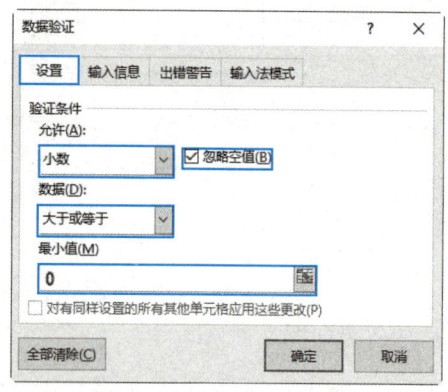

图 9-22 "数据验证"选项　　　　　图 9-23 "数据验证"对话框

(2)选择"输入信息"选项卡,勾选"选定单元格时显示输入信息"复选框,在"标题"文本框中输入"录入规则",在"输入信息"文本框中输入"只能输入大于或等于 0 的数值"。如图 9-24 所示。

(3)选择"出错警告"选项卡,勾选"输入无效数据时显示出错警告"复选框,在"样式"下拉列表中选择"停止",在"标题"文本框中输入"录入错误",在"错误信息"文本框中输入"输入了小于 0 的数值"。如图 9-25 所示。

图 9-24 "输入信息"选项卡　　　　　图 9-25 "出错警告"选项卡

此时,如果选定设置了验证的某个单元格,就会出现"录入规则"的提示信息。如果输入一个不在有效值范围内的值,如"-120",则会弹出"录入错误"提示框,如图 9-26 所示,不允许用户继续输入。此时单击"重试"按钮重新输入,或单击"取消"按钮取消之前的输入。可见,通过设置单元格数据验证,可以有效地减小用户在录入基本数据时出错的概率。

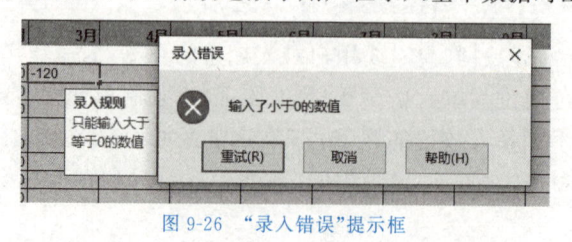

图 9-26 "录入错误"提示框

任务 3　设置条件格式

在 Excel 2016 中，通过条件格式，可以将某些满足特定条件的单元格以指定的格式显示，从而达到突出重要数据的目的。在本任务中，当纯利出现赤字（负值）时，将用红色字体自动显示出来，当纯利有较大的盈余（这时设定为"大于或等于 18000000"）时，将用蓝色字体自动显示，从而第一时间给用户以警示和提醒。

（1）选择需要设置条件格式的单元格区域，即单元格区域 B45：M45。

（2）选择"开始"选项卡，单击"样式"组中的"条件格式"按钮，在下拉列表中单击"新建规则"选项，如图 9-27 所示。打开"新建格式规则"对话框，在"选择规则类型"列表框中选择"只为包含以下内容的单元格设置格式"，在"编辑规则说明"下设置条件格式规则为：单元格值小于 0，如图 9-28 所示。单击"格式"按钮，打开"设置单元格格式"对话框，设置字体颜色为红色，如图 9-29 所示，连续单击"确定"按钮。

图 9-27　"条件格式"按钮

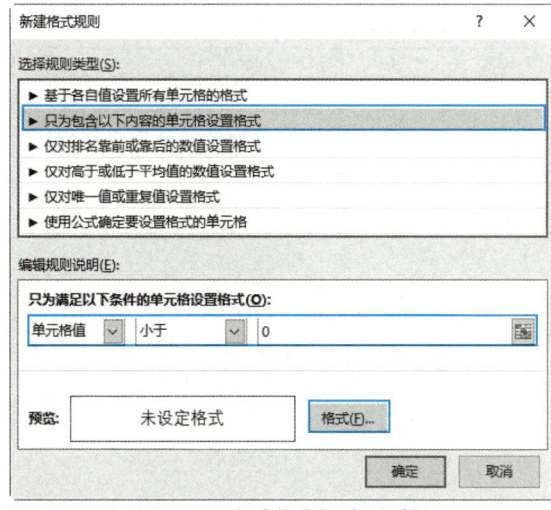

图 9-28　"新建格式规则"对话框

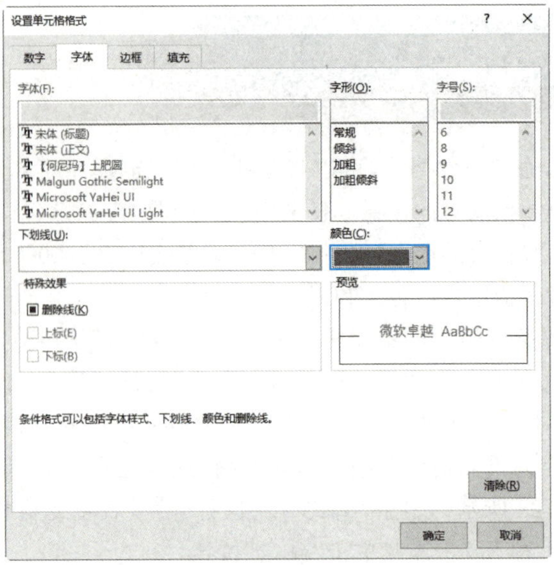

图 9-29 设置字体颜色为红色

(3)再次单击“新建规则”选项，打开“新建格式规则”对话框，在“选择规则类型”列表框中选择“只为包含以下内容的单元格设置格式”，在“编辑规则说明”下设置条件格式规则为“单元格值大于或等于 18000000”，如图 9-30 所示。单击“格式”按钮，打开“设置单元格格式”对话框，设置字体颜色为蓝色，连续单击“确定”按钮。

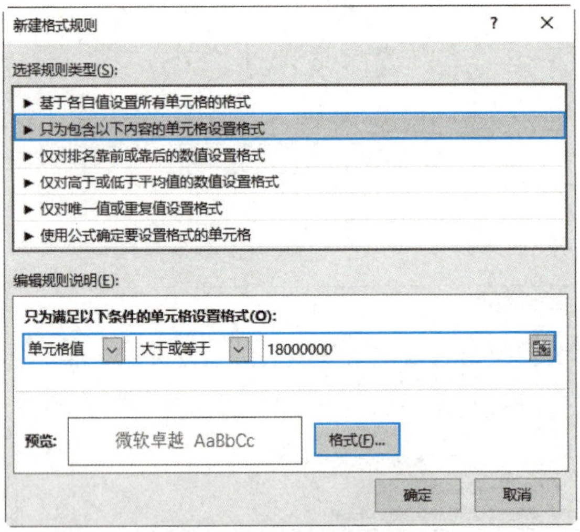

图 9-30 新建格式规则

设置完毕条件格式，表格效果如图 9-31 所示。

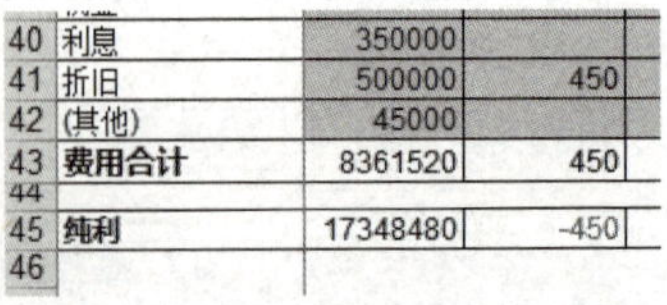

40	利息	350000	
41	折旧	500000	450
42	(其他)	45000	
43	**费用合计**	8361520	450
44			
45	**纯利**	17348480	-450
46			

图 9-31 设置条件格式后的“纯利”数据测试效果

任务 4　保护工作表

个人收支明细表制作好后,除了一些需用户输入基本数据的单元格外,其他单元格都不需要用户进行任何操作,如插入公式或函数的单元格等。为了避免这些单元格被用户修改,或为了保护表中的敏感公式,Excel 2016 提供了保护工作表的功能。

保护工作表的实质是保护被锁定的单元格。因此,要保护工作表,首先要取消需用户输入及修改的单元格的锁定状态,然后才能保护工作表。具体操作步骤如下。

(1)选择所有需用户输入基本数据的单元格区域,即单元格区域 B6:M12,B16:M22,B28:M42。

(2)选择"开始"选项卡,单击"数字"组中的"对话框启动器"按钮,在打开的"设置单元格格式"对话框中选择"保护"选项卡,取消勾选"锁定"复选框。单击"确定"按钮返回工作表。如图 9-32 所示。

图 9-32　"保护"选项卡

(3)选择"审阅"选项卡,单击"更改"组中的"保护工作表"按钮,如图 9-33 所示。打开"保护工作表"对话框。

图 9-33　"保护工作表"按钮

(4)勾选"保护工作表及锁定的单元格内容"复选框;在"取消工作表保护时使用的密码"文本框中输入工作表的保护密码,这里不设密码;在"允许此工作表的所有用户进行"列表框中,取消勾选"选定锁定单元格"复选框,勾选"选定未锁定的单元格"复选框,如图 9-34 所示。设置完成,单击"确定"按钮返回工作表。此时,除了步骤(1)中选择的单元格区域外,其他单元格均不能被选中。

> **提示** 如需撤消工作表保护，只需要选择"审阅"选项卡，单击"更改"组中的"撤消工作表保护"按钮，如无密码则直接撤消，如有密码则需输入正确密码方能撤消。如图9-35所示。

图9-34 "保护工作表"对话框

图9-35 "更改"组中的"撤消工作表保护"按钮

任务5　复制工作表

操作步骤如下：

（1）在工作表标签区中，单击选中"2021"工作表标签。

（2）右击，在快捷菜单中选择"移动或复制"菜单命令，如图9-36所示。

（3）打开"移动或复制工作表"对话框，选择"（移至最后）"，勾选"建立副本"复选框，设置完成后单击"确定"按钮返回工作表，如图9-37所示。

图9-36 "移动或复制工作表"菜单命令

图9-37 "移动或复制工作表"对话框

（4）此时工作簿中多了一个工作表拷贝副本"2021(2)"，将其重命名为"2022"。

（5）单击工作表标签"2022"，切换到工作表"2022"，可发现其内容及格式与工作表"2021"一致。

项目小结

本项目涉及的知识点很多,有插入公式和函数、数据验证、条件格式和保护工作表等,重点在于公式和函数的运用。在 Excel 2016 中使用公式和函数,通过对单元格的相对引用,能对单元格中的数据进行计算,而且当改变所引用的单元格的数据时,公式或函数的计算结果也会自动更新。正是由于可以使用公式和函数进行运算,因此 Excel 具有非常强大的计算功能,为读者分析与处理数据提供了很大的便利,这是 Word 表格所不能比拟的。

上机实战

制作年销售预测表,效果如图 9-38 所示。具体要求:进行公式、函数、条件格式、数据验证、保护工作表、复制工作表等设置。

图 9-38　年销售预测表效果

【关键步骤提示】

(1)在相应的单元格内输入公式。其中:"销售额合计=销售数量*价格"。月汇总的计算方式:各销售额相加的和。‰单元格数据的计算方式:如果"月汇总"年合计值=0,则显示"-",否则计算"各产品销售额合计/月汇总年合计"的值。公式必须以"="号开始,并用单元格名称来替代具体的数值。

(2)"月汇总"行所在单元格运用条件格式：当值小于2800000时,单元格显示为浅红色底纹、红色字体。

(3)设置数据验证。为该表设置如下数据有效性规则：填写原始数据的单元格数值大于或等于0。其中,提示信息为"录入规则：只能输入大于或等于0的数值"。出错警告信息"错误：录入了小于0的数值"。

(4)保护工作表。需要填写原始数据的单元格选择可编辑。保护工作表密码为1234。

(5)复制工作表副本。

项目 10

制作销售预测差异回顾分析图表及实际销售收入饼图

项目背景

公司一般会在前一年做下一年的产品销售预测,然后在下一年的年末根据实际销售情况来做销售预测差异回顾,营销总监赵勇把这个任务交给营销部小王,小王决定运用图表这种直观简洁的方式来展现办公集成系统产品销售预测差异回顾分析和实际销售收入占比。Excel 2016 中的图表功能提供了多种美化方案以供套用,为图表的快速建立提供了便捷的途径,本项目主要介绍如何在 Excel 2016 中做图表分析产品销售预测差异。

制作销售预测差异回顾分析图表

制作实际销售收入饼图

项目效果

项目效果如图 10-1 所示。

图 10-1 销售预测差异回顾分析图表及实际销售收入饼图

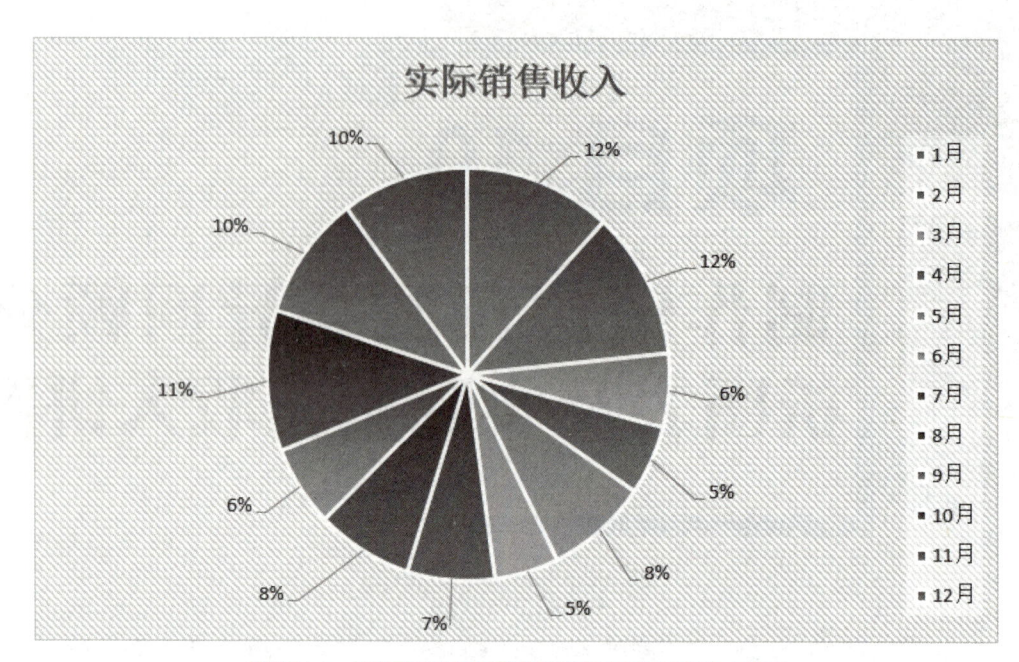

续图 10-1　销售预测差异回顾分析图表及实际销售收入饼图

任务 1　创建并编辑销售预测差异回顾分析图表

(1) 打开素材文件。启动 Excel 2016 软件，在 D 盘的"项目 10"文件夹中打开"销售预测差异回顾分析"Excel 文档。

(2) 选择部分数据清单区域。即选择单元格区域 A2:A14,D2:E14。

(3) 插入图表。选择"插入"选项卡，单击"图表"组中的"柱形图"按钮，插入一个簇状柱形图，如图 10-2、图 10-3 所示。

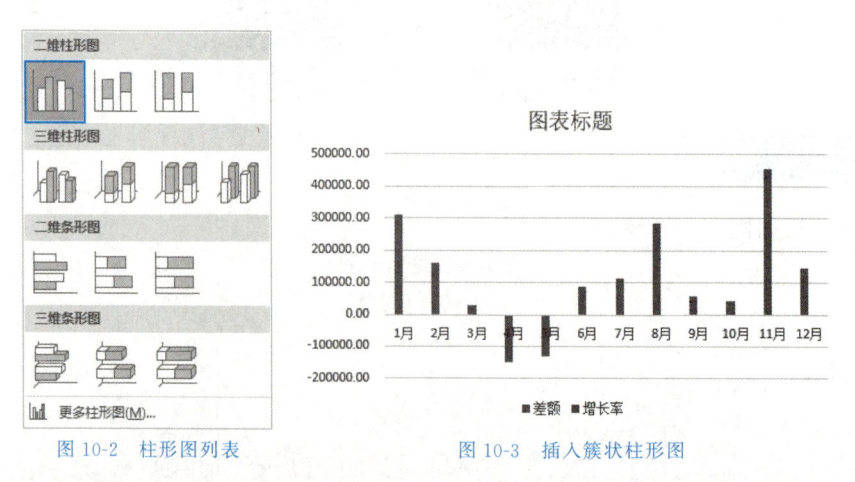

图 10-2　柱形图列表　　　　图 10-3　插入簇状柱形图

(4) 将鼠标移动到图表右下方，变为黑色调整箭头的时候，拖动调整图表大小。

任务2　设置和美化图表的格式

操作1　图表的格式设置

(1)更改图表类型:选择图表,选择"图表工具"|"设计"选项卡,单击"类型"组中的"更改图表类型"按钮,如图10-4所示。打开"更改图表类型"对话框,单击"所有图表"选项卡中的"组合"标签,单击"簇状柱形图-次坐标轴上的折线图"按钮,如图10-5所示。设置完成后单击"确定"按钮返回工作表,如图10-6所示。

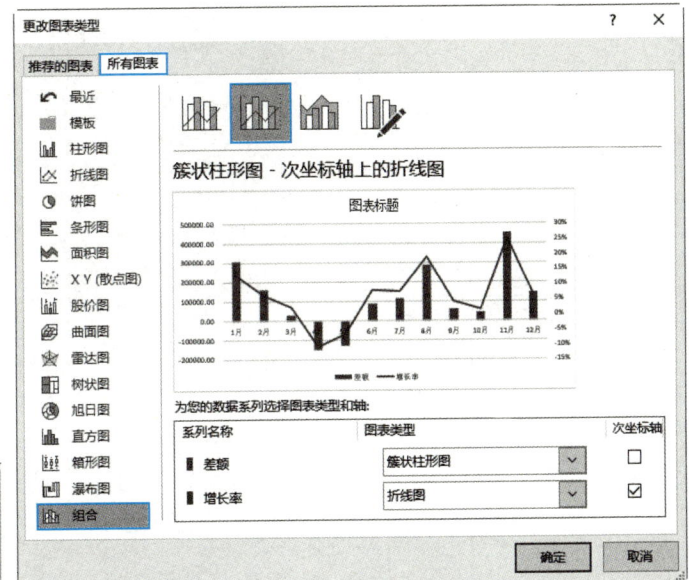

图10-4　"更改图表类型"按钮

图10-5　"更改图表类型"对话框

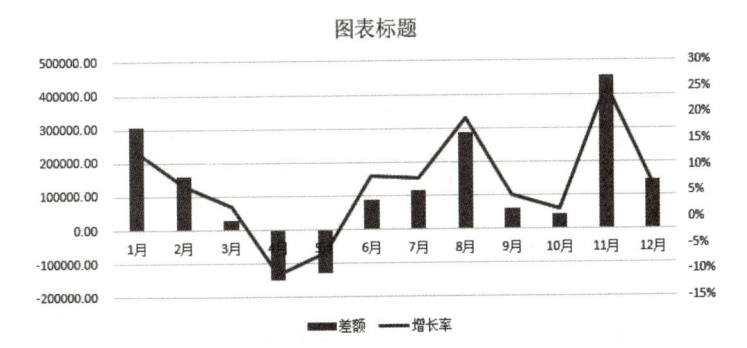

图10-6　修改图表类型后的图表

(2)更改水平轴标签位置:选择图表,选择"图表工具"|"格式"选项卡,在"当前所选内容"组中选择"水平(类别)轴"或直接单击选择"水平(类别)轴",如图10-7所示,再单击

"当前所选内容"组中的"设置所选内容格式"按钮,打开"设置坐标轴格式"窗格,如图10-8所示,单击"坐标轴选项"选项卡,如图10-9所示,单击展开"标签"选项,滑动右侧的滚动条至底部,从"标签位置"下拉列表中选择"低",如图10-10、图10-11所示。

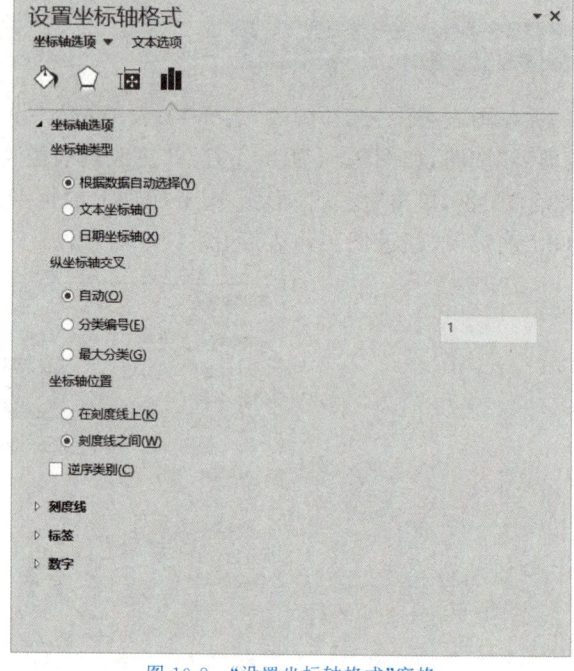

图10-7 选择"水平(类别)轴"

图10-8 "设置坐标轴格式"窗格

图10-9 "坐标轴选项"选项卡

图10-10 "标签位置"选择"低"

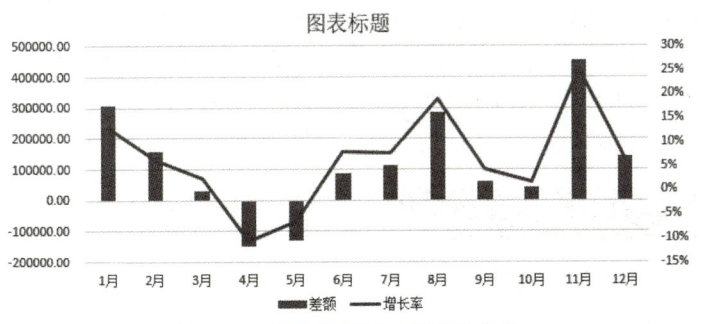

图 10-11 设置坐标轴为"低"后的效果

(3)更改垂直轴数值:选择图表,选择"图表工具"|"格式"选项卡,在"当前所选内容"组中选择"垂直(值)轴"或直接单击选择"垂直(值)轴",再单击"当前所选内容"组中的"设置所选内容格式"按钮,打开"设置坐标轴格式"窗格,单击"坐标轴选项"选项卡,滑动窗格右侧的滚动条至底部,单击展开"数字"组,将"小数位数"更改为 0,如图 10-12、图 10-13 所示。

图 10-12 设置"垂直(值)轴"

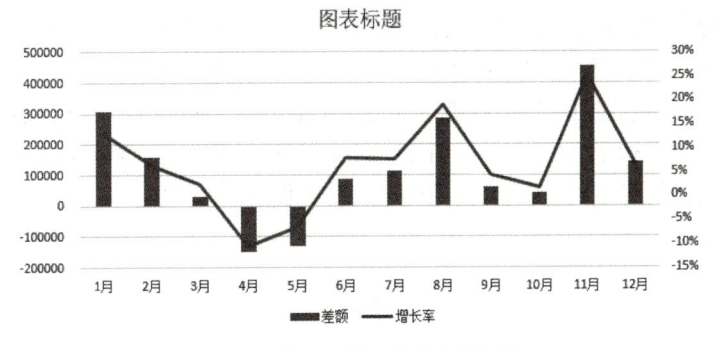

图 10-13 设置"垂直(值)轴"后的图表

（4）添加数据标签：选择图表，选择"图表工具"|"格式"选项卡，在"当前所选内容"组中选择"系列'增长率'"或直接单击选择"增长率"数据系列，选择"图表工具"|"设计"选项卡，单击"图表布局"组中的"添加图表元素"按钮，在下拉列表中选择"数据标签"|"右侧"，如图10-14、图10-15所示。

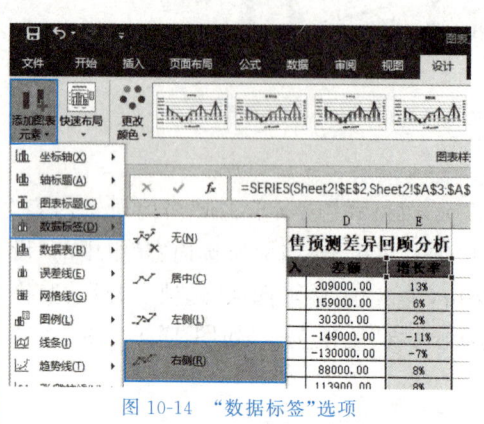

图10-14 "数据标签"选项

图10-15 设置了数据标签之后的图表

（5）设置图表标题：单击图表中的"图表标题"，输入新标题"销售预测差异回顾分析"，如图10-16、图10-17所示。

图10-16 设置"图表标题"

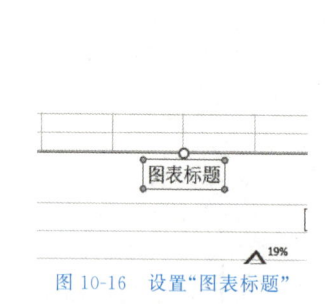

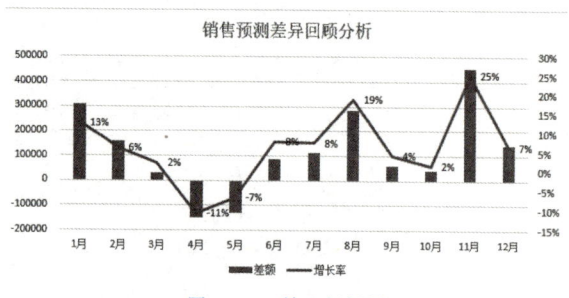

图10-17 输入新标题

操作2　图表的美化

（1）设置"增长率"数据系列样式：选择图表，选择"图表工具"|"格式"选项卡，在"当前所选内容"组中选择"系列'增长率'"或直接单击选择"增长率"数据系列，再单击"当前所选内容"组中的"设置所选内容格式"按钮，打开"设置数据系列格式"窗格，选择"填充与线条"选项卡，单击"线条"按钮，选择"实线"，颜色更改为"橄榄色，个性色3"，如图10-18所示。单击"标记"按钮，单击展开"数据标记选项"组，单击选择"内置"选项，在"类型"下拉列表中选择"圆形"选项，如图10-19所示。滑动窗格右侧的滚动条，将"填充"|"颜色"以及"边框"|"颜色"均设置为"橄榄色，个性色3"，如图10-20～图10-22所示。

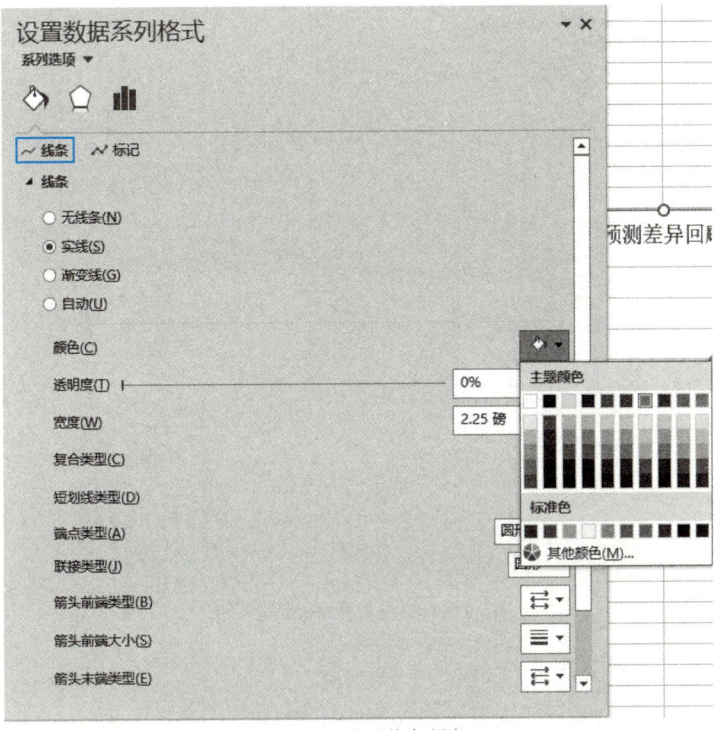

图 10-18 设置线条颜色

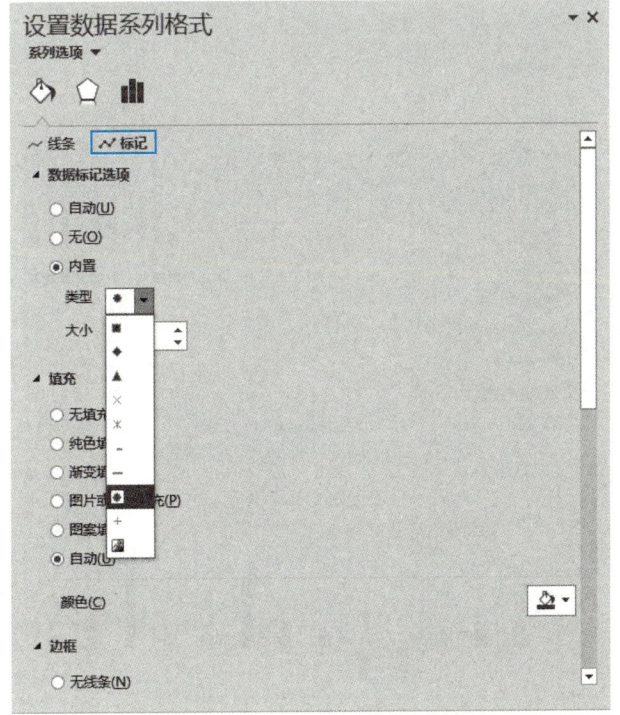

图 10-19 设置数据标记类型

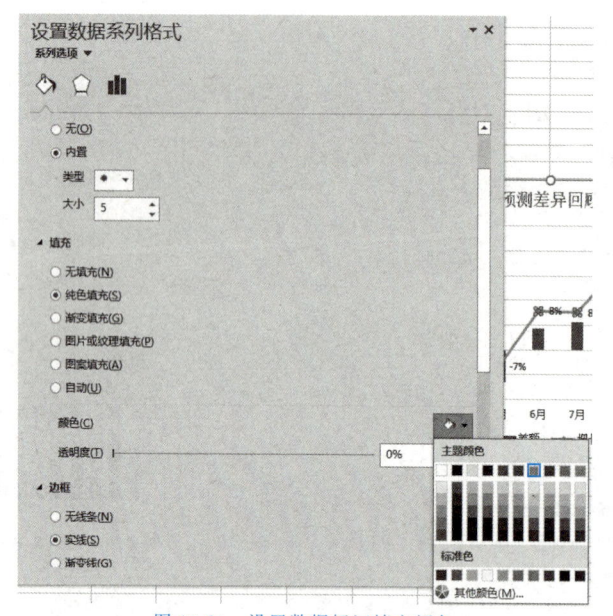

图 10-20　设置数据标记填充颜色

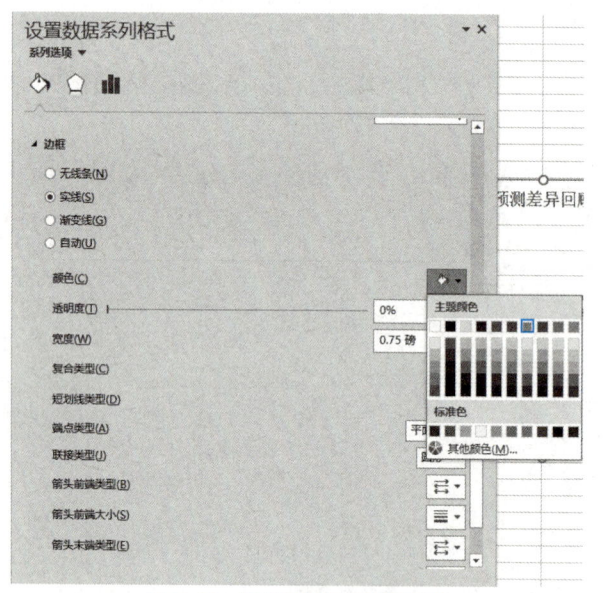

图 10-21　设置数据标记边框颜色

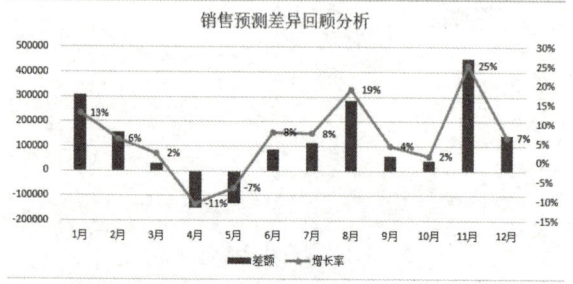

图 10-22　设置"增长率"数据系列格式后的效果

（2）更改"差额"数据系列格式：选择"图表工具"|"格式"选项卡，在"当前所选内容"组中选择"系列'差额'"或直接单击选择"差额"数据系列，单击"形状样式"组下拉列表中的"彩色轮廓-水绿色,强调颜色5"。如图10-23、图10-24所示。

图10-23 "形状样式"组

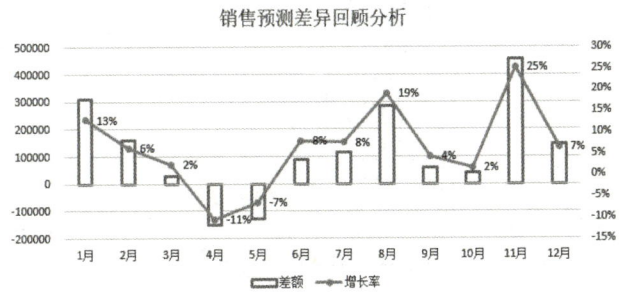

图10-24 设置"彩色轮廓-水绿色,强调颜色5"形状样式

（3）更改图表网格线：选中图表，选择"图表工具"|"设计"选项卡，单击"图表布局"组中的"添加图表元素"按钮，将下拉列表中的"网格线"|"主轴主要水平网格线"选项取消，如图10-25、图10-26所示。

图10-25 "网格线"|"主轴主要水平网格线"选项

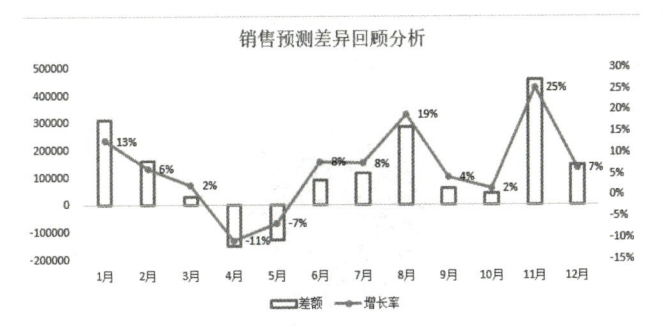

图10-26 更改图表网格线后的效果

(4)更改图例：选中图表，选择"图表工具"|"设计"选项卡，单击"图表布局"组中的"添加图表元素"按钮，从下拉列表中选择"图例"|"顶部"选项，如图10-27、图10-28所示。

图10-27 "图例"|"顶部"选项

图10-28 在顶部显示图例

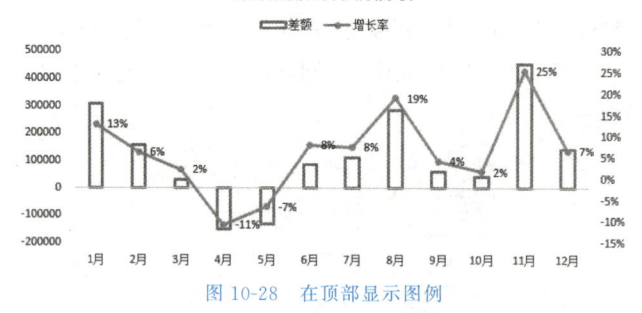

任务3 创建实际销售收入饼图

(1)选择部分数据清单区域，即选择单元格区域A2:A14,C2:C14。

(2)插入图表。选择"插入"选项卡，单击"图表"组中的"插入饼图或圆环图"按钮，插入"二维饼图"中的"饼图"。如图10-29所示。

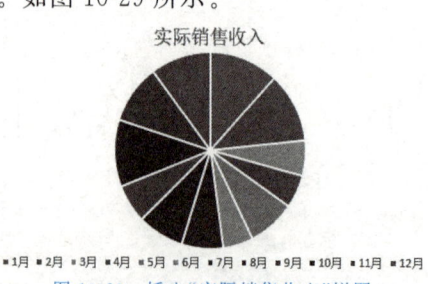

图10-29 插入"实际销售收入"饼图

任务 4　设置和美化实际销售收入饼图的格式

操作 1　饼图的格式设置

添加数据标签：选择图表，选择"图表工具"|"设计"选项卡，在"图表布局"组中单击"添加图表元素"按钮，从下拉列表中选择"数据标签"|"其他数据标签选项"，打开"设置数据标签格式"窗格。在窗格中单击展开"标签选项"选项卡，勾选"标签包括"组下的"百分比"以及"显示引导线"复选框，选中"标签位置"组下的"数据标签外"选项，如图 10-30、图 10-31 所示。并逐一适当调整标签位置，效果如图 10-32 所示。

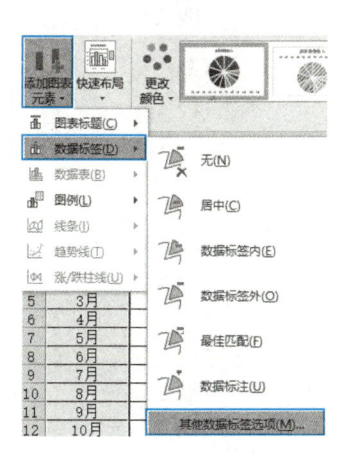

图 10-30　"数据标签"|"其他数据标签选项"

图 10-31　"设置数据标签格式"窗格

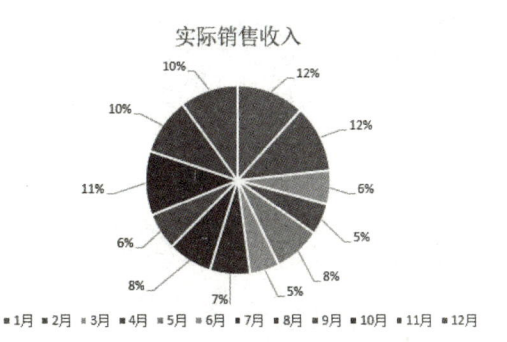

图 10-32　调整标签位置后的图表效果

操作2　饼图的美化

更改图表样式:选中图表,选择"图表工具"|"设计"选项卡,单击"图表样式"组中的"样式6"选项,如图10-33所示,设置完毕后效果如图10-34所示。

图10-33　"图表样式"组

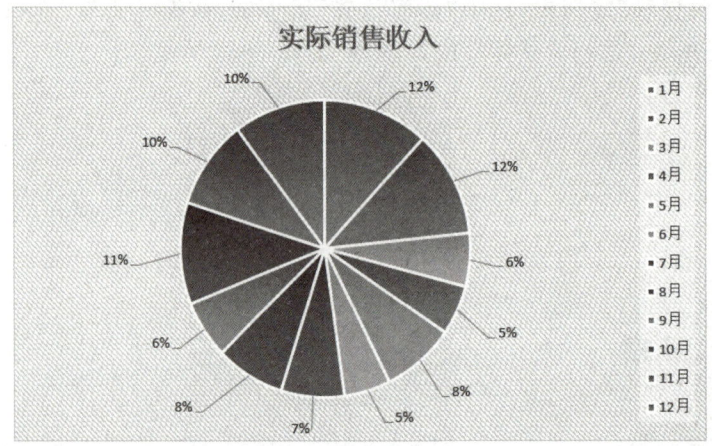

图10-34　设置了图表样式后的图表效果

项目小结

本项目主要介绍了Excel 2016中图表的运用,包括创建图表、编辑图表、更改图表类型、设置坐标轴、添加数据标签、设置图表标题、更改图例、更改图表样式等。项目中介绍的销售预测差异回顾分析图表和实际销售收入饼图通过图表的方式,较为直观细致地给部门主管介绍了预计销售收入和实际销售收入之间的差距以及实际销售收入占比的情况,形式美观且不枯燥。

通过对本项目的学习,学生学会了如何制作一份直观、美观的Excel图表,学会了如何运用数据生成图表,对图表进行美化,最终达到运用图表对源数据加以详细说明的目的。

上机实战

1.制作桂林分部2021年销售费用预算分析图表,效果如图10-35所示。具体要求:插入图表、设置图表格式、美化图表。

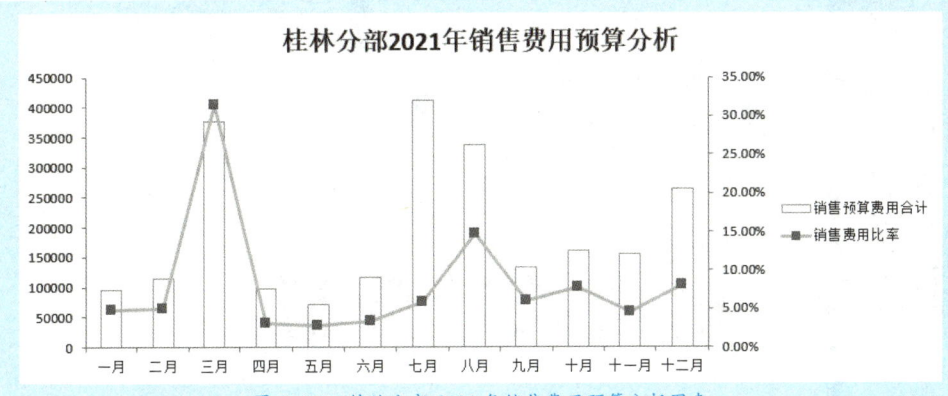

图 10-35　桂林分部 2021 年销售费用预算分析图表

【关键步骤提示】

(1)选择 A3:M3,A9:M9,A11:M11 单元格区域,选择"插入"选项卡,单击"图表"组中的"柱形图"按钮,插入一个簇状柱形图。

(2)将"销售费用比率"系列更改为"簇状柱形图-次坐标轴上的折线图"。

(3)设置"销售费用比率"系列的折线的线条颜色为"橙色"。

(4)设置"销售预算费用合计"系列的填充颜色为"无",边框颜色为"浅蓝色"。

(5)将"主轴主要水平网格线"取消。

(6)设置图表标题在"图表上方",标题为"桂林分部 2021 年销售费用预算分析"。

2.制作预计销售额饼图,效果如图 10-36 所示。具体要求:插入图表、设置图表格式。

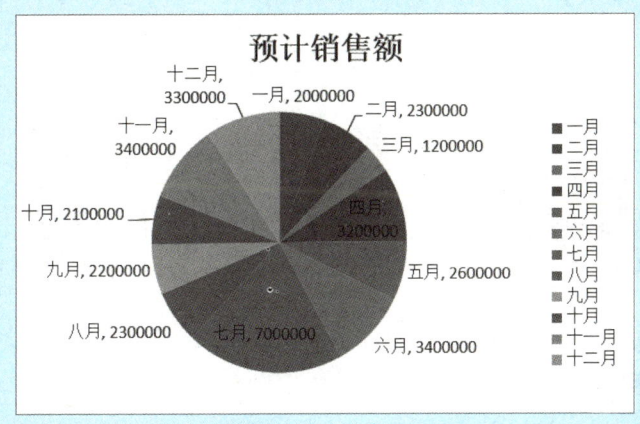

图 10-36　预计销售额饼图

【关键步骤提示】

(1)选择 A3:M3,A10:M10 单元格区域,选择"插入"选项卡,单击"图表"组中的"饼图"按钮,插入一个饼图。

(2)添加数据标签:选择"图表工具"|"设计"选项卡,选择"图表布局"组中的"添加图表元素"按钮,选择"数据标签"|"其他数据标签选项"按钮,打开"设置数据标签格式"窗格,勾选"类别名称""值""显示引导线",选中"数据标签外"。

项目 11

销售统计分析

项目背景 本项目以统计分析广西创易数码科技有限公司柳州分部智能家居商品销售概况统计为例进行讲解,学习本项目后,学生能熟悉并掌握使用 Excel 2016 对数据进行排序、筛选、分类汇总等分析统计的方法及生成数据透视表、数据透视图的方法。

销售统计分析(上)　　销售统计分析(中)　　销售统计分析(下)

项目效果

项目效果如图 11-1 所示。

	A	B	C	D	E	F	G	H	I
1	广西创易数码科技有限公司柳州分部智能家居商品销售概况（1—6月）								
2	编号	销售日期	商品	品牌	型号	单价	数量	金额	销售人员
3	K001	2020/2/19	综合布线系统	畅游智能	智慧花园 5.0	24000	3	72000	胡倩倩
4	K002	2020/2/19	综合布线系统	金能安全	金能楼宇V6	23900	2	47800	林海
5	K003	2020/2/19	可视对讲系统	畅游智能	安全卫士 5.0	8500	24	204000	张帆
6	K004	2020/2/19	智能家居系统	中铭全智能	ZA-505	14000	8	112000	刘一鹏
7	K005	2020/2/22	综合布线系统	金能安全	金能楼宇V6	23900	4	95600	林海
8	K006	2020/2/25	可视对讲系统	中铭全智能	ZA-300	4600	26	119600	张帆
9	K007	2020/2/27	智能家居系统	畅游智能	聪明家庭 2.0	12000	7	84000	刘一鹏
10	K008	2020/2/28	可视对讲系统	畅游智能	安全卫士 5.0	8500	27	229500	丁香
11	K009	2020/3/4	综合布线系统	畅游智能	智慧花园 5.0	24000	5	120000	胡倩倩
12	K010	2020/3/7	可视对讲系统	畅游智能	安全卫士 5.0	7000	30	210000	林海
13	K011	2020/3/11	智能家居系统	畅游智能	聪明家庭 2.0	12000	9	108000	张帆
14	K012	2020/3/15	智能家居系统	中铭全智能	ZA-301	7600	25	190000	刘一鹏
15	K013	2020/3/23	智能家居系统	畅游智能	聪明家庭 2.0	12000	10	120000	张帆
16	K014	2020/3/26	可视对讲系统	畅游智能	安全卫士 5.0	7000	35	245000	刘一鹏
17	K015	2020/3/27	综合布线系统	金能安全	金能楼宇V3	24300	3	72900	林海
18	K016	2020/4/8	智能家居系统	中铭全智能	ZA-505	14000	5	70000	张帆
19	K017	2020/4/9	智能家居系统	畅游智能	聪明家庭 2.0	12000	6	72000	刘一鹏
20	K018	2020/4/10	可视对讲系统	中铭全智能	ZA-300	4600	20	92000	丁香
21	K019	2020/4/11	可视对讲系统	畅游智能	安全卫士 5.0	8500	18	153000	刘一鹏
22	K020	2020/4/12	综合布线系统	畅游智能	智慧花园 6.0	32200	2	64400	胡倩倩
23	K021	2020/4/19	智能家居系统	中铭全智能	ZA-505	14000	8	112000	林海
24	K022	2020/4/24	智能家居系统	中铭全智能	ZA-301	7600	20	152000	张帆
25	K023	2020/5/6	可视对讲系统	畅游智能	安全守护 2.0	7600	22	167200	刘一鹏
26	K024	2020/5/11	综合布线系统	金能安全	金能楼宇V3	24300	4	97200	张帆
27	K025	2020/5/18	综合布线系统	畅游智能	智慧花园 6.0	32200	6	193200	丁香
28	K026	2020/5/29	可视对讲系统	中铭全智能	ZA-301	7600	26	197600	胡倩倩
29	K027	2020/6/3	智能家居系统	畅游智能	聪明家庭 2.0	12000	4	48000	林海
30	K028	2020/6/14	可视对讲系统	畅游智能	安全守护 2.0	7600	30	228000	丁香
31	K029	2020/6/20	综合布线系统	金能安全	万全家园V2	47100	5	235500	胡倩倩
32	K030	2020/6/26	智能家居系统	中铭全智能	ZA-500	9100	6	54600	刘一鹏

图 11-1　商品销售记录表初始效果

任务1　编辑并美化数据清单

启动 Excel 2016 软件，打开 D 盘"项目 11"文件夹中的"销售业绩分析表"Excel 文档。

Excel 2016 中，要对数据进行排序、筛选、汇总等操作，都要涉及数据清单。所谓数据清单（也称数据列表），是指包含系列相关数据的标准二维表格，表格中每一行是一个完整的信息，而同一列的各数据项应具有相同的数据类型（列标题除外）。在数据清单中，每行可当作一条记录，每列可当作一个字段，列标题则是字段名。本项目中用到的销售数据是以数据清单的格式来创建的。它包含编号、销售日期、商品、品牌、型号、单价、数量、金额及销售人员等各项数据，每项数据作为一列，而每一笔销售记录就作为数据清单的一行。

操作　快速设置表格外观

（1）为了简化商品销售记录表的格式化操作，我们使用"套用表格格式"的方法来实现表格外观的快速设置。激活"商品销售记录"工作表，选择单元格区域 A2:I32，选择"开始"选项卡，单击"样式"组中的"套用表格格式"按钮，在下拉列表中选择"表样式浅色 11"，如图 11-2 所示。打开"套用表格格式"对话框，检查表数据的来源是否正确，可以手动重新选择，如图 11-3 所示。套用后的表格样式如图 11-4 所示。

图 11-2 "套用表格格式"按钮   图 11-3 "套用表格格式"对话框

图 11-4 套用表格格式效果

(2) 转换为普通区域。选择套用了表格格式的单元格区域,选择"表格工具"|"设计"选项卡,单击"工具"组中的"转换为区域"按钮,如图 11-5 所示。打开"是否将表转换为普通区域?"提示框,单击"是"按钮。如图 11-6 所示。

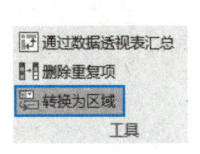

图 11-5 "转换为区域"按钮   图 11-6 "是否将表转换为普通区域?"提示框

> **提示**
> 在未转换为普通区域之前,如果需要删除已经套用的表格格式,可以做如下操作:选择套用了表格格式的单元格区域,选择"表格工具"|"设计"选项卡,单击"表格样式"组中的下拉列表,在下拉列表中选择"清除"命令。如图 11-7 所示。

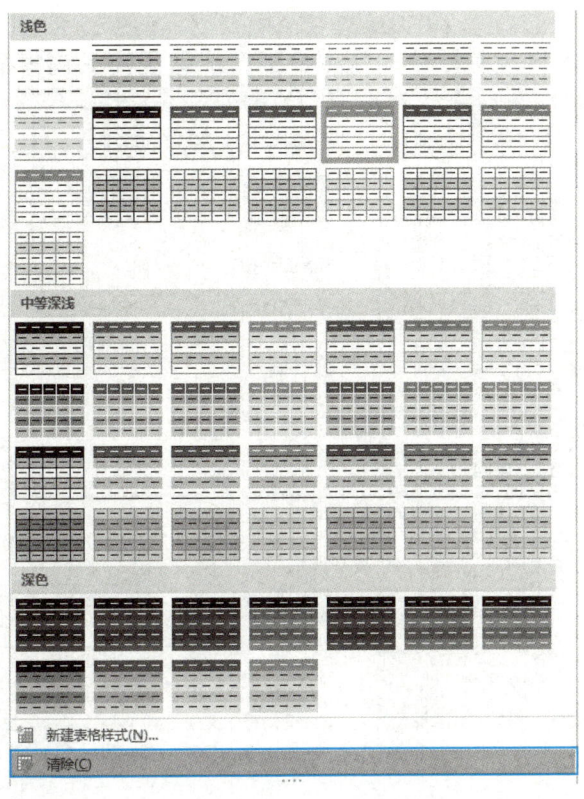

图 11-7 清除套用表格格式

任务 2　通过排序分析数据

根据金额从高到低进行排序。

(1) 将"商品销售记录"工作表复制出一个副本工作表,并把新复制出来的副本工作表重命名为"销售排行表"。

(2) 选择单元格区域 H3:H32 中的任一单元格,选择"开始"选项卡,单击"编辑"组中的"排序和筛选"按钮,在下拉列表中选择"降序",如图 11-8 所示,排序后表格如图 11-9 所示。

图 11-8　"排序和筛选"按钮

图 11-9　按金额降序排序

> 提示：如需要对表格中多个条件字段值进行排序，可以选择表格区域，选择"开始"选项卡，单击"编辑"组中的"排序和筛选"按钮，在下拉列表中选择"自定义排序"选项，如图 11-10 所示。打开"排序"对话框，添加条件并设置排序依据，如图 11-11 所示。

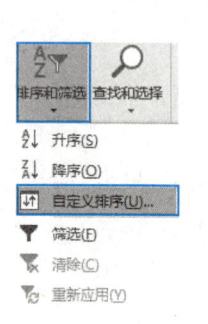

图 11-10　"自定义排序"选项

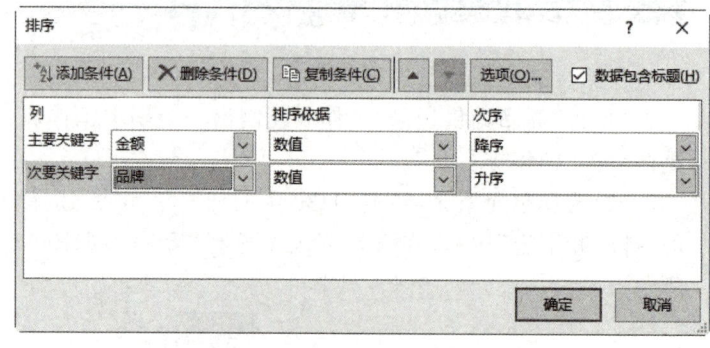

图 11-11　"排序"对话框

任务 3　利用筛选查找和分析数据

筛选是指从众多数据中挑选出符合特定条件的数据，筛选结果仅显示满足条件的记录行。Excel 2016 提供了自动筛选和高级筛选两种筛选方式。

操作1　利用自动筛选制作员工销售概况表

自动筛选一般适用于简单条件的筛选,筛选数据中的特定文本或数字。现在需要筛选出中铭全智能品牌中销售金额在"150000"以上的销售记录。

(1)将"商品销售记录"工作表复制一个副本工作表,并把新复制出来的副本工作表重命名为"员工销售概况表"。

(2)选择数据清单中的任一单元格,选择"开始"选项卡,单击"编辑"组中的"排序和筛选"按钮,在下拉列表中选择"筛选",如图 11-12 所示。此时在各列标题右侧出现自动筛选下拉按钮,如图 11-13 所示。

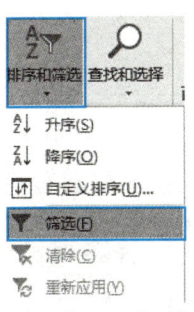

图 11-12　"排序和筛选"下拉列表中的"筛选"

广西创易数码科技有限公司柳州分部智能家居商品销售概况（1—6月）

编号	销售日期	商品	品牌	型号	单价	数量	金额	销售人员
K001	2020/2/19	综合布线系统	畅游智能	智慧花园 5.0	24000	3	72000	胡倩倩
K002	2020/2/19	综合布线系统	金能安全	金能楼宇V6	23900	2	47800	林海
K003	2020/2/19	可视对讲系统	畅游智能	安全卫士 5.0	8500	24	204000	张帆
K004	2020/2/21	智能家居系统	中铭全智能	ZA-505	14000	8	112000	刘一鹏
K005	2020/2/22	综合布线系统	金能安全	金能楼宇V6	23900	4	95600	林海
K006	2020/2/25	可视对讲系统	中铭全智能	ZA-300	4600	26	119600	张帆
K007	2020/2/27	智能家居系统	畅游智能	聪明家庭 2.0	12000	7	84000	刘一鹏
K008	2020/2/28	可视对讲系统	畅游智能	安全卫士 5.0	8500	27	229500	丁香
K009	2020/3/4	综合布线系统	畅游智能	智慧花园 5.0	24000	5	120000	胡倩倩
K010	2020/3/7	可视对讲系统	畅游智能	安全卫士 5.0	7000	30	210000	林海
K011	2020/3/11	智能家居系统	畅游智能	聪明家庭 2.0	12000	9	108000	张帆
K012	2020/3/15	可视对讲系统	中铭全智能	ZA-301	7600	25	190000	刘一鹏
K013	2020/3/23	智能家居系统	畅游智能	聪明家庭 2.0	12000	10	120000	张帆
K014	2020/3/26	可视对讲系统	畅游智能	安全卫士 5.0	7000	35	245000	刘一鹏
K015	2020/3/27	综合布线系统	金能安全	金能楼宇V3	24300	3	72900	林海
K016	2020/4/8	智能家居系统	中铭全智能	ZA-505	14000	5	70000	张帆
K017	2020/4/9	智能家居系统	畅游智能	聪明家庭 2.0	12000	6	72000	刘一鹏
K018	2020/4/10	可视对讲系统	中铭全智能	ZA-300	4600	20	92000	丁香
K019	2020/4/11	可视对讲系统	畅游智能	安全卫士 5.0	8500	18	153000	刘一鹏
K020	2020/4/12	综合布线系统	畅游智能	智慧花园 6.0	32200	2	64400	胡倩倩
K021	2020/4/19	智能家居系统	中铭全智能	ZA-505	14000	8	112000	林海
K022	2020/4/24	可视对讲系统	中铭全智能	ZA-301	7600	20	152000	张帆
K023	2020/5/6	可视对讲系统	畅游智能	安全守护 2.0	7600	22	167200	刘一鹏
K024	2020/5/11	综合布线系统	金能安全	金能楼宇V3	24300	4	97200	张帆
K025	2020/5/18	综合布线系统	畅游智能	智慧花园 6.0	32200	6	193200	丁香
K026	2020/5/29	可视对讲系统	中铭全智能	ZA-301	7600	26	197600	胡倩倩
K027	2020/6/3	智能家居系统	畅游智能	聪明家庭 2.0	12000	4	48000	张帆
K028	2020/6/14	可视对讲系统	畅游智能	安全守护 2.0	7600	30	228000	丁香
K029	2020/6/20	综合布线系统	金能安全	万全家园V2	47100	5	235500	胡倩倩
K030	2020/6/26	智能家居系统	中铭全智能	ZA-500	9100	6	54600	刘一鹏

图 11-13　自动筛选下拉按钮

(3)单击列标题"品牌"自动筛选下拉按钮,从下拉列表中选择"中铭全智能",如图 11-14 所示。此时工作表将查找并显示满足筛选条件"品牌=中铭全智能"的销售记录,如图 11-15 所示。

图 11-14 从下拉列表中选择"中铭全智能"

图 11-15 筛选结果

(4) 在上述筛选结果的基础上继续单击列标题"金额"自动筛选下拉按钮,从下拉列表中选择"数字筛选"选项,在下级子菜单中选择"大于或等于",如图 11-16 所示。打开"自定义自动筛选方式"对话框,填入筛选条件"150000",如图 11-17 所示。此时工作表将显示中铭全智能品牌中金额在"150000"以上的销售记录,如图 11-18 所示。

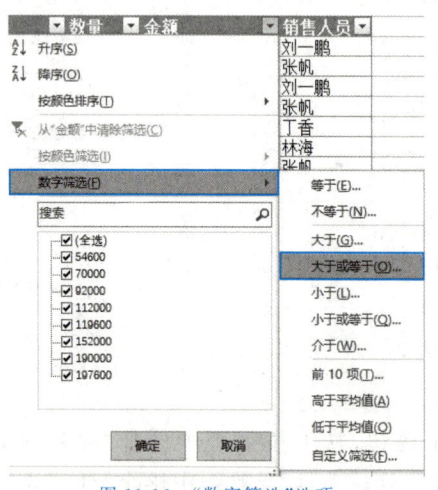

图 11-16 "数字筛选"选项　　图 11-17 "自定义自动筛选方式"对话框

	A	B	C	D	E	F	G	H	I
1	广西创易数码科技有限公司柳州分部智能家居商品销售概况（1—6月）									
2	编号	销售日期	商品	品牌	型号	单价	数量	金额	销售人员
14	K012	2020/3/15	可视对讲系统	中铭全智能	ZA-301	7600	25	190000	刘一鹏
24	K022	2020/4/24	可视对讲系统	中铭全智能	ZA-301	7600	20	152000	张帆
28	K026	2020/5/29	可视对讲系统	中铭全智能	ZA-301	7600	26	197600	胡倩倩

图 11-18　筛选出中铭全智能金额在 150000 以上的销售记录

使用过筛选条件的列标题自动筛选下拉按钮会变为漏斗状，如果要取消该列筛选操作，可在筛选列标题下拉列表中勾选"（全选）"。如图 11-19 所示。

图 11-19　在筛选列标题下拉列表中勾选"（全选）"

操作 2　利用高级筛选制作销售数量筛选表

如果想要筛选出销售数量小于"5"或大于"29"的所有销售记录，可以使用 Excel 2016 中的高级筛选。"高级筛选"可以任意地组合筛选条件，适用于复杂的条件筛选。

（1）将"商品销售记录"工作表复制出一个副本工作表，并把新复制出来的副本工作表重命名为"销售数量筛选表"。

（2）在右侧空白区域录入条件，注意筛选条件区域必须具有列标题，如图 11-20 所示。该条件的含义是"数量小于 5 或大于 29"。

图 11-20　输入筛选条件

（3）选择数据清单中的任一单元格，选择"数据"选项卡，单击"排序和筛选"组中的"高级"按钮，如图 11-21 所示。打开"高级筛选"对话框，此时数据清单（单元格区域＄A＄2：＄I＄32）被自动识别并被选定，如图 11-22 所示，也可以在"列表区域"选项框中重新选定要筛选的源数据区域。

147

项目 11　销售统计分析

图 11-21　"排序和筛选"组中的"高级"按钮　　　图 11-22　"高级筛选"对话框

(4)单击"条件区域"右侧的按钮,选中前面输入的筛选条件区域＄K＄2:＄L＄4,如图 11-23 所示。

(5)在"方式"选项组中选择"将筛选结果复制到其他位置"单选按钮,然后在被激活的"复制到"选项框中选择筛选结果的放置位置,这里选择单元格＄A＄34,如图 11-24 所示。

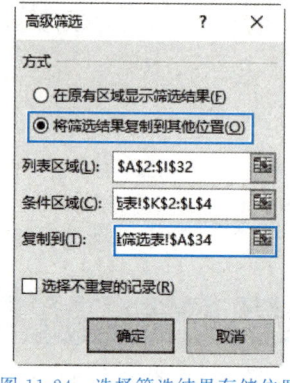

图 11-23　选择条件区域　　　图 11-24　选择筛选结果存储位置

(6)单击"确定"按钮,返回工作表。此时筛选结果被复制到了指定位置,如图 11-25 所示。如果在第(5)步中选择"在原有区域显示筛选结果",则在原数据区域中显示筛选结果。

编号	销售日期	商品	品牌	型号	单价	数量	金额	销售人员
K001	2020/2/19	综合布线系统	畅游智能	智慧花园 6.0	24000	3	72000	胡倩倩
K002	2020/2/19	金能安全	金能安全	金能楼宇V6	23900	2	47800	林海
K005	2020/2/22	综合布线系统	金能安全	金能楼宇V6	23900	4	95600	林海
K010	2020/3/7	可视对讲系统	畅游智能	安全卫士 5.0	7000	30	210000	林海
K014	2020/3/26	可视对讲系统	畅游智能	安全卫士 5.0	7000	35	245000	刘一鹏
K015	2020/3/27	综合布线系统	金能安全	金能楼宇V3	24300	3	72900	林海
K020	2020/4/12	综合布线系统	畅游智能	智慧花园 6.0	32200	2	64400	胡倩倩
K024	2020/5/11	综合布线系统	金能安全	金能楼宇V3	24300	4	97200	张帆
K027	2020/6/3	智能家居系统	畅游智能	聪明家庭 2.0	12000	4	48000	林海
K028	2020/6/14	可视对讲系统	畅游智能	安全守护 2.0	7600	30	228000	丁香

图 11-25　高级筛选的结果

> **提示**　使用高级筛选,最关键的是筛选条件的正确书写。在筛选条件区域中,首先输入相关的列标题,在列标题下输入相应的条件。其中每个单元格为一个条件,行与行间的条件是"或"的关系,同一行中不同列的条件是"与"的关系。如要筛选出"数量小于 5 台的金能安全"或者"数量大于 29 台的畅游智能"的销售记录,可以按如图 11-26 所示的方式书写筛选条件。

品牌	数量
金能安全	<5
畅游智能	>29

图 11-26　高级筛选条件区域

任务4　利用分类汇总分析数据

所谓分类汇总,是指在数据清单中对数据进行分类,并按分类进行汇总计算。通过分类汇总,不需要手工创建公式,Excel 2016 将自动进行诸如"求和"、"计数"、"平均值"和"总体方差"等汇总计算,并且将计算结果分级显示出来。

在进行分类汇总操作前,必须对需要分类的字段进行排序,将同一类数据集中在一起。本任务中分类统计出每个品牌的销售总额及各品牌中每个销售人员的销售总额。具体操作步骤如下:

(1)将"商品销售记录"工作表复制一个副本工作表,并把新复制出来的副本工作表重命名为"销售情况汇总表"。

(2)对数据按"品牌"和"销售人员"进行自定义排序。选择数据清单,即单元格区域A2:I32,选择"开始"选项卡,单击"编辑"组中的"排序和筛选"按钮,在下拉列表中选择"自定义排序",打开"排序"对话框,通过输入条件及单击"添加条件"按钮,按添加条件的方法进行设置,如图 11-27 所示,排序结果如图 11-28 所示。

图 11-27　自定义排序

图 11-28　按"品牌"和"销售人员"排序

(3)在排序结果中选定任一单元格,选择"数据"选项卡,单击"分级显示"组中的"分类汇总"按钮，如图 11-29 所示。

（4）打开"分类汇总"对话框，在"分类字段"下拉列表中选择"品牌"，在"汇总方式"下拉列表中选择"求和"，在"选定汇总项"中，只勾选"金额"选项。

（5）勾选"替换当前分类汇总"和"汇总结果显示在数据下方"复选框，如图 11-30 所示。

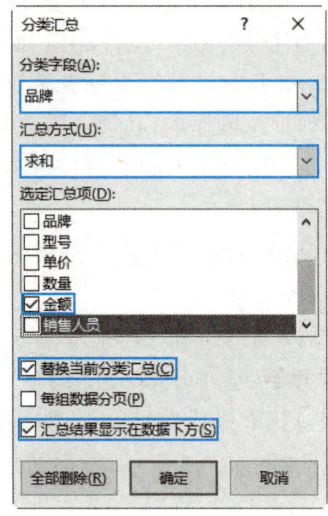

图 11-29　"分类汇总"按钮　　　　　图 11-30　"分类汇总"对话框

（6）单击"确定"按钮，返回工作表。此时在工作表上显示分类汇总的结果，如图 11-31 所示。单击工作表左上角的分级符号，可以仅显示不同级别上的汇总结果，单击工作表左边的加号或减号可以显示或隐藏某个汇总项目的细节内容，例如：单击分级符号 2 下的第 1 个减号，使其变为加号，可以隐藏"畅游智能 汇总"项目的细节内容。如图 11-32 所示。

图 11-31　按品牌分类汇总金额结果

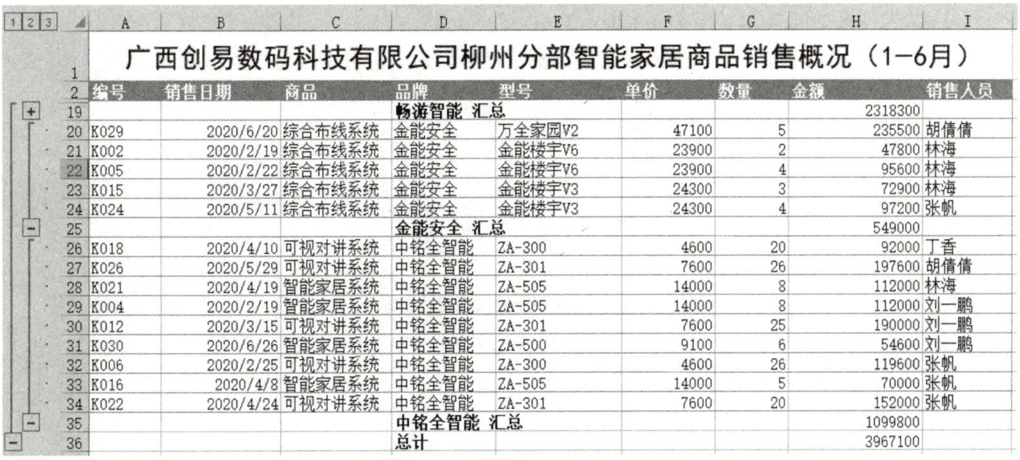

		A	B	C	D	E	F	G	H	I
	1	广西创易数码科技有限公司柳州分部智能家居商品销售概况（1—6月）								
	2	编号	销售日期	商品	品牌	型号	单价	数量	金额	销售人员
	19				畅游智能 汇总				2318300	
	20	K029	2020/6/20	综合布线系统	金能安全	万全家园V2	47100	5	235500	胡倩倩
	21	K002	2020/2/19	综合布线系统	金能安全	金能楼宇V6	23900	2	47800	林海
	22	K005	2020/2/22	综合布线系统	金能安全	金能楼宇V6	23900	4	95600	林海
	23	K015	2020/3/27	综合布线系统	金能安全	金能楼宇V3	24300	3	72900	林海
	24	K024	2020/5/11	综合布线系统	金能安全	金能楼宇V3	24300	4	97200	张帆
	25				金能安全 汇总				549000	
	26	K018	2020/4/10	可视对讲系统	中铭全智能	ZA-300	4600	20	92000	丁香
	27	K026	2020/5/29	可视对讲系统	中铭全智能	ZA-301	7600	26	197600	胡倩倩
	28	K021	2020/4/19	智能家居系统	中铭全智能	ZA-505	14000	8	112000	林海
	29	K004	2020/2/19	智能家居系统	中铭全智能	ZA-505	14000	8	112000	刘一鹏
	30	K012	2020/3/15	可视对讲系统	中铭全智能	ZA-301	7600	25	190000	刘一鹏
	31	K030	2020/6/26	智能家居系统	中铭全智能	ZA-500	9100	6	54600	刘一鹏
	32	K006	2020/2/25	可视对讲系统	中铭全智能	ZA-300	4600	26	119600	张帆
	33	K016	2020/4/8	智能家居系统	中铭全智能	ZA-505	14000	5	70000	张帆
	34	K022	2020/4/24	可视对讲系统	中铭全智能	ZA-301	7600	20	152000	张帆
	35				中铭全智能 汇总				1099800	
	36				总计				3967100	

图 11-32　分类汇总分级符号

（7）在上一步的基础上，分类统计出每个销售人员在各个品牌中的销售总额。按前面所学知识，打开"分类汇总"对话框，在"分类字段"下拉列表中选择"销售人员"，在"汇总方式"下拉列表中选择"求和"，在"选定汇总项"中，只勾选"金额"选项。取消勾选"替换当前分类汇总"，如图 11-33 所示。嵌套分类汇总结果如图 11-34 所示。

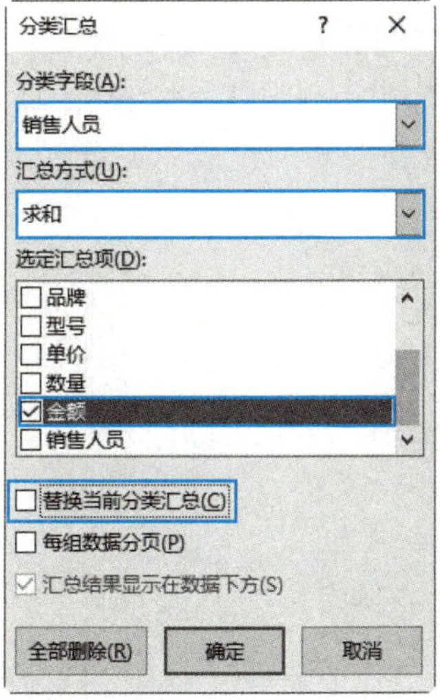

图 11-33　销售人员分类汇总设置

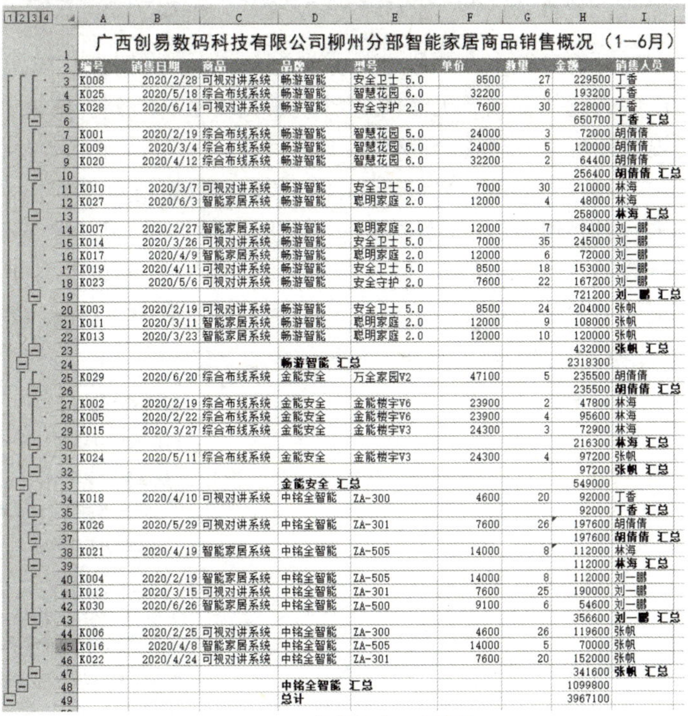

图 11-34　嵌套分类汇总结果

> **提示**　要撤销分类汇总，可以在"分类汇总"对话框中单击"全部删除"按钮，则可以删除全部分类汇总，还原数据清单，如图 11-35 所示。

图 11-35　删除全部分类汇总

任务 5　创建数据透视表分析数据

有时需要按多个字段进行分类汇总，例如制作各品牌销售月报表。而利用分类汇总无法完成此任务或者无法清楚明确地展现想要的分析效果，此时，Excel 2016 提供的数据透视表则可以解决这个问题。

(1)激活"商品销售记录"工作表，单击数据清单里的任一单元格，选择"插入"选项卡，单击"表格"组中的"数据透视表"按钮，如图 11-36 所示。打开"创建数据透视表"对话框，此时数据清单(单元格区域＄Ａ＄2：＄Ｉ＄32)被自动识别并被选定，也可以在"表/区域"选项框中重新选定要筛选的源数据区域，选择"选择放置数据透视表的位置"为"新工作表"选项。如图 11-37 所示。

图 11-36　"表格"组中的"数据透视表"按钮

图 11-37　"创建数据透视表"对话框

(2)单击"确定"按钮,自动新建一个工作表 Sheet1,重命名为"各品牌销售月报表"。

(3)制作各品牌的每日销售统计。从表格右上部分将不同字段拖放至相应区域,如图 11-38 所示,得到详细的全部品牌销售月报表,如图 11-39 所示。

图 11-38　将不同字段拖放至相应区域

图 11-39　数据透视表结果

(4)单击"行标签"下各月份前的折叠+号,即可展开每月的所有品牌详细销售日报表,如图 11-40 所示。

	A	B	C	D	E
1	品牌	(全部)			
2					
3	求和项:金额	列标签			
4	行标签	可视对讲系统	智能家居系统	综合布线系统	总计
5	⊟2月				
6	2月19日	204000	112000	119800	435800
7	2月22日			95600	95600
8	2月25日	119600			119600
9	2月27日		84000		84000
10	2月28日	229500			229500
11	⊟3月				
12	3月4日			120000	120000
13	3月7日	210000			210000
14	3月11日		108000		108000
15	3月15日	190000			190000
16	3月23日		120000		120000
17	3月26日	245000			245000
18	3月27日			72900	72900
19	⊟4月				
20	4月8日		70000		70000
21	4月9日		72000		72000
22	4月10日	92000			92000
23	4月11日	153000			153000
24	4月12日			64400	64400
25	4月19日		112000		112000
26	4月24日	152000			152000
27	⊟5月				
28	5月6日	167200			167200
29	5月11日			97200	97200
30	5月18日			193200	193200
31	5月29日	197600			197600
32	⊟6月				
33	6月3日		48000		48000
34	6月14日	228000			228000
35	6月20日			235500	235500
36	6月26日		54600		54600
37	总计	2187900	780600	998600	3967100

图 11-40　详细的销售日报表

任务 6　创建数据透视图分析数据

（1）激活"商品销售记录"工作表，单击数据清单里的任一单元格，选择"插入"选项卡，单击"图表"组中的"数据透视图"按钮，在下拉列表中选择"数据透视图"选项，如图 11-41 所示。

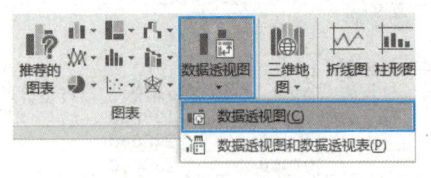

图 11-41　"数据透视图"选项

（2）在打开的对话框中单击"确定"按钮，自动新建一个工作表 Sheet2，重命名为"各品牌销售月报图"。

其他步骤和任务 5 步骤(3)～步骤(4)一致,效果如图 11-42 所示。

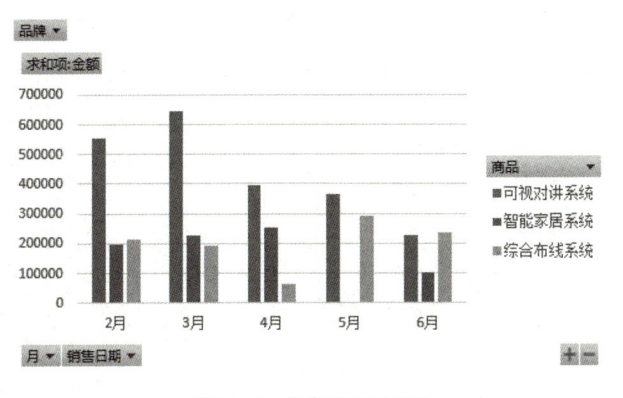

图 11-42　数据透视图效果

项目小结

本项目主要介绍了 Excel 2016 的数据分析方法,包括快速设置表格外观、排序、自动筛选、高级筛选、分类汇总、数据透视表、数据透视图等。本项目中的原始销售记录不仅可以给销售部门做销售统计,为分析、制定下一阶段销售策略提供依据,还可以给人事部门提供绩效考核的数据依据。

通过对本项目的学习,学生能够掌握对一些原始数据记录进行数据统计分析的方法,并在实际工作中举一反三,熟练运用。

上机实战

制作一份商品销售记录分析表,具体要求：

(1)为"商品销售记录"工作表中的数据清单套用表格样式:表样式浅色 12,并转换为普通区域。效果如图 11-43 所示。

(2)分别将"商品销售记录"工作表复制为如下四张工作表:"排序""自动筛选""高级筛选""分类汇总"。

(3)在"排序"工作表中按"销售人员"列升序排序,效果如图 11-44 所示。

图 11-43　套用表格样式效果

图 11-44　"排序"工作表效果

（4）在"自动筛选"工作表中自动筛选出销售数量大于 4 的销售记录。效果如图 11-45 所示。

（5）在"高级筛选"工作表中运用高级筛选方式筛选出员工孙海玲销售平板电脑的记录和阮萍萍的所有销售记录，筛选结果显示在原有区域，效果如图 11-46 所示。

（6）在"分类汇总"工作表中对销售记录表进行分类汇总，按"销售人员"汇总出销售金额的总和，效果如图 11-47 所示。

商品销售记录

编号	销售日期	商品	品牌	型号	单价	数量	金额	销售人员
DK003	2020/2/15	台式机	联想	联想天逸510S	2899	24	69576	徐凯
DK006	2020/2/16	台式机	acer	宏碁暗影骑士威 N50-N	4099	26	106574	徐凯
DK008	2020/2/17	台式机	联想	联想天逸510S	2899	27	78273	阮萍萍
DK010	2020/2/17	台式机	联想	联想天逸510S	2899	30	86970	林静
DK012	2020/2/18	台式机	acer	宏碁暗影骑士威 N50-N	4099	25	102475	任晓瑶
DK014	2020/3/2	台式机	联想	联想天逸510S	2899	35	101465	任晓瑶
DK018	2020/3/4	台式机	acer	宏碁暗影骑士威 N50-N	4099	20	81980	阮萍萍
DK019	2020/3/4	台式机	联想	联想天逸510S	2899	18	52182	任晓瑶
DK022	2020/4/20	台式机	acer	宏碁暗影骑士威 N50-N	4099	20	81980	徐凯
DK023	2020/4/21	台式机	联想	联想天逸510S	2899	22	63778	任晓瑶
DK026	2020/4/21	台式机	acer	宏碁暗影骑士威 N50-N	4099	26	106574	孙海玲
DK028	2020/5/18	台式机	联想	联想天逸510S	2899	30	86970	阮萍萍

图 11-45 "自动筛选"工作表效果

商品销售记录

编号	销售日期	商品	品牌	型号	单价	数量	金额	销售人员
DK001	2020/2/15	平板电脑	联想	M10 PLUS	1049	3	3147	孙海玲
DK008	2020/2/17	台式机	联想	联想天逸510S	2899	27	78273	阮萍萍
DK009	2020/2/17	平板电脑	联想	M10 PLUS	1049	5	5245	孙海玲
DK018	2020/3/4	台式机	acer	宏碁暗影骑士威 N50-N	4099	20	81980	阮萍萍
DK020	2020/4/20	平板电脑	联想	小新Pad 11英寸	1299	2	2598	孙海玲
DK025	2020/4/21	平板电脑	联想	小新Pad 11英寸	1299	6	7794	阮萍萍
DK028	2020/5/18	台式机	联想	联想天逸510S	2899	30	86970	阮萍萍
DK029	2020/5/18	平板电脑	荣耀	V6 10.4英寸	2499	5	12495	孙海玲

商品	销售人员
平板电脑	孙海玲
	阮萍萍

图 11-46 "高级筛选"工作表效果

商品销售记录

编号	销售日期	商品	品牌	型号	单价	数量	金额	销售人员
DK002	2020/2/15	平板电脑	荣耀	V6 10.4英寸	2499	2	4998	林静
DK005	2020/2/16	平板电脑	荣耀	V6 10.4英寸	2499	4	9996	林静
DK010	2020/2/17	台式机	联想	联想天逸510S	2899	30	86970	林静
DK015	2020/3/3	平板电脑	荣耀	V6 10.4英寸	2499	3	7497	林静
DK021	2020/4/20	笔记本电脑	戴尔	Vostro 14-3400	4299	8	34392	林静
DK027	2020/5/18	笔记本电脑	联想	小新Air15轻薄本	5999	4	23996	林静
							167849	林静 汇总
DK004	2020/2/15	笔记本电脑	戴尔	Vostro 14-3400	4299	8	34392	任晓瑶
DK007	2020/2/16	笔记本电脑	联想	小新Air14	4799	7	33593	任晓瑶
DK012	2020/2/18	台式机	acer	宏碁暗影骑士威 N50-N	4099	25	102475	任晓瑶
DK014	2020/3/2	台式机	联想	联想天逸510S	2899	35	101465	任晓瑶
DK017	2020/3/3	笔记本电脑	联想	小新Air14	4799	6	28794	任晓瑶
DK019	2020/3/4	台式机	联想	联想天逸510S	2899	18	52182	任晓瑶
DK023	2020/4/21	台式机	联想	联想天逸510S	2899	22	63778	任晓瑶
DK030	2020/5/18	笔记本电脑	戴尔	Vostro 14-3400	4299	6	25794	任晓瑶
							442473	任晓瑶 汇总
DK008	2020/2/17	台式机	联想	联想天逸510S	2899	27	78273	阮萍萍
DK018	2020/3/4	台式机	acer	宏碁暗影骑士威 N50-N	4099	20	81980	阮萍萍
DK025	2020/4/21	平板电脑	联想	小新Pad 11英寸	1299	6	7794	阮萍萍
DK028	2020/5/18	台式机	联想	联想天逸510S	2899	30	86970	阮萍萍
							255017	阮萍萍 汇总
DK001	2020/2/15	平板电脑	联想	M10 PLUS	1049	3	3147	孙海玲
DK009	2020/2/17	平板电脑	联想	M10 PLUS	1049	5	5245	孙海玲
DK020	2020/4/20	平板电脑	联想	小新Pad 11英寸	1299	2	2598	孙海玲
DK026	2020/4/21	台式机	acer	宏碁暗影骑士威 N50-N	4099	26	106574	孙海玲
DK029	2020/5/18	平板电脑	荣耀	V6 10.4英寸	2499	5	12495	孙海玲
							130059	孙海玲 汇总
DK003	2020/2/15	台式机	联想	联想天逸510S	2899	24	69576	徐凯
DK006	2020/2/16	台式机	acer	宏碁暗影骑士威 N50-N	4099	26	106574	徐凯
DK011	2020/2/18	笔记本电脑	联想	小新Air15轻薄本	5999	9	53991	徐凯
DK013	2020/2/18	笔记本电脑	联想	小新Air15轻薄本	5999	10	59990	徐凯
DK016	2020/3/3	笔记本电脑	戴尔	Vostro 14-3400	4299	5	21495	徐凯
DK022	2020/4/20	台式机	acer	宏碁暗影骑士威 N50-N	4099	20	81980	徐凯
DK024	2020/4/21	平板电脑	荣耀	V6 10.4英寸	2499	4	9996	徐凯
							403602	徐凯 汇总
							1399000	总计

图 11-47 "分类汇总"工作表效果

(7)运用"商品销售记录"工作表中的数据生成如图11-48所示的数据透视表,数据透视表结果显示在新工作表"数据透视表"内。

	A	B	C	D	E	F	G
1	品牌	(全部) ▼					
2							
3	求和项:金额	列标签 ▼					
4	行标签 ▼	林静	任晓瑶	阮萍萍	孙海玲	徐凯	总计
5	⊞2月	101964	170460	78273	8392	230141	589230
6	⊞3月	7497	182441	81980		81485	353403
7	⊞4月	34392	63778	7794	109172	91976	307112
8	⊞5月	23996	25794	86970	12495		149255
9	总计	167849	442473	255017	130059	403602	1399000

图 11-48　数据透视表效果

【关键步骤提示】

(1)自动筛选:单击自动筛选下拉按钮,从下拉列表中选择"数字筛选"选项。

(2)高级筛选:"高级筛选"对话框中单击"在原有区域显示筛选结果"。

(3)分类汇总:先按"销售人员"进行排序。

(4)该数据透视表应用到的字段:品牌、销售人员、销售日期、金额。

模块 4

PowerPoint 2016 的应用

——锲而舍之，朽木不折；锲而不舍，金石可镂。"

学习就要有锲而不舍的精神才能最终登上梦想的顶峰，只有付出辛勤的汗水，才能收获成功的喜悦。

项目 12

制作公司宣传片演示文稿

项目背景

PowerPoint 2016 是 Microsoft Office 2016 办公套装软件中的重要组成部分，专门用于设计和制作各种具有多媒体要素的电子演示幻灯片，是目前使用较普及和受欢迎的演示文稿制作工具。使用它制作多媒体演示文稿既方便实用，又生动形象，因此，被广泛应用于产品演示、演讲、报告、教学、方案说明等众多领域。

广西创易数码科技有限公司的十周年庆典，准备工作中有一项重要任务就是要制作公司的宣传片，让客户进一步了解公司情况，向客户展示公司的优势，加强合作与交流。

通过这个项目，学生能熟悉 PowerPoint 2016 的基本操作，掌握制作演示文稿的基本流程，幻灯片母版的编辑，版式的应用，插入形状、艺术字、图片、图表、SmartArt 图形等。

创建演示文稿及设置幻灯片母版

美化并放映幻灯片

项目效果

项目效果如图 12-1 所示。

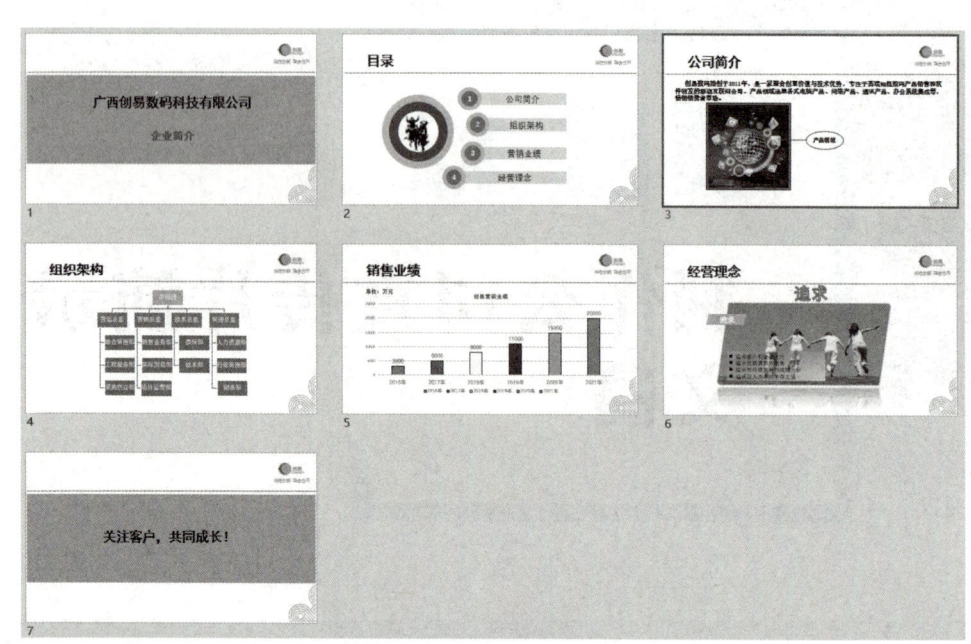

图 12-1　公司宣传片演示文稿

任务 1　创建演示文稿

启动 PowerPoint 2016 软件,在 D 盘的"项目 12"文件夹中新建一个"公司宣传片"演示文稿。

(1)启动 PowerPoint 2016,新建一个名为"演示文稿 1.pptx"的空白演示文稿。

(2)单击"文件"按钮,在打开的菜单中选择"保存"命令,选择"浏览",在"另存为"对话框中选择文档的保存位置"D:\项目 12",并输入文件名"公司宣传片",然后单击"保存"按钮,将演示文稿保存在"D:\项目 12"目录下。在制作演示文稿的过程中,要及时保存文档,以减少因电脑"死机"、断电等造成的损失。

(3)单击第 1 页幻灯片标题占位符,如图 12-2 所示,输入文字"广西创易数码科技有限公司",单击副标题占位符,输入文字"企业简介"。如图 12-3 所示。

图 12-2　第 1 页幻灯片占位符　　　　图 12-3　第 1 页幻灯片主、副标题

> **提示**
>
> 占位符是版式中的容器,可容纳文本、表格、图表、图片等。占位符在幻灯片上表现为一个虚框,虚框内通常有"单击此处添加标题"之类的提示语句,在占位符虚线框内单击时,提示语句会自动消失。
>
> PowerPoint 的占位符共有五种类型,分别是标题占位符、文本占位符、数字占位符、日期占位符和页脚占位符,可在幻灯片中对占位符进行设置,也可在母版中进行如格式、显示和隐藏等设置。

任务 2　设置幻灯片母版

本项目制作的公司宣传片演示文稿,需要在每一张幻灯片的右上角都有统一的公司 Logo 图片和宣传语,如图 12-4 所示。如果在创建新幻灯片的时候添加,则显得比较烦琐,而通过幻灯片母版来设置是个很好的方法。

图 12-4　公司 Logo 图片和宣传语

设置和使用幻灯片母版的主要优点是可以对演示文稿中的每张幻灯片进行统一的样式设置,提高工作效率,统一风格。

操作 1　进入幻灯片母版视图

幻灯片在屏幕中的显示方式统称为"视图",PowerPoint 2016 提供了多种视图,母版视图用于编辑幻灯片母版。它记录了幻灯片的背景、颜色、字体、效果、占位符大小和位置等信息。应用母版视图可以快速对演示文稿关联的每个幻灯片、备注页或讲义的样式进行统一设置。

选择"视图"选项卡,单击"母版视图"组中的"幻灯片母版"。打开"幻灯片母版"视图,如图 12-5 所示。

> **提示**
>
> 在左边的幻灯片缩略图窗格中,第 1 页较大的幻灯片称为基础页。基础页下有 11 页不同版式的幻灯片。只要对第 1 页基础页进行设置,其他页面将会自动做相同设置。例如在第 1 页幻灯片页面插入一张图片,其他 11 页幻灯片也相应地插入了这张图片。
>
> 幻灯片版式是指幻灯片上的标题和副标题、文本、列表、图片、表格、图表、自选图形和视频等元素的排列方式,包含要在幻灯片上显示的全部内容的格式设置、位置和占位符。

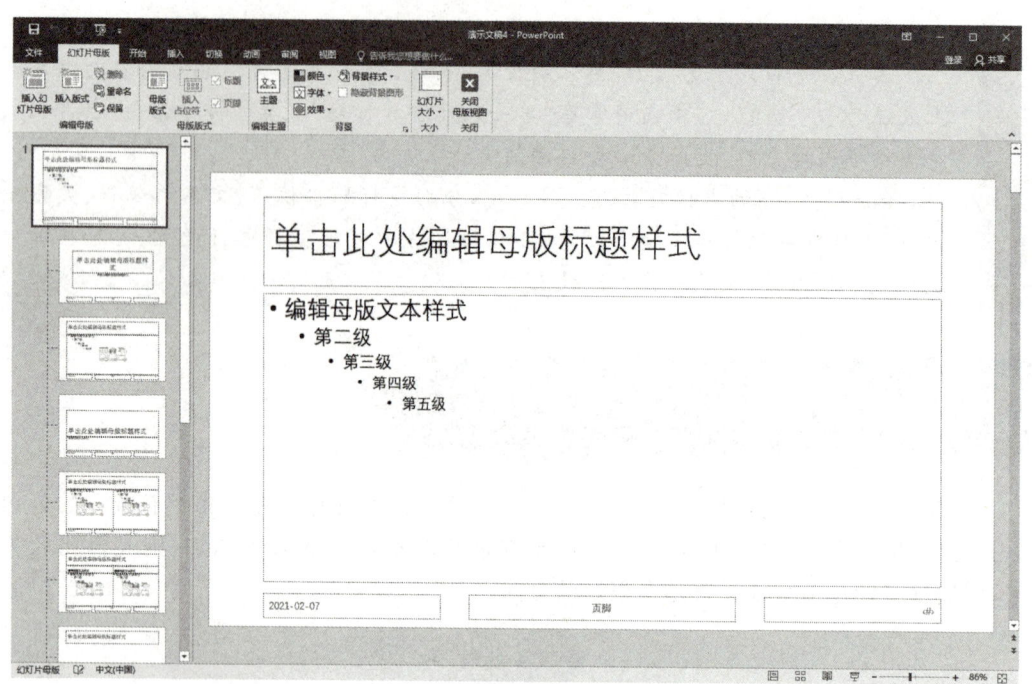

图12-5 "幻灯片母版"视图

操作2　修改幻灯片母版

在"幻灯片母版"视图中,修改第1页幻灯片和第2页幻灯片。

(1)在第1幻灯片中,选择前四行文字,设置字形为加粗、黑体。在该页的右上角插入来自"素材"文件夹的公司Logo"图片1.jpg",适当缩放。并在图片的下方添加文本框,输入文字"科技创新 融合应用",设置为黑体,14磅,浅绿色。在标题的下方插入一条直线,在"绘图工具"|"格式"选项卡的"形状样式"组中,设置为"中等线-强调颜色6",并在页面的右下角插入来自"素材"文件夹的"图片2.jpg",选中图片,单击鼠标右键,选择快捷菜单下的"置于底层",效果如图12-6所示。此时,在第1页幻灯片中添加的元素将自动在以下的11个版式页面中添加。

(2)选择第2页幻灯片即标题版式,选择"插入"选项卡,单击"插图"组中的"形状"按钮,在弹出的下拉列表中选择"矩形",矩形的形状填充为浅绿色,形状轮廓为"无轮廓",置于底层。将矩形置于幻灯片的中央,主标题设置为44磅、黑体,对齐文本设置为"中部对齐",副标题设置为42磅、黑体,颜色设置为"浅灰色25%,背景2,深色50％",适当调整标题文本框的位置,效果如图12-7所示。

(3)单击"幻灯片母版"选项卡中的"关闭母版视图"按钮,如图12-5所示,返回普通视图进行编辑。

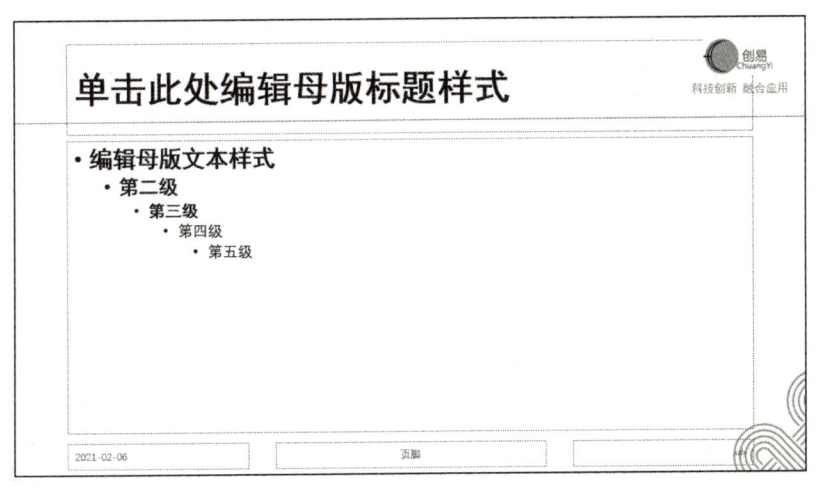

图 12-6　修改幻灯片母版第 1 页幻灯片

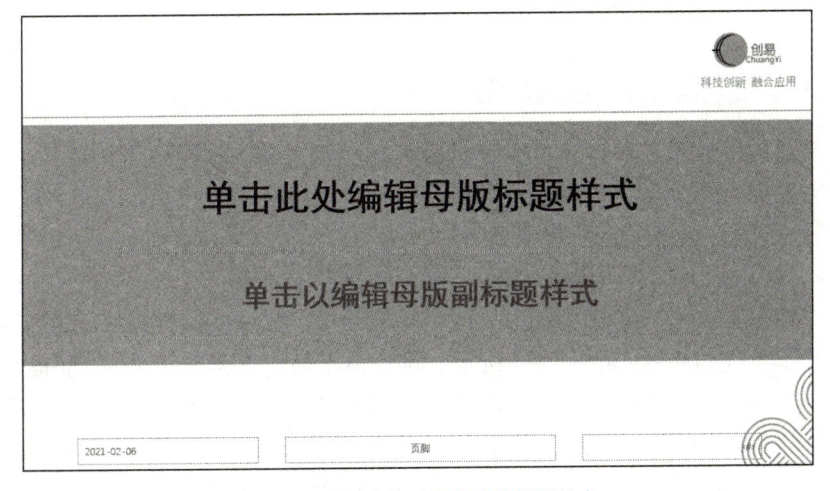

图 12-7　修改幻灯片母版中的标题版式

任务 3　美化幻灯片

操作 1　插入新幻灯片

在"开始"选项卡的"幻灯片"组中,单击"新建幻灯片"按钮,插入一张新幻灯片。幻灯片的版式可以自行选择,操作方法为:右击需要设置版式的幻灯片,在弹出的快捷菜单中选择需要的版式。如本项目中的第 2 页幻灯片设置的版式是"标题和内容"版式,如图 12-8 所示。

> **提示**
> 图 12-8 页面中的大虚框是"文本和内容占位符",可以在其中直接输入文本,也可以分别单击其中的各个小图标以便捷的方式完成各种常用对象的插入操作,如插入表格、图表、SmartArt 图形、图片、剪贴画、视频。

项目 12　制作公司宣传片演示文稿

165

图 12-8 插入新幻灯片

操作 2　插入形状、文本框

在演示文稿中插入各种形状可以让页面更加生动美观,如本项目中的第 2 页幻灯片中的目录需要插入多个形状,操作方法如下:

(1)插入形状。选择"插入"选项卡,单击"插图"组中的"形状"按钮,在其下拉列表中选择"椭圆",按住 Shift 键不放拖动鼠标,依次画出三个不同大小的圆形,分别填充颜色为"蓝色,个性色 1,淡色 60%""蓝色,个性色 1,深色 25%""白色,背景 1"。然后将这三个圆形从大到小重叠到一起,如图 12-9 所示。再将最小的白色圆形用来自"素材"文件夹中的"图片 3.jpg"来填充背景,方式为:右击白色圆形,选择"设置形状格式",在"填充"选项卡中选择"图片或纹理填充",然后单击"文件"按钮,选择相应素材图片,单击"关闭"按钮,效果如图 12-10 所示,最后将这三个圆形同时选中,单击鼠标右键,在弹出的快捷菜单中选择"组合"中的"组合"命令,使之成为一个整体,方便管理,需要的时候也可以取消组合。

图 12-9　目录分解图　　　　图 12-10　目录图标

(2)插入形状后,当选择形状的时候,会在选项卡位置临时增加"绘图工具"选项卡。"绘图工具"|"格式"选项卡如图 12-11 所示,可以对图形进行各种格式的设置。

图 12-11　"绘图工具"|"格式"选项卡

(3)可以向文本占位符、文本框和形状中添加文本。当需要插入文本框时,选择"插入"选项卡,单击"文本"组中的"文本框"按钮,选择其下拉列表中的"横排文本框",单击编辑区插入文本框,直接输入文字,如图 12-12 所示的"公司简介"。目录页中的公司简介、组织架构、营销业绩、经营理念都是由两个圆形和一个文本框组合而成的,内部圆形还添加了文字,注意文本框应置于底层,如图 12-13 所示。

图 12-12　公司简介分解图

图 12-13　公司简介效果图

操作 3　插入图片

制作幻灯片的时候使用大量美观的图片远比使用大量的文字要直观大方,更利于让观众接受,更容易提起观众的兴趣和注意力。

(1)在第 3 页幻灯片中插入图片。选中第 3 页幻灯片,选择"插入"选项卡,单击"插图"组中的"图片"按钮,在弹出的"插入图片"对话框中选择来自"素材"文件夹的"图片 4.jpg",单击"插入"按钮。插入图片后,当选择图片的时候,会在选项卡位置临时增加"图片工具"选项卡。"图片工具"|"格式"选项卡如图 12-14 所示。

图 12-14　"图片工具"|"格式"选项卡

(2)可以通过图片工具调整图片,如修改样式、排列图片、调整大小等。比如本项目中第 3 页"公司简介"中,为图片设置了蓝色的图片边框。并且在右侧添加了一条短直线及一个椭圆,并在椭圆形状中添加文字"产品领域",如图 12-15 所示。

图 12-15　插入图片

> **提示**　PowerPoint 2016 提供了"屏幕截图"功能。选择"插入"选项卡,单击"插图"组中的"屏幕截图"按钮后,软件将自动获取目前计算机桌面上所有窗口的截图,如果需要的是窗口截图,可以通过点选需要的窗口缩略图完成截图工作。如果不需要整个窗口,只需要窗口的某个具体内容的截图,可以通过选择下方的"屏幕剪辑"完成操作。

（3）演示文稿第 6 页幻灯片中插入了一幅图片，选择来自"素材"文件夹的"图片 5.jpg"，图片样式为"映像圆角矩形"，如图 12-1 所示。

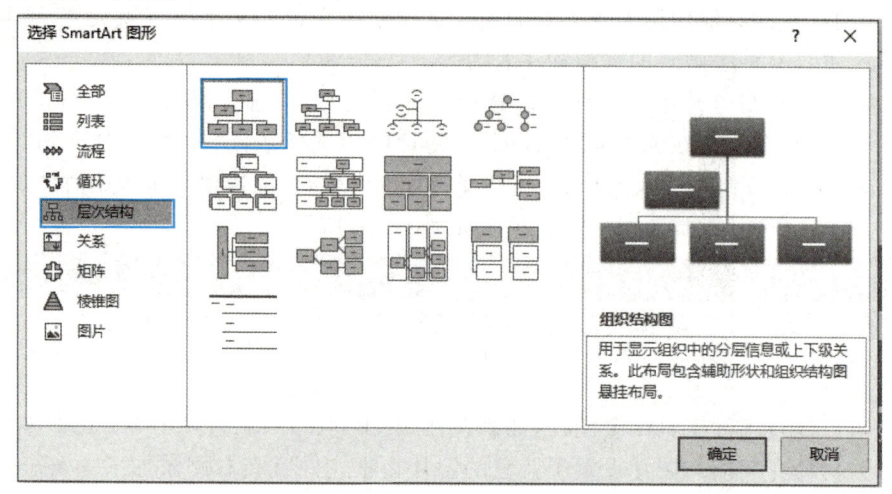

操作 4　插入 SmartArt 图形

SmartArt 图形是信息和观点的视觉表示形式。可以选择多种不同布局来创建 SmartArt 图形，从而快速、有效、轻松地传达信息。与文字相比，插图和图形更有助于观众理解和记住信息。SmartArt 图形有列表、流程、循环、层次结构等。

（1）选中第 4 页幻灯片，选择"插入"选项卡，单击"插图"组中的"SmartArt"按钮，在弹出的"选择 SmartArt 图形"对话框中选择"层次结构"中的"组织结构图"，如图 12-16 所示，单击"确定"按钮。

图 12-16　"选择 SmartArt 图形"对话框

插入 SmartArt 图形后，当选择图形的时候，会在选项卡位置临时增加"SmartArt 工具"选项卡。"SmartArt 工具"|"设计"选项卡如图 12-17 所示，可以对 SmartArt 进行各种设置。

图 12-17　"SmartArt 工具"|"设计"选项卡

（2）可以通过更改 SmartArt 图形的形状或文本填充，或通过添加阴影、反射、发光效果，或通过添加三维效果来更改 SmartArt 图形的外观。单击"SmartArt 工具"|"设计"选项卡中的"更改颜色"按钮，选择"彩色范围-个性色 5 至 6"，效果如图 12-18 所示。

（3）插入组织结构图后，可以单击最顶层的文本处添加文字内容"总经理"，此项目中总经理没有助理，所以顶层左侧下方的助理文本框可以直接选中，按 Delete 键删除，则此时总经理下方有三个下属，需在其下方再添加一个形状，按 Enter 键即可添加子节点，依此类推，得到如图 12-19 所示的效果，形状中的文字为宋体，18 磅，加粗。

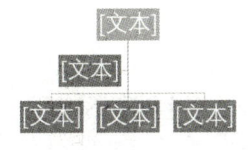

图 12-18　更改颜色效果

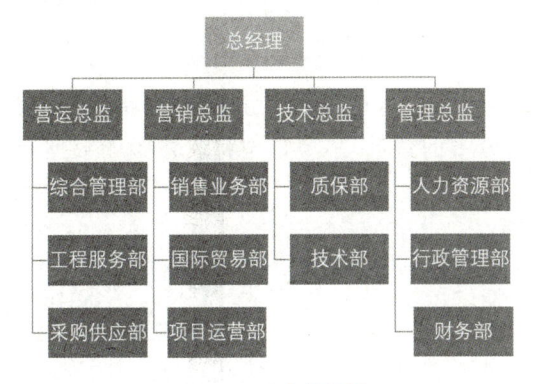

图 12-19　组织结构图

操作 5　插入图表

可以在幻灯片中插入多种数据图表和图形，如柱形图、条形图、饼图等。

（1）选中第 5 页幻灯片，选择"插入"选项卡，单击"插图"组中的"图表"按钮，在弹出的"插入图表"对话框中选择"柱形图"中的"簇状柱形图"，如图 12-20 所示，单击"确定"按钮。

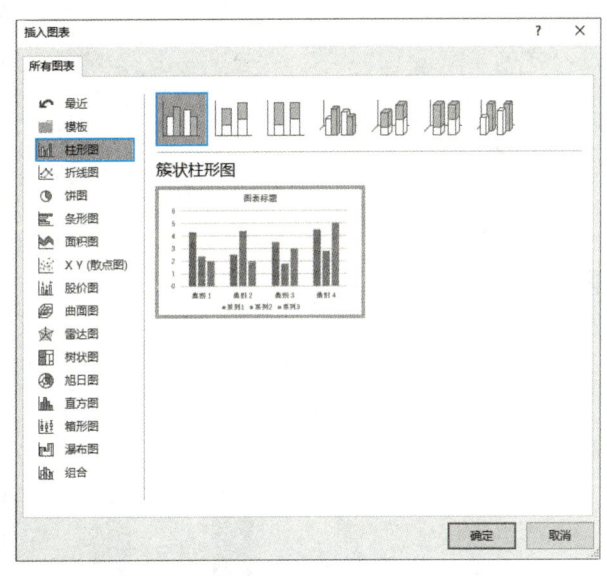

图 12-20　"插入图表"对话框

> **提示**　当鼠标停留在任意类型上时，屏幕将会显示其名称。

项目 12　制作公司宣传片演示文稿

169

插入图表后,当选择图表的时候,会在选项卡位置临时增加"图表工具"选项卡。"图表工具"|"设计"选项卡如图 12-21 所示。

图 12-21 "图表工具"|"设计"选项卡

(2)图表的依据来源于数据,单击"数据"组中的"编辑数据"按钮,会弹出 Excel 电子表格,在表格中输入需要分析的数据,本项目中将表格中的数据修改为如图 12-22 所示。输入完成后直接关闭 Excel 即可。

> **提示** 若要了解可以向图表中添加或在其中更改的内容,请在"图表工具"选项卡下单击"设计"或"格式"选项卡。

(3)可以通过右击某些元素,如图例或表轴,访问这些图表元素特有的设计功能。如依次选中各年份的柱子,右击,如图 12-23 所示,选择"填充"命令,如 2016 年的业绩柱子可以用橙色填充,2017 年的业绩柱子用红色填充等,各年份均可以采用不同的颜色,如图 12-24 所示。

图 12-22 图表所依赖的数据

图 12-23 修改填充颜色

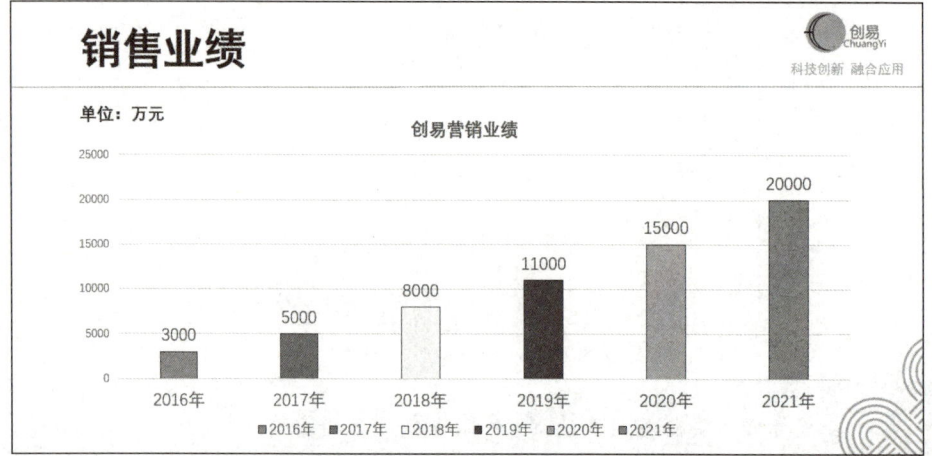

图 12-24 图表的效果

任务4　放映幻灯片

在制作演示文稿的过程中,要及时保存文档,完成制作之后可以通过幻灯片浏览视图查看整体缩略图效果,以保证整个演示文稿的整体性、协调性,如有不妥之处要及时修改。

演示文稿的最终作用是配合演说者展示,选择"幻灯片放映"选项卡,单击"开始放映幻灯片"组中的"从头开始"按钮或者直接按下 F5 键,则可以通过单击鼠标将幻灯片从头到尾地播放。在编辑过程中如果要查看某一张幻灯片的放映效果,可以选择"从当前幻灯片开始"放映或按下 Shift+F5 组合键。放映的过程一般是通过单击鼠标切换到下一张幻灯片,在播放的过程中可以单击鼠标右键进行各种快捷操作,如随时结束放映等。

项目小结

本项目主要介绍了 PowerPoint 2016 的基本操作和使用方法,包括编辑幻灯片母版、应用版式,插入形状、艺术字、图片、图表、SmartArt 图形等。

通过本项目的学习,学生能够制作一些简单的演示文稿,如会议方案、产品宣传的介绍等,并在制作过程中逐步掌握方法和技巧,积累经验。在熟练掌握 PowerPoint 2016 的基本操作方法后,再对 PowerPoint 2016 的高级操作进行钻研,使演示文稿更加形象生动,吸引观众的眼球。

演示文稿的操作方法很重要,而制作演示文稿的基本流程也很关键,基本流程如下:

(1)准备素材:准备所需要的一些文字、图片、声音、动画等文件。
(2)建构框架:规划和设计整个演示文稿。
(3)基本编辑:将文本、图片、图表等基本元素添加到幻灯片中。
(4)美化操作:装饰、美化、动态处理。
(5)放映修改:设置放映的一些参数,播放查看效果,满意后正式输出播放。

上机实战

模仿本项目,以本地区的某公司为背景,收集相关的文字及图片等素材,制作公司宣传幻灯片,幻灯片的总页数不能少于 10 页。

【关键步骤提示】

(1)修改母版

在母版上添加 Logo 图片或标志性背景图片,并自定义母版中的几种样式:母版标题样式、母版文本样式(第一级标题格式)、第二级标题格式。

(2)设计主页面

通过插入图片、形状等来实现。

(3)制作导航(目录)页

设计有特色的导航按钮,按钮个数不少于5个,分别对应相应数量的子页。

(4)团队构成

通过插入三维饼图来实现,数据标签要显示出来。

(5)组织结构

插入 SmartArt 中的组织结构图,在前、后,上、下添加形状,添加助理。

(6)产品介绍

通过插入文本框等来实现。

(7)公益活动

通过插入文本框等来实现。

请综合以上内容自由发挥,制作公司宣传幻灯片。

项目 13

制作新产品推介演示文稿

项目背景

广西创易数码科技有限公司的十周年庆典,公司准备推介新的数码产品——步步高智能 vivo X60 智能手机,因此准备工作中还有一项任务就是要制作新产品推介演示文稿。

通过这个项目,学生要进一步掌握 PowerPoint 2016 的操作,掌握幻灯片主题的选择,母版的修改,插入艺术字、声音和视频、表格等操作,还包括幻灯片的切换、自定义动画、幻灯片放映方式等动态效果的设置。

制作新产品推介演示文稿(上)

制作新产品推介演示文稿(下)

项目效果

项目效果如图 13-1 所示。

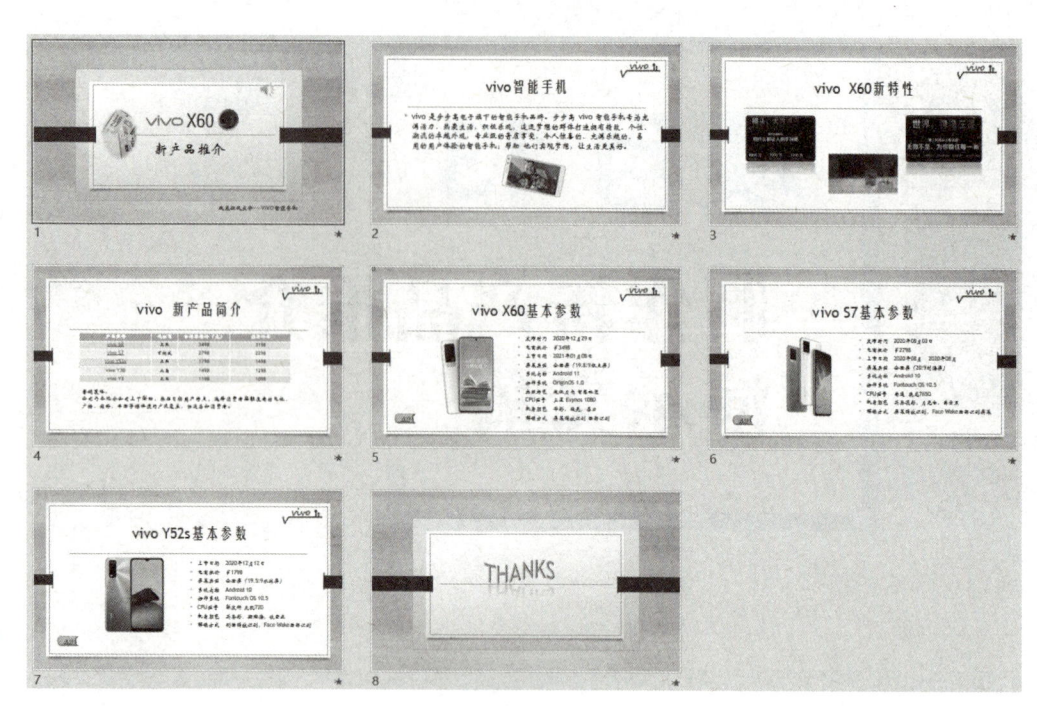

图 13-1　新产品推介演示文稿

任务 1　应用主题和修改母版

操作 1　创建文档

启动 PowerPoint 2016 软件，在 D 盘的"项目 13"文件夹中新建一个"新产品推介.pptx"演示文稿。此时当前演示文稿中只有一张空白的幻灯片，接下来要给演示文稿设计整体风格和外观。

操作 2　应用幻灯片主题

主题指的是一组统一的设计元素，使用颜色、字体和图形设置文档的外观。使用主题可以实现简化专业设计师水准的演示文稿的创建过程。若要尝试不同的主题，请将指针停留在主题库中的相应缩略图上，并注意文档的变化。当将某个主题应用于演示文稿时，如果喜欢该主题呈现的外观，还通过一个单击操作来完成对演示文稿格式的重新设置。如果要进一步自定义演示文稿，还可以更改主题颜色、主题字体或主题效果。可以使用内置主题，如图 13-2 所示，也可以自定义 PowerPoint 2016 中的主题。

图 13-2　内置主题

(1) 选择"设计"选项卡，如图 13-3 所示，单击"主题"组中的内置主题"环保"。则当前幻灯片将会自动应用该主题，如图 13-4 所示。

图 13-3　"设计"选项卡

图 13-4　环保主题

(2) 内置主题的颜色、字体、效果一般具有比较专业的水准，不建议更改，但是如果不满意的话，可以进行调整。

选择"设计"选项卡"变体"组中的内置主题"颜色"按钮，在弹出的下拉列表中选择名为"纸张"的主题颜色。

选择"设计"选项卡"变体"组中的内置主题"字体"按钮，在弹出的下拉列表中选择名为"方正姚体"的主题字体，效果如图 13-5 所示。

图 13-5　"变体"主题颜色和"方正姚体"主题字体

> 当选定某个主题之后,可以重新设计演示文稿的颜色、字体、效果三方面的内容。
>
> (1)颜色。每一种主题都已经预选了二十多种颜色供演示文稿自动套用,用于搭配文本和背景,保证浅色文本在深色背景中清晰可见,反之亦然。
>
> (2)字体。每一种主题均定义了两种字体,一种用于标题,一种用于正文文本。这些预定义的字体不仅影响普通文本,当用户创建艺术字时,PowerPoint 也会使用和当前主题相同的字体。
>
> (3)效果。每一种主题都指定了演示文稿中表格、图片、艺术字、文本、形状、SmartArt 图形、图表等诸多内容的默认外观,如规定了线条或框体粗细、发光、阴影、三维立体效果等内容。

操作 3　修改幻灯片母版

为了使演示文稿更具有特色,需要修改幻灯片母版中的第 1,2 页。

(1)选择"视图"选项卡"母版视图"组中的"幻灯片母版",进入幻灯片母版视图,选择基础页母版进行修改。将基础页左右两侧的形状高度缩短,由原来的如图 13-6 所示的效果变为如图 13-7 所示的效果,并在页面的右上角插入 vivo 智能手机的 Logo 图片,来自"素材"文件夹中的"Logo 图片.jpg"。

(2)在幻灯片母版的第 2 页标题幻灯片上插入一个矩形,形状样式为"细微效果-金色,强调颜色 3",并将此矩形放置在底层,第二页标题幻灯片调整后效果如图 13-8 和图 13-9 所示。关闭幻灯片母版视图。

图 13-6　原幻灯片母版中的第 1 页

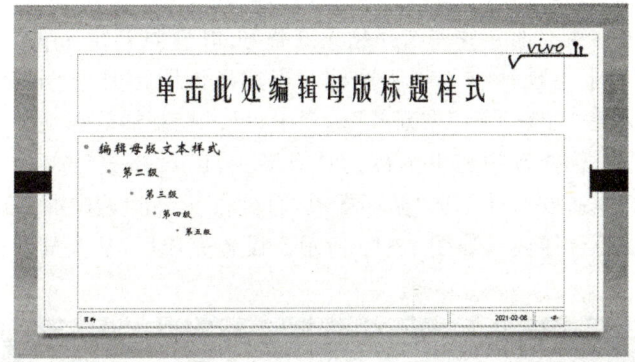

图 13-7　修改之后的幻灯片母版第 1 页

图 13-8　原幻灯片母版中的第 2 页

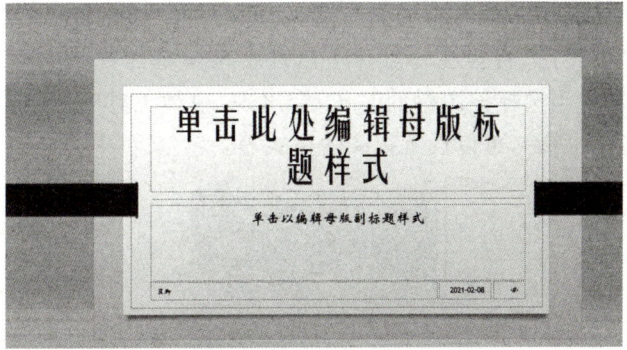

图 13-9　修改后的幻灯片母版中的第 2 页

任务2　美化动态幻灯片

生动有趣是演示文稿区别于文本文档的关键所在。PowerPoint 2016 提供了强大的动画制作功能，可以适当地添加各种动画效果。

操作1　插入音频

在演示文稿中可以添加背景音乐，使之贯穿于整个演示文稿，方法如下：

(1)插入声音。选择"插入"选项卡，单击"媒体"组中的"音频"按钮，在其下拉列表中选择"PC上的音频"，从本地文件夹选择预先准备好的"背景音乐.mp3"，单击"插入"按钮后，会在首页幻灯片上出现一个小喇叭图标。当选择该图标时，会出现"音频工具"选项卡，如图 13-10 所示是"音频工具"|"播放"选项卡，可以控制播放选项。

(2)在幻灯片上，选择音频剪辑图标，在"音频工具"|"播放"选项卡中，勾选"音频选项"组中的"跨幻灯片播放"，并勾选"循环播放，直到停止"和"放映时隐藏"，单击选中"音频样式"组中的"在后台播放"，如图 13-10 所示。设置完成后，从头放映幻灯片，验证音频播放的效果。

图 13-10　"音频工具"|"播放"选项卡

操作2　插入视频

幻灯片中可通过插入视频，使演示文稿更加生动，本项目将在第 3 页幻灯片中插入产品广告视频，方法如下：

(1)插入视频。选中第 3 页幻灯片，选择"插入"选项卡，单击"媒体"组中的"视频"按钮，在其下拉列表中选择"PC上的视频"，从本地文件夹选择预先准备好的"产品广告.mp4"，单击"插入"按钮后，将会在幻灯片上出现一个屏幕的视频图标，适当缩小屏幕图标，如图 13-11 所示。当选择该图标的时候，会出现"视频工具"选项卡，"视频工具"|"格式"选项卡如图 13-12 所示，可以设置视频的格式等。

图 13-11　插入视频

图 13-12 "视频工具"|"格式"选项卡

(2)在幻灯片上,选择视频图标,在"视频工具"|"播放"选项卡中,将"视频选项"组中的开始设置为"单击时",并取消勾选所有选项。设置完成后,从头放映幻灯片,验证视频播放的效果。

操作 3　插入表格

PowerPoint 2016 中有四种不同的方法来插入表格:在 PowerPoint 中创建表格;从 Word 中复制和粘贴表格;从 Excel 中复制和粘贴一组单元格;在 PowerPoint 中插入 Excel 电子表格。

(1)选择需要添加表格的第 4 页幻灯片,选择"插入"选项卡,单击"表格"组中的"表格"按钮,在弹出的列表中选择 4×6 表格,如图 13-13 所示,随即在页面中插入一个 4 列 6 行的表格,如图 13-14 所示。

图 13-13　插入表格

图 13-14　空白表格

(2)插入表格后,会在选项卡位置临时增加"表格工具"选项卡。"表格工具"中有"设计"选项卡和"布局"选项卡,可以对表格进行各种设置。在"表格工具"|"设计"选项卡中

选择表格样式为"中度样式 2-强调 2"。

(3)单击表格的各个单元格,依次输入单元格中的文字,效果如图 13-15 所示。

产品型号	代理商	市场零售价（元）	结算价格
vivo X60	天盛	3498	3198
vivo S7	百纳威	2798	2298
vivo Y52s	天盛	1798	1498
vivo Y30	大禹	1498	1298
vivo Y3	天盛	1198	1098

图 13-15　表格效果

> **提示**　上图中前三个手机型号,是本次推介会的重点,将会创建超链接进行详细介绍。

操作 4　插入超链接和动作按钮

超链接可以是从一张幻灯片到同一演示文稿中另一张幻灯片的链接,也可以是从一张幻灯片到不同演示文稿中另一张幻灯片的链接,还可以是电子邮件地址、网页或文件的链接。可以从文本或对象,如图片、图形或文本框创建超链接。

(1)选择要创建超链接的文本或对象,如图 13-15 中的文字"vivo X60",选择"插入"选项卡,单击"链接"组中的"超链接"。在弹出的对话框中进行设置,例如,在"链接到"列表中,单击"本文档中的位置",然后选择文档中的第 5 页幻灯片,如图 13-16 所示。

图 13-16　创建超链接

(2)采用上述方法,为第 4 页幻灯片中的表格中的另外两个单元格中的文字"vivo S7"和"vivo Y52s"设置超链接,分别链接到本文档位置中的第 6 页和第 7 页幻灯片,链接之后的文字颜色变为浅橙色,这个颜色也可以自己重新设定。如图 3-17 所示。

(3)为了方便页面之间的相互访问,在本项目中的第 5 页、第 6 页及第 7 页幻灯片中设计了如图 13-18 所示的"返回"按钮,设计方法是首先插入一个名为"流程图:存储数据"

的形状,形状样式为"强烈效果-橙色,强调文字颜色 2",并添加文字"返回",然后设置超链接。

图 13-17　创建好超链接的文字　　　图 13-18　创建好超链接的按钮

(4)还可以在幻灯片上直接插入动作按钮,选择"插入"选项卡,单击"插图"组中的"形状",选择最后一行第二个动作按钮,如图 13-19 所示,在弹出的对话框中进行设置,如图 13-20 所示。

图 13-19　动作按钮　　　图 13-20　"操作设置"对话框

操作 4　插入艺术字

艺术字是一个文字样式库,可以将艺术字添加到 PowerPoint 中以制作出装饰性的效果,还可以将现有文字转换为艺术字。例如,可以拉伸标题、对文本进行变形、使文本适应预设形状,或应用渐变填充。相应的艺术字可以在文档中移动或放置在文档的对象中,以此添加文字效果或进行强调。

选择"插入"选项卡,单击"文本"组中的"艺术字",在其下拉列表中选择合适的艺术字样式,如图 13-21 所示,单击则会在页面中出现一个占位符,输入文字后,可以通过"绘图工具"|"格式"选项卡为艺术字做各种设置,如本项目结尾处的"THANKS"是艺术字效果,采用的艺术字样式是"填充:金色,主题色 3;锋利棱台",文本效果为"映像"中的"半映像:接触"。效果如图 13-22 所示。

图 13-21　艺术字样式列表　　　　　图 13-22　艺术字效果

> **提示**　当删除文字的艺术字样式时，文字会保留下来，成为普通文字。在"绘图工具"|"格式"选项卡的"艺术字样式"组中，单击"其他"按钮，然后单击"清除艺术字"即可。如果要删除艺术字，请选择艺术字，直接按 Delete 键即可。

操作5　设置幻灯片的切换效果

幻灯片切换效果是在演示期间，从一张幻灯片移到下一张幻灯片时，在"幻灯片放映"视图中出现的动画效果。

（1）首先选择需要应用切换效果的幻灯片，然后选择"切换"选项卡，单击"切换到此幻灯片"组"其他"按钮，在其下拉列表中可以选择各种切换方式，本项目共有 8 张幻灯片，每页设置的切换效果依次为涟漪、飞过、擦除、分割、窗口、闪光、棋盘、涟漪。

可以为演示文稿中的每个页面设置不同的切换效果，也可以将切换效果设置为一致的，如果为一致的效果，单击"切换"选项卡"计时"组中的"全部应用"按钮即可，如图 13-23 所示。

图 13-23　"切换"选项卡

（2）切换时还可以选择切换效果的计时，指的是上一张幻灯片与当前幻灯片之间的切换效果的持续时间，选择"切换"选项卡，单击"持续时间"文本框，键入或选择所需的时间，若要单击鼠标时切换幻灯片，勾选"切换"选项卡"计时"组中的"单击鼠标时"复选框，若要在经过指定时间后切换幻灯片，勾选"切换"选项卡"计时"组中的"设置自动换片时间"复选框，在文本框内键入所需的秒数。本项目设置的切换方式全部为"单击鼠标时"。

（3）切换时还可以选择相应的声音，单击"切换"选项卡"计时"组中"声音"旁的下拉按钮，在下拉列表中选择所需的声音，本项目在首页和尾页幻灯片中为切换效果设置了"风声"。切换声音不宜多，一般设置在首页和尾页以及比较重要的幻灯片页面中。

> **提示**　为幻灯片添加动画可让演示文稿更具动态效果，并有助于强调要点，但动画也不宜太多，否则会分散注意力，喧宾夺主。

操作 6　设置自定义动画

为了让演示文稿生动，可以增加一些动画效果来吸引客户的注意，可以将 PowerPoint 2016 演示文稿中的文本、图片、形状、表格、SmartArt 图形和其他对象制作成动画。动画具有四种不同类型的效果：进入、退出、强调和动作路径。可以单独使用任何一种动画，也可以将多种效果组合在一起。

（1）首先选择某一页面上的某一对象，如文本框、图片等，然后选择"动画"选项卡，单击"动画"组中的"其他"按钮，在其下拉列表中选择动画效果，如图 13-24 所示。还可以为演示文稿中每个页面的每一个对象设置不同的动画效果。如首页中的两张图片可分别设置动画为"擦除"和"轮子"。

（2）可以在"动画窗格"中查看幻灯片上所有动画的列表，"动画窗格"显示有关动画的重要信息，如效果的类型、名称及持续时间等，还可以对列表中的动画进行重新排序。如图 13-25 所示。

图 13-24　"动画"选项卡

图 13-25　动画窗格

> **提示**　PowerPoint 提供了类似"格式刷"的"动画刷"功能，利用"动画刷"可以将演示文稿中某个设计元素已经存在的动画，快速应用到另一个设计元素上，让两者具有完全相同的动画设置，简化了对不同内容设置重复动画效果的操作。

任务3　设置幻灯片放映方式

用户可以根据不同的放映场合为演示文稿设置不同的放映方式。

在发布演示文稿之前，最后的工作就是设计演示文稿的放映方式，PowerPoint 支持三种放映方式，在"幻灯片放映"选项卡中单击"设置放映方式"按钮，打开"设置放映方式"对话框，如图 13-26 所示，若要在放映幻灯片时显示激光笔，按住 Ctrl 键并按下鼠标左键即可开始进行标记。

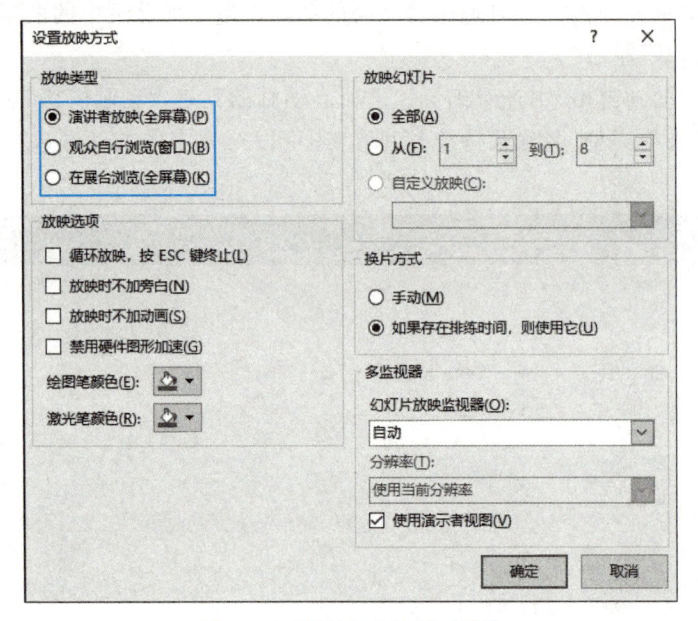

图 13-26　"设置放映方式"对话框

三种放映方式分别为：

（1）演讲者放映方式。这是最常用的放映方式，在放映过程中以全屏显示幻灯片。演讲者能控制幻灯片的放映，还可以为演示文稿录制旁白。

（2）观众自行浏览方式。这种方式可以在标准窗口中放映幻灯片。在放映幻灯片时，可以拖动右侧的滚动条，或滚动鼠标上的滚轮实现幻灯片的放映。

（3）在展台浏览方式。在展台浏览是三种放映类型中最简单的方式，这种方式将自动全屏放映幻灯片，并且循环放映演示文稿，在放映过程中，除了通过超链接或动作按钮进行切换以外，其他的功能都不能使用，如果要停止放映，只能按 Esc 键。

> **提示**　在 PowerPoint 2016 中，可以利用 Windows Live 帐户或组织提供的广播服务，直接向远程观众广播幻灯片，此时，观看者只需要一个浏览器和一部电话即可浏览，演示者需要安装 PowerPoint 2016，可以完全控制幻灯片的放映进度。

任务 4　打包与打印演示文稿

操作 1　打包演示文稿

正确打包演示文稿,可以让演示文稿不依赖软件平台播放。PowerPoint 2016 中的这个功能被称为"打包成 CD",演示文稿可以直接输出刻录成 CD,也可以暂时保存在磁盘中。

(1)选择"文件"菜单下的"导出"选项,单击"将演示文稿打包成 CD",单击"打包成 CD"按钮,打开"打包成 CD"对话框,如图 13-27 所示。

图 13-27　"打包成 CD"对话框

(2)单击"选项"按钮,勾选"链接的文件"和"嵌入的 TrueType 字体"复选框,单击"确定"按钮返回"打包成 CD"对话框。

(3)单击"复制到文件夹"按钮,在打开的"复制到文件夹"对话框中选择保存路径并确认,完成演示文稿的打包工作。

操作 2　打印演示文稿

演示文稿完成后,可以将演示文稿打印出来。演示文稿的打印可以采用多种方式,如图 13-28 所示,用户可以只打印演示文稿,也可以打印带备注的演示文稿,如用于演示文稿的分发,这样观众既可以在演讲者进行演示时参考相应的演示文稿,还可以保留作为以后参考。可以打印演示文稿的文字版本,即大纲,还可以通过选择,将多张幻灯片打印在一张纸上,比如每页打印一张、两张、三张或六张等,以讲义的形式分发演示文稿。

(1)单击"文件"|"打印",选择"份数",单击"打印"按钮,可按默认方式打印输出演示文稿。

(2)单击"设置"选项的"整页幻灯片"按钮,每页打印一张幻灯片,也可以选择"讲义"方式,将多张幻灯片打印在一张纸上。

图 13-28　打印幻灯片的方式

> **提示**　为节约纸张和打印机墨水,请考虑将演示文稿放在共享位置,而非为所有观众打印幻灯片或讲义。然后,在开始演讲之前,告知观众演示文稿的位置。需要打印的观众可以打印演示文稿,而无须打印的观众则可以避免浪费。

项目小结

本项目主要介绍了 PowerPoint 2016 的高级操作和使用方法,包括应用主题,修改母版,插入音频、视频、表格、超链接、艺术字,设置切换效果,自定义动画,设置放映方式等。

通过本项目的学习,学生能够制作一些形象生动有趣的演示文稿,如竞聘演讲、年度总结等。读者可以将所学的基本操作和高级操作知识相结合,充分发挥想象力,突出重点,增加亮点,给观众留下深刻的印象,让演示文稿达到好的展示效果。

上机实战

使用 PowerPoint 2016 制作一个图文并茂的演示文稿,主题是"我的家乡"。
参考提纲如下:
(1) 标题幻灯片
(2) 导航目录幻灯片
(3) 家乡简介
(4) 名优特产
(5) 民俗风情
(6) 旅游景点

具体要求如下：

(1)幻灯片结构布局合理美观，内容翔实，风格统一，要适当插入图像、表格、图表、图示等对象。

(2)导航目录幻灯片要有到其他幻灯片的链接。

(3)至少有六张幻灯片。

(4)根据幻灯片风格和实际需要为演示文稿设置适合的幻灯片切换效果及动画效果。

(5)相关数据、资料以及合适的幻灯片模板可以从网上查找下载。

模块 5

常用办公工具软件和办公设备的应用

——天行健，君子以自强不息。

学习没有止境，活到老学到老；

莫等闲，白了少年头，空悲切。

项目 14

应用常用办公软件

项目背景 对于企业工作者来说,常用办公软件已经成为一个不可缺少的工具。广西创易数码科技有限公司的日常工作中涉及各项事务,如电子文档制作、计算机安全、图像截取、视频制作等,在自己的计算机中安装并使用必要的办公软件,可以提高工作效率,从而迅速成为一名办公老手。

任务 1 应用阅读软件

阅读软件

网络上可供阅读的电子读物越来越多,计算机用户也越来越习惯于用计算机来阅读,另外,在家中购买大量藏书不仅要消耗大量资金和占用大量空间,而且难以查找和长期保存。如果在计算机中建立一个庞大的图书馆,就会使阅读变得简单易行,同时还有占用空间小,投入资金少,收藏、整理、查找容易等优点。目前常用的阅读器有 Adobe Reader、SSReader 超星图书馆浏览器、方正 Apabi Reader、Z-BOOK 超级阅读引擎、电子小说阅读器等。广西创易数码科技有限公司日常内部发文以 PDF 文档为主,下面以 Adobe Reader 为例,为读者介绍电子阅读软件的使用。

PDF(Portable Document Format)文件格式是 Adobe 公司开发的电子文件格式,是在 Internet 上进行电子文档发行和数字化信息传播的理想文档格式,目前已成为数字化信息事实上的一个工业标准。Adobe Reader 是 PDF 文件读取软件,许多 PDF 文档都需要它来开启读取,安装后可以方便地浏览用 Adobe Acrobat 制作的 PDF 文档。

这套软件拥有以下几个优点:

(1)放大与缩小文件细节。

(2)翻页与超文件索引。

(3)提供完整的打印模式,可以打印单页、全页,或者一个区段。

(4)可以根据自己的喜好设定软件及查阅重要资料。

操作 1　下载与安装 Adobe Reader 软件

下载 Adobe Reader Ⅺ版本并安装,如图 14-1 所示。

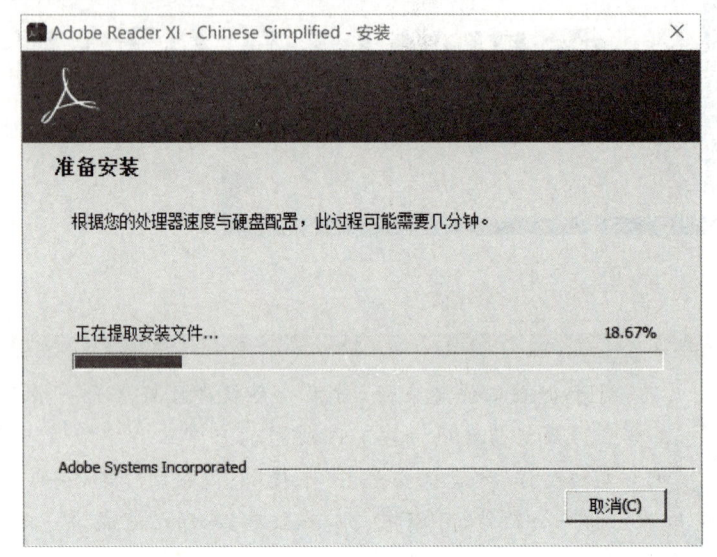

图 14-1　Adobe Reader Ⅺ安装界面

操作 2　快速浏览、翻阅 PDF 文档

(1)打开 PDF 文档。双击桌面 Adobe Reader Ⅺ图标打开文档,单击"文件"|"打开"命令,或者直接双击.pdf 格式的文件,启动相应的 PDF 文档,如图 14-2 所示。

图 14-2　浏览 PDF 文档

（2）浏览、翻阅 PDF 文档。

①阅读完一页后，使用滚动条滚动至下一页，也可使用"视图"|"页面导览"|"下一页"命令。

②在"工具"|"基本工具"中选择"手形工具"，用手形工具移动文本区，显示需要查看的内容。

③在"工具"|"缩放工具"中，用放大与缩小工具对文本区内容进行放大与缩小。

（3）用阅读模式阅读文档，如图 14-3 所示。

图 14-3　调整文档视图

（4）搜索单词或短语。此功能可快速定位所需要的内容，方便阅读。

①选择"编辑"|"查找"，弹出"查找"面板，如图 14-4 所示。

图 14-4　搜索单词或短语

②输入文字"创易"，单击下拉按钮，选择"在当前 PDF 中查找下一个"，单击"上一个"或"下一个"按钮，逐一搜索。

操作 3　　将 Word 文档转换成 PDF 文档

（1）打开 Word 文档"新产品发布会策划书.docx"，选择"文件"|"另存为"，打开"另存为"对话框。

（2）在"保存类型"下拉列表中选择"PDF"，单击"保存"按钮即可将 Word 文档转换成 PDF 文档，如图 14-5 所示。

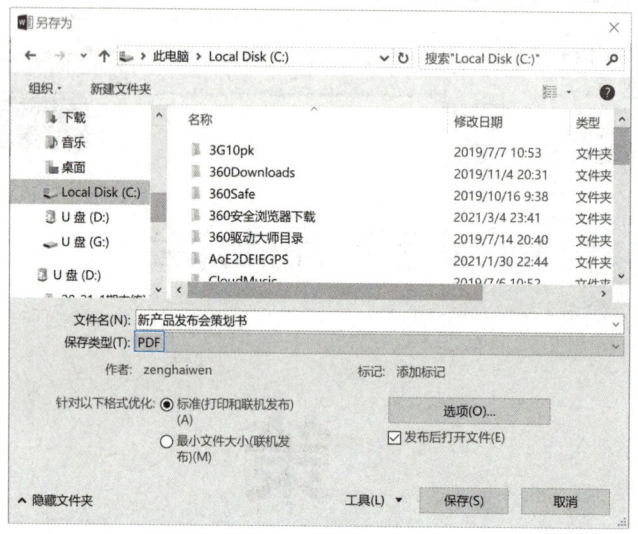

图 14-5　将 Word 文档转换成 PDF 文档

操作 4　　将 PDF 文档转换成 Word 文档

（1）启动 Adobe Reader Ⅺ，打开 PDF 文档"新产品发布会策划书.pdf"，选择"文件"|"另存为其他"|"文本"，打开"另存为"对话框。

（2）在"保存类型"下拉列表中选择"文本（具备辅助工具）(*.txt)"，单击"保存"按钮即可将 PDF 文档转换成文本文档，如图 14-6 所示。

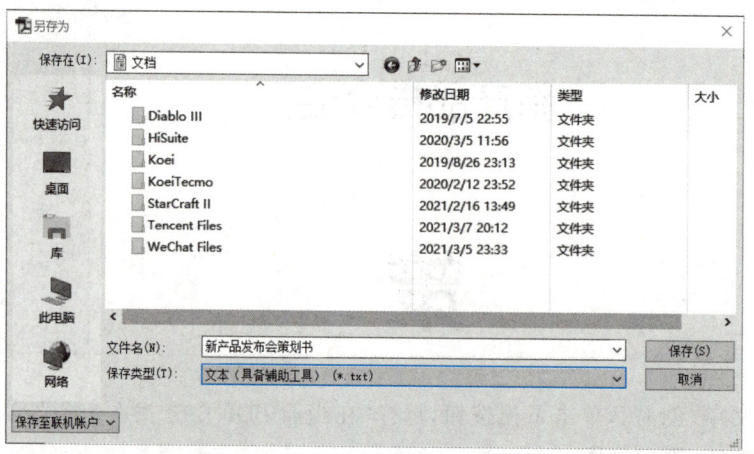

图 14-6　将 PDF 文档转换成文本文档

(3)启动 Adobe Reader Ⅺ,打开 PDF 文档"新产品发布会策划书.pdf",选择需要的图片,右击,选择"复制图像",将图片保存。

(4)将文本文档"新产品发布会策划书.txt"及图片导入 Word 中。

任务2 应用看图软件

广西创易数码科技有限公司产品领域涵盖各式计算机产品、网络产品、通信产品、办公系统集成软件等,公司经常制作产品宣传手册,需要使用大量产品图片,安装一个快捷的图像浏览工具显得尤为重要。

在计算机中,浏览图像的工具很多,目前较流行的是由 ACD System 公司推出的 ACDSee,它能广泛应用于图像的获取、管理、浏览、优化和处理等,它的功能非常强大,几乎支持当前所有的图形文件格式。

操作1 下载与安装 ACDSee 软件

登录 ACDSee 官网,下载 ACDSee 官方家庭版并安装,如图 14-7 所示。

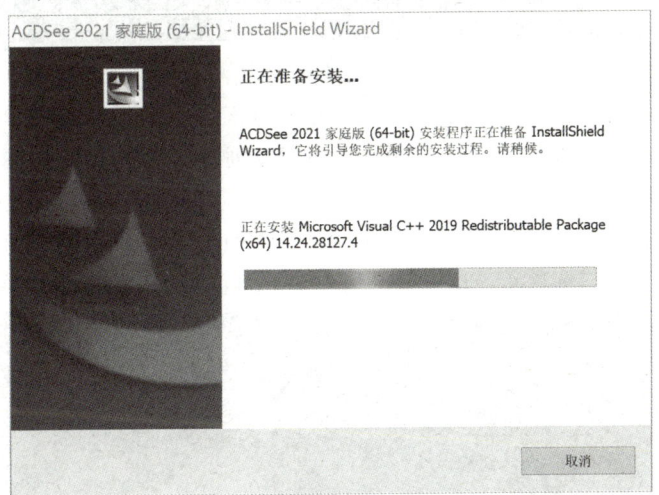

图 14-7 ACDSee 的安装

操作2 使用 ACDSee

ACDSee 提供了两种查看图片的窗口,一种是多张图片的浏览方式,即浏览器窗口;一种是单张图片的查看方式,即查看窗口。

(1)使用 ACDSee 浏览图片

①双击桌面上的 ACDSee 快捷图标,打开 ACDSee 默认的浏览器窗口,如图 14-8 所示。

②在文件夹区的树形目录中打开要浏览图片的文件夹,文件列表窗口中将显示文件夹中所有图片。

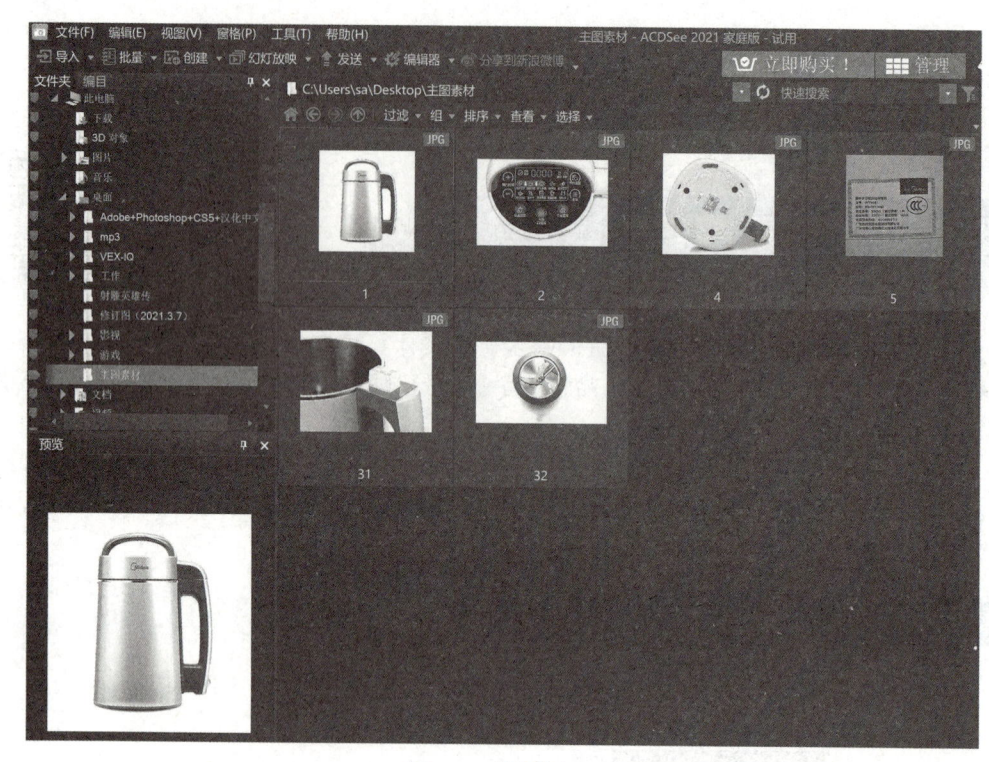

图 14-8 浏览器窗口

③单击要预览的图片，例如"1.jpg"，此时在预览区域中显示图片内容。

④使用 ACDSee 可进行图片自动播放。在图片列表区中按住 Ctrl 键，单击选中要自动播放的所有图片。

⑤在工具栏上单击"幻灯放映"按钮，选择"配置幻灯片放映"选项，打开"幻灯放映属性"对话框，单击"基本"选项卡，如图 14-9 所示，设置连续播放的转场效果和时间间隔。

图 14-9 幻灯放映属性设置

⑥单击"确定"按钮,执行自动播放功能。

(2)使用 ACDSee 查看图片

①在 ACDSee 浏览器窗口中,双击要查看的图片,打开 ACDSee 查看窗口,如图 14-10 所示。

图 14-10 查看窗口

②如果觉得图片的大小不合适,可以对图片进行缩放,单击底部工具栏上的"放大"或"缩小"按钮,可以对图片进行放大或缩小操作。

③单击底部工具栏上的"上一个"或"下一个"按钮可以浏览同一文件夹下的前一幅或后一幅图片。

(3)使用 ACDSee 处理图片

①双击需要编辑的图片,进入图片查看状态,单击窗口的"编辑"选项,打开"编辑模式菜单"窗格,单击"调整大小",打开如图 14-11 所示的"调整大小"对话框。输入图片宽度、高度像素值,单击"完成"按钮,系统自动在本地文件夹生成名为"1_调整大小.jpg"的新文件。

②在"编辑模式菜单"窗格再单击"曝光"命令,进入如图 14-12 所示的对话框进行曝光调整,在调整过程中,可以在原窗口中观察图片的变化,完成后单击"完成"按钮。

③在"编辑模式菜单"窗格再单击"旋转"命令,打开"旋转"对话框,如图 14-13 所示,拖动"调正"滑块旋转好图片,完成后单击"完成"按钮。

④转换图片格式。

- 某些图片文件格式(如 BMP 格式)占用的空间很大,可以利用 ACDSee 将它转换成其他格式,以减小图片的字节大小。ACDSee 可以在 BMP,GIF,JPG,PSD,PNG,TGA,TIF 等任意图片格式间进行转换,而且转换操作比较简单。

图 14-11 "调整大小"对话框　　图 14-12 "曝光"对话框　　图 14-13 "旋转"对话框

> **提示**　　JPG 是比较流行的文件格式,适用于压缩照片类的图像,可支持不同的文件压缩比,由于压缩技术先进,对图像质量影响不大,可以用最少的磁盘空间得到最好的图像质量,是目前最好的图像压缩格式之一;PNG 是新兴的一种网络图像格式,结合了 GIF 和 JPG 的优点,具有存储形式丰富的特点;TIF 适用于不同的应用程序平台,用于存储和图形媒体之间的交换,是应用广泛的点阵图格式。

- 返回图片浏览状态,单击菜单栏中的"修改"|"转换文件格式"命令,打开"转换文件格式"对话框,如图 14-14 所示。

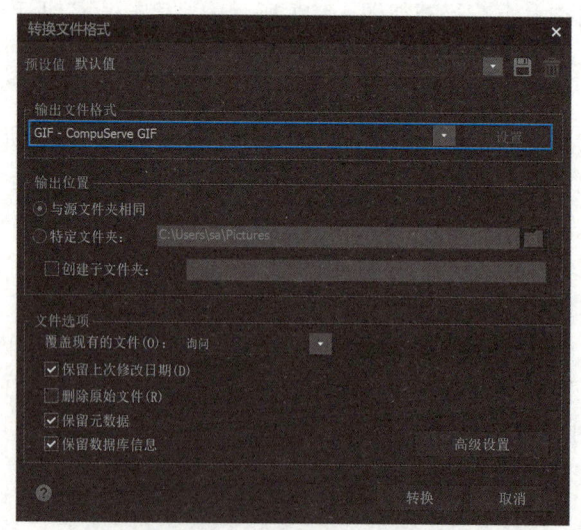

图 14-14 "转换文件格式"对话框

- 在"输出文件格式"选项中选择转换后的文件格式"GIF-CompuServe GIF",在"输出位置"单选区指定输出文件的保存路径,在"文件选项"中选择是否覆盖现有的文件,是否保留上次修改的日期等。
- 单击"转换"按钮即可转换图片格式。

任务 3　应用截图软件

公司团队在制作各类产品宣传手册时,经常需要抓取相关产品的界面图片,安装一款功能全面、实用的截图软件是必不可少的。

现如今,市面上流行的屏幕截图工具很多,HyperSnap 除了普通截图功能之外,还有很多针对性的截图选项,截取的图像分辨率高,是一款功能强大的截图软件。

操作 1　下载与安装 HyperSnap 软件

登录 HyperSnap 官网,下载 HyperSnap7 个人版官方试用版并安装,如图 14-15 所示。

图 14-15　HyperSnap7 安装界面

操作 2　使用 HyperSnap

(1)抓取全屏幕

按下热键 Ctrl+Shift+F,或者用鼠标单击"捕捉设置"选项卡下的"全屏"按钮,如图 14-16 所示,之后会听到类似照相的"咔嚓"声,操作成功。

(2)抓取活动窗口

首先将要抓取的窗口设置为活动窗口,然后按下热键 Ctrl+Shift+A,或用菜单操作,参考图 14-16。

(3) 抓取下拉菜单

先将 HyperSnap 最小化到任务栏上,再单击要抓取的下拉菜单使之展开,然后按下热键 Ctrl+Shift+R,屏幕上将出现一个十字形光标,移动此光标到左上角起始位置,用鼠标左键单击,再移动到菜单右下角再次单击。

(4) 多区域抓图

如果要在资源管理器中同时抓取某个文件(夹)的右键快捷菜单和该文件(夹)的图标,可以这样操作:首先用鼠标右键单击该文件(夹),弹出其快捷菜单,然后按下热键 Ctrl+Shift+M,点取菜单区域使它被选中,再按下鼠标右键不放手,会马上出现一个子菜单,从中单击"重新打开区域模式"后放开,此时出现十字形光标,用该光标单击文件(夹)图标的左上角和右下角各一次,使文件(夹)图标被选中(原来选中的菜单仍处于选中状态),最后按下 Enter 键完成抓取。在上述抓取过程中,只要还没有完成抓取,随时可按下 Esc 键放弃当前操作。

(5) 抓取超长网页窗口

如果要抓取超过屏幕长度的超长网页(要拖动滚动条才能查看所有内容的网页),可以通过使用 HyperSnap 的抓取"扩展活动窗口"功能来完成:启动 HyperSnap,单击"捕捉设置"选项卡中的"更多"|"扩展活动窗口"选项,会提示输入要扩展的高度和宽度(单位为像素),其高度和宽度可以大于整个屏幕尺寸,然后单击"确定"按钮,稍等片刻(等待时间长短取决于输入的高度和宽度)就会将超长网页抓取下来,如图 14-17 所示。

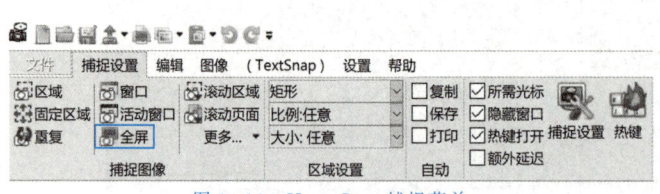

图 14-16 HyperSnap 捕捉菜单

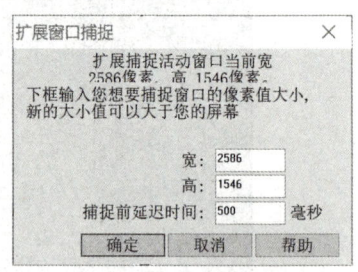

图 14-17 "扩展窗口捕捉"对话框

任务 4　应用杀毒软件

杀毒软件

公司日常工作免不了接触网络,而现今计算机病毒越来越多,杀毒软件已成为个人计算机必备的装机软件之一。个人版杀毒软件免费化已经成为一种趋势,不少有远见的厂商通过发放免费版的杀毒软件,建立起用户的信任,培养足够的市场份额,引导用户升级到功能更为全面的专业版。

360 杀毒是一款由奇虎公司推出的完全免费的杀毒软件,它拥有查杀恶意软件、插件管理、病毒查杀、诊断及修复、保护等数个功能,同时还提供弹出插件免疫、清理使用痕迹以及系统还原等特定辅助功能,并且提供对系统的全面诊断报告,方便用户及时定位问题所在,为用户提供全方位系统安全保护。

操作 1　下载与安装杀毒软件

登录 360 杀毒官方网站下载当前最新版本的 360 杀毒安装程序，如图 14-18 所示。

图 14-18　360 杀毒安装

操作 2　使用 360 杀毒软件

（1）病毒查杀

360 杀毒具有实时病毒防护和手动扫描功能，为计算机系统提供全面的安全防护。

实时防护功能在文件被访问时对文件进行扫描，及时拦截活动的病毒，在发现病毒时会通过提示窗口进行警告。360 杀毒提供了四种手动病毒扫描方式：全盘扫描、快速扫描、自定义扫描及右键扫描，前三种扫描方式如图 14-19 所示。

图 14-19　病毒查杀

①全盘扫描:扫描所有磁盘。
②快速扫描:扫描 Windows 系统目录及 Program Files 目录。
③自定义扫描:扫描指定的目录。
④右键扫描:集成到右键菜单中,当在文件或文件夹上单击鼠标右键时,可以选择"使用 360 杀毒 扫描"对选中文件或文件夹进行扫描,如图 14-20 所示。

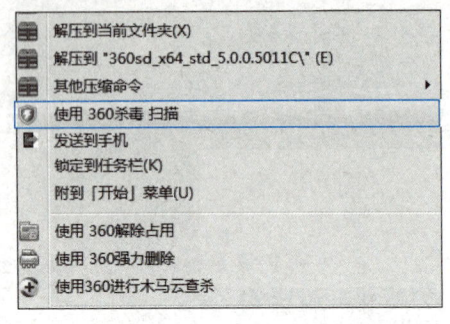

图 14-20　右键扫描

前三种扫描都已经在 360 杀毒主界面中作为快捷任务列出,只需单击相关任务就可以开始扫描。

启动扫描之后,会显示扫描进度窗口。

在这个窗口中用户可看到正在扫描的文件、总体进度,以及发现问题的文件,如图 14-21 所示。

图 14-21　全盘扫描进度

(2)升级

360 杀毒具有自动升级功能,在联网的情况下,如果开启了自动升级功能,360 杀毒会在有升级可用时自动下载并安装升级文件,如图 14-22 所示。自动升级完成后会通过气泡窗口进行提示。

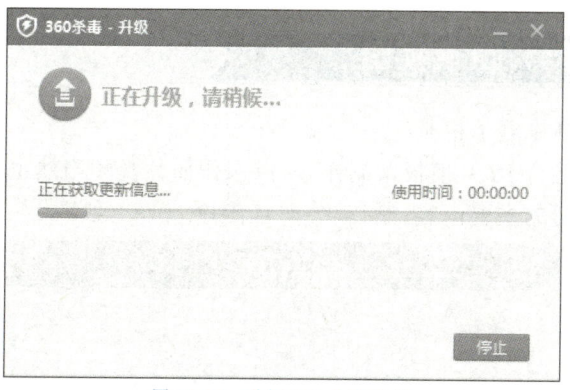

图 14-22　升级 360 杀毒软件

任务 5　应用照片视频制作软件

公司十周年庆典将要举办新产品推介会，推介会上要向客户介绍公司的相关情况和产品信息，团队工作人员考虑使用照片视频制作软件制作相关视频。

制作视频的软件很多，目前操作简单、效果丰富、应用广泛的一款就是狸窝照片视频制作软件。它可以快速在照片中加入背景音乐、文字和动画特效，也可以融合 PPT 模板来完成电子相册的制作，让用户足不出户也能轻轻松松地制作视频。此外，个人日常生活照、艺术照和结婚照等都可以做成自己喜欢的电子相册视频，风格也可以自己选择。

照片视频制作软件

操作 1　下载与安装狸窝 ppt 转换器

登录狸窝官网，下载狸窝 ppt 转换器并安装，如图 14-23 所示。安装完成后免费注册账号即可登录。

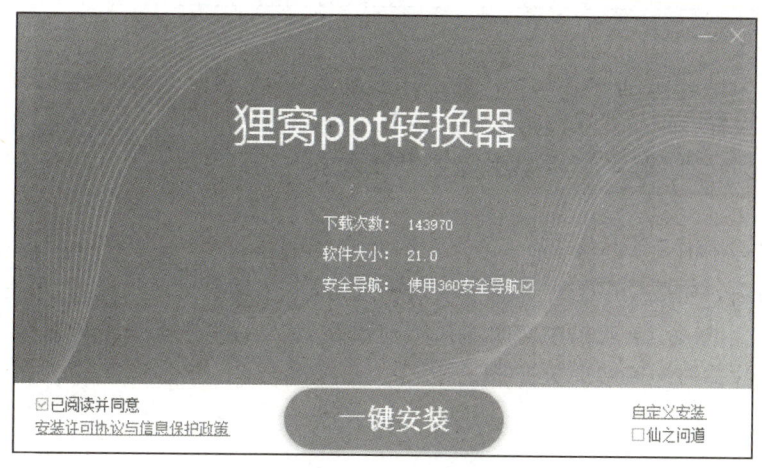

图 14-23　狸窝 ppt 转换器安装界面

操作2　使用狸窝ppt转换器

(1) 使用PPT制作电子相册

电子相册可以融合PPT模板来制作,所以制作照片视频当然也离不开PPT。

① 制作电子相册的主要内容,制作"公司宣传片.pptx",如图14-24所示。

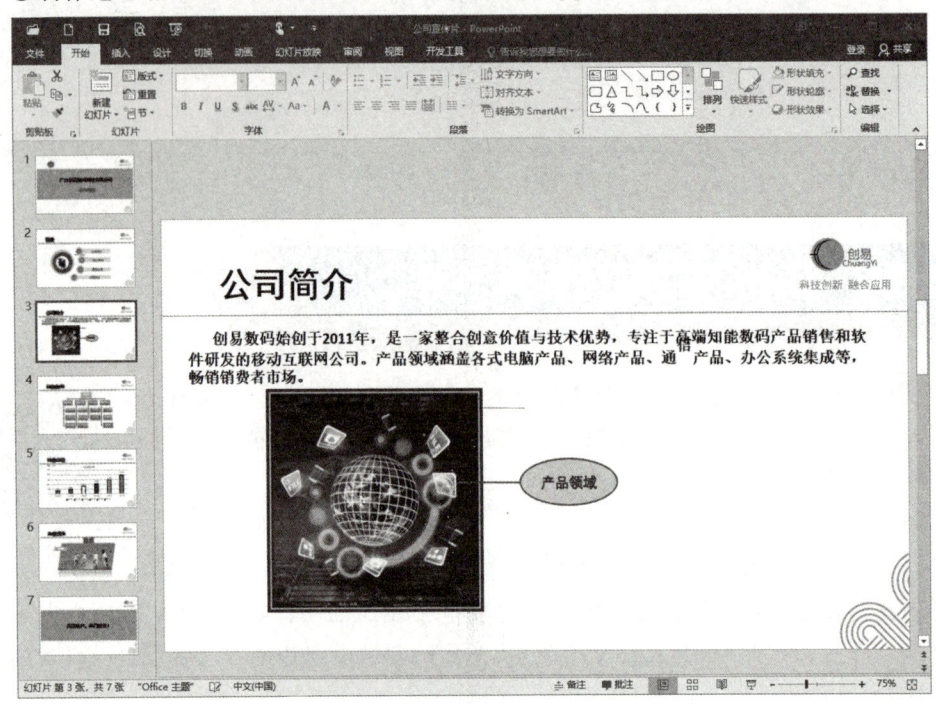

图14-24　用PPT制作相册

> **提示**：如果要在PowerPoint中批量插入图片,则在"插入"选项卡下找到"相册",然后选择"新建相册",单击"文件/磁盘"按钮,从计算机中导入文件,这样就可以批量把需要制作视频的图片导入PPT。

② 修饰美化PPT。

制作电子相册时,可以找一张漂亮的图片作为PPT相册的背景图片,通过单击鼠标右键,选择"设置背景格式",将图片添加到PPT中,然后单击"全部应用"。单击图片出现"图片工具"|"格式"选项卡,为图片选择快速样式,这样可以使图片更美观,如图14-25所示。

③ 给图片添加动画特效,先单击选中图片或文字,然后再选择"动画"选项卡中的"添加动画",动画的先后顺序是先选择进入动画效果,后选择退出动画效果,若有需要还可以为其在进入及退出动画效果中间添加强调动画效果,设置动画的播放方式为"上一动画之后",这样图片播放起来就会更连贯,如图14-26所示。

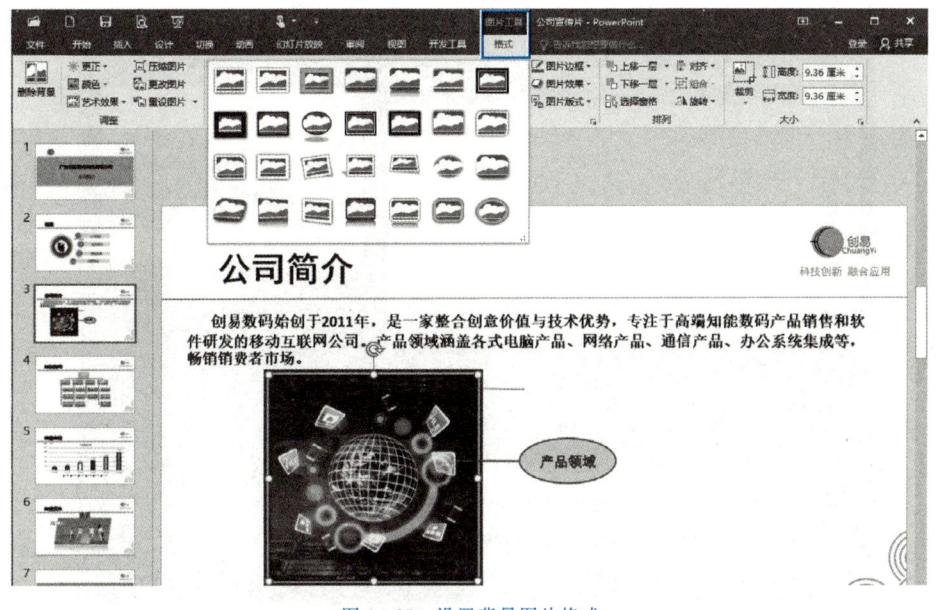

图 14-25　设置背景图片格式

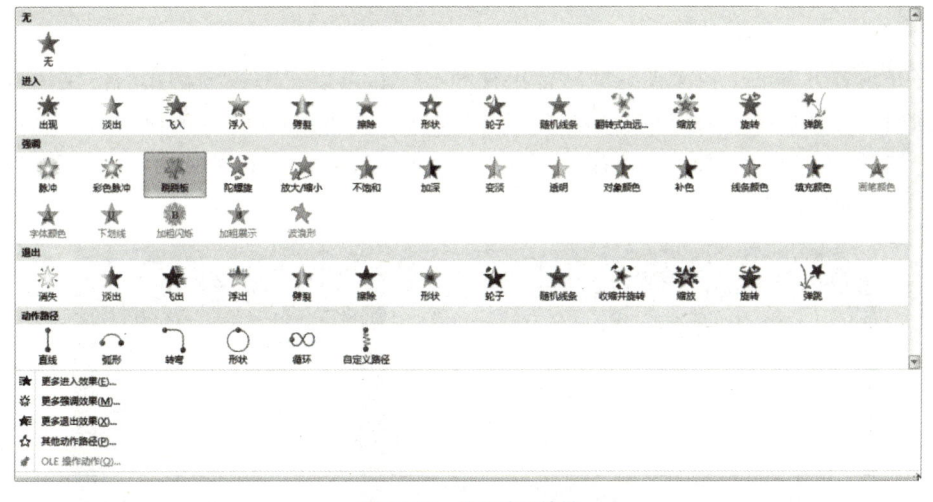

图 14-26　设置动画效果

如果觉得设置动画效果比较麻烦,可以直接下载狸窝家园的电子相册模板来进行套用,这样制作起来就会简单很多。

每一张图片都添加上动画效果,通过幻灯片放映预览视频效果,若觉得完全满意了就可以保存 PPT 文件,然后再用狸窝图片视频制作软件把 PPT 转换为视频。

(2)插入背景音乐

接下来,当然要为照片配上一段动听的音乐,为视频文件增添色彩。

单击"自定义"按钮,进入背景音乐选项,通过"添加"按钮就可以把歌曲添加到照片视频中,还可以设置音乐延迟或循环播放,如图 14-27 所示。

图 14-27　插入背景音乐

(3) 选择视频格式

打开预置方案的上拉菜单，选择"常用视频"选项，可以了解视频格式的使用场合，也可根据用户的播放要求来进行选择。若需要高清视频，那么就在"高清视频"选项后面的格式中选择；若是放在 iPad 上观看，那么就从"iPad"选项后的格式中进行选择。本例选择 avi 格式，如图 14-28 所示。

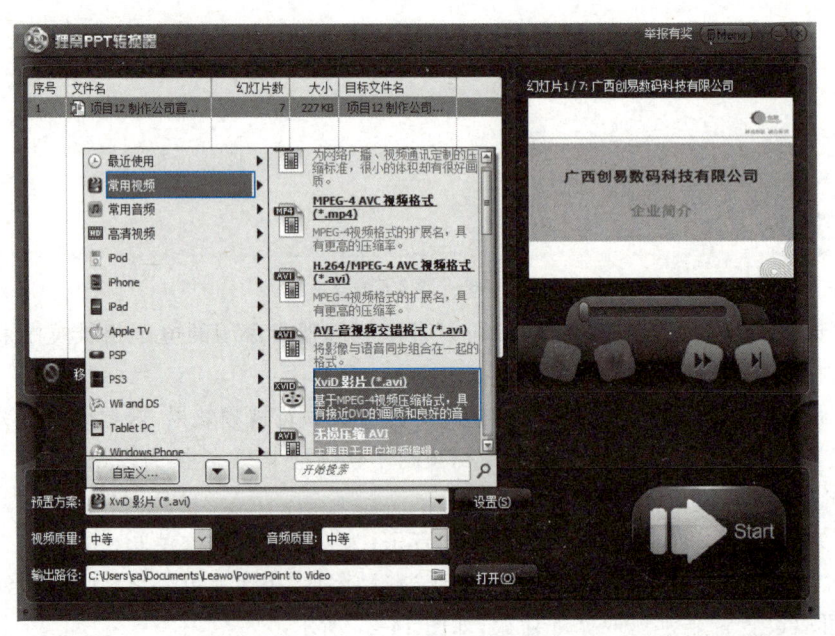

图 14-28　选择视频格式

(4)转换视频

格式选择完成之后,就可以单击转换器界面右下角的"Start"按钮开始转换相册视频幻灯片了,单击后,在弹出的"在开始转换之前,请确认"提示框中单击"确定"按钮即可,如图 14-29 所示。

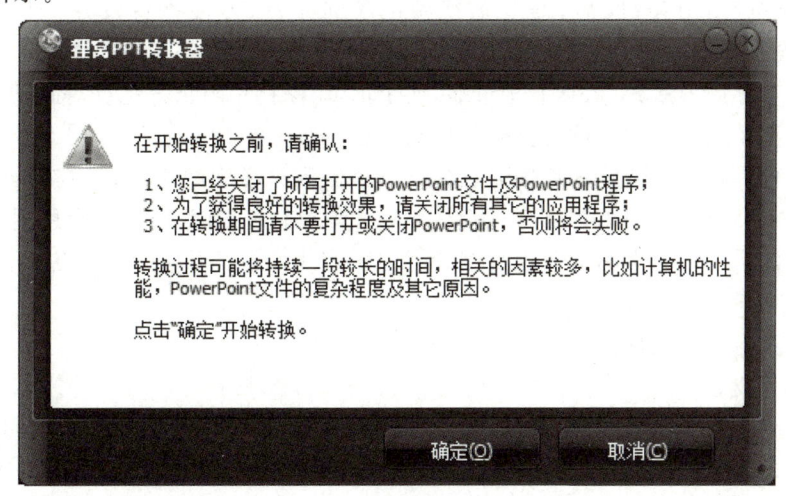

图 14-29　确认转换提示框

PPT 转换为视频成功之后,软件就会提示"PowerPoint 文件转换为视频成功!",然后单击播放视频链接就可以直接观看视频了,如图 14-30 所示。

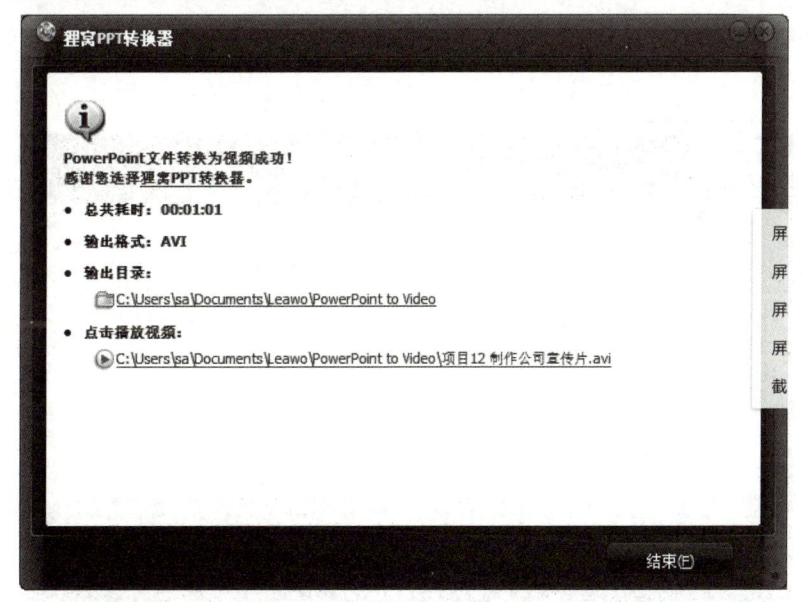

图 14-30　转换结束

> **提示**　除了可以制作照片视频,狸窝视频转换器软件还包含了多种功能,可以供用户进行视频剪辑、DVD 记录、添加字幕等操作。

任务6　应用光盘刻录软件

公司制作好宣传视频后，需要把视频记录到光盘，方便携带及在DVD和电视上播放。

光盘具有存储容量大、数据安全可靠、便于携带、保存年限长等优点，将数据刻录成光盘很好地解决了当前超大文件的存储和传输问题。

刻录软件是将用户选定的数据通过刻录机存储到光盘中的工具，具有刻录功能的软件很多，如 Nero BurningROM、会声会影、数码大师等软件，在没有安装专用刻录软件前，刻录功能无法实现。通常的专业光盘刻录软件往往具备了以下功能和特点：

①光盘整盘复制。
②刻录光盘镜像文件。
③制作光盘。

下面将要介绍的是 Nero BurningROM 软件，该软件具有很强的优势，是目前刻录领域应用广泛的专业刻录软件，对于市场上各品牌刻录机都有较高的兼容性，且操作简便。除了具有刻录光盘功能外，还可以编辑音、视频文件，以及对光盘和光盘盒进行封面设计。

操作1　下载与安装光盘刻录软件

登录 Nero 官网，下载 Nero BurningROM 2021 15 天试用版并安装使用，如图 14-31 所示。

图 14-31　Nero 安装界面

操作 2　使用 Nero BurningROM

(1)打开组件

安装完成的 Nero 软件中有多个组件,包括 CoverDesigner,Express,ShowTime,StartSmart,Vision。其中,Nero StartSmart Essentials 是刻录程序的主要组件,主要的刻录操作在该组件中完成。

①在桌面单击"开始"按钮,或通过单击键盘上的 Win 键来开启"开始"菜单。
②选择"程序"或"所有程序"。
③选择 Nero 刻录程序。
④单击"Nero StartSmart Essentials"。

打开组件后,将可以看到组件的欢迎画面。这表明系统已经准备好,可以开始操作了,如图 14-32 所示。

图 14-32　Nero 操作界面

(2)启动刻录任务

通过刻录,可以将数据烧录到全新的可刻录 CD 或 DVD 光盘中。在开始刻录任务之前,用户要根据需求选取合适的刻录光盘。一般来说,可刻录 CD 的容量为 700 MB 以内,刻录 670 MB 以内为宜;可刻录 DVD 的容量为 4.7 GB,刻录 4.5 GB 以内为宜。之所以实际刻录数据量比光盘标准容量稍小,是因为现在可刻录光盘生产厂家繁多,光盘质量良莠不齐,在实际刻录操作中留有一定空余空间可以帮助提高光盘刻录的成功率,确保刻录光盘的质量稳定,能够安全地执行数据存储的任务。

①单击"翻录和刻录"标签;
②待标签页更新后,单击"刻录数据光盘",如图 14-33 所示。

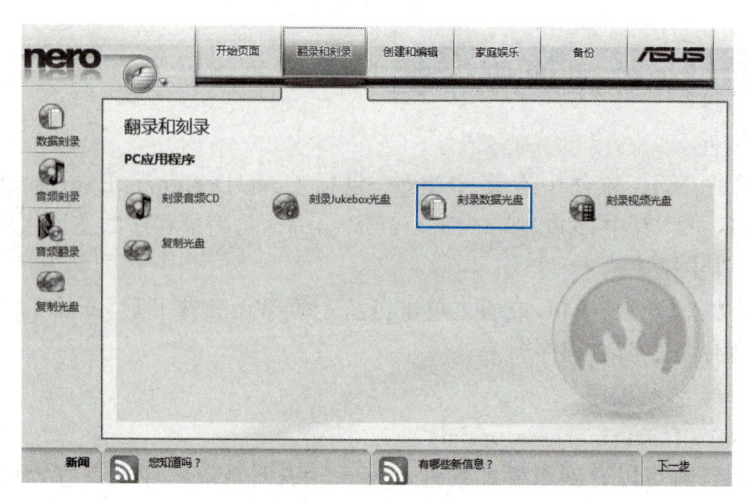

图 14-33　记录光盘

(3) 选择刻录光盘类型

①选择"数据光盘",将刻录 CD 光盘;

②选择"数据 DVD"时,将刻录 DVD 光盘。

选择后,请将相应的可刻录光盘放入刻录光驱中,如图 14-34 所示,本例选择"数据光盘"。

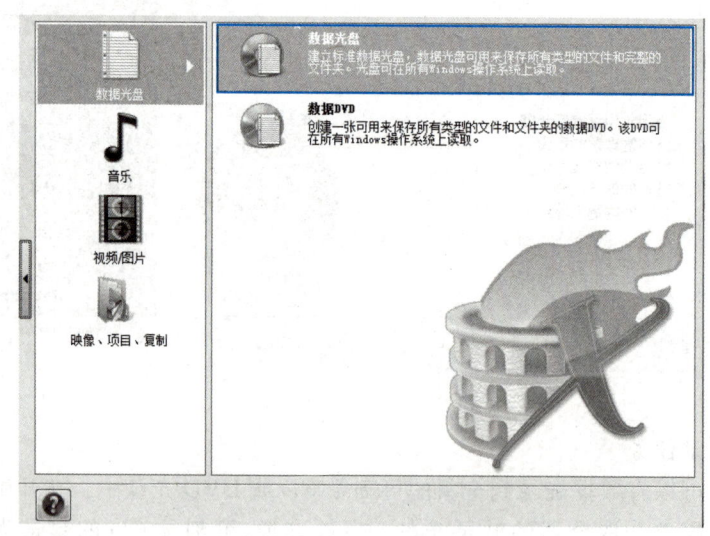

图 14-34　选择刻录光盘类型

这里需要注意的是,请确保被放入光驱的可刻录光盘没有出现弯曲、边缘破损等情况。外观改变的可刻录光盘在刻录过程中可能破碎甚至飞离光驱而给附近的人造成严重伤害。

(4) 添加文件到刻录列表

①通过右侧的"添加"按钮,在资源管理器中查找并选中需要添加的文件。

②添加的文件将出现在左侧的文件列表区域中,可以查看它们的名称、大小、类型等信息。文件的总体容量将体现在下方的容量显示区中。红色标线代表了该光盘所能承载

文件的最大量。用户所加载的文件不能超出红线所标示的范围。

③将上述操作完成或检查完毕后，单击"下一步"按钮，如图14-35所示。

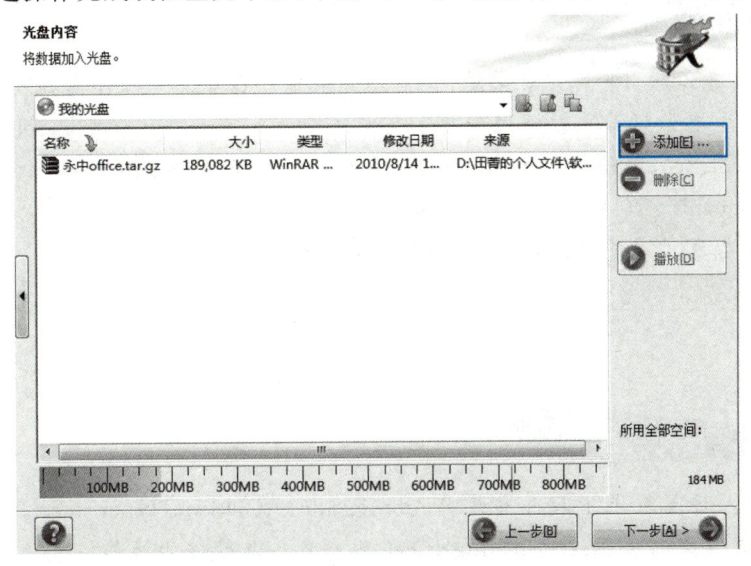

图14-35　添加文件

(5)对光盘名称进行设定

如果计算机上设置了多个光驱，可以在"当前刻录机"选项中选定即将开展工作的刻录机，也可以对光盘的名称进行设定。刚设定的光盘名称将作为该光盘的盘符。当被刻录好的光盘被置入光驱后，系统将显示设定的名称。

选好刻录机并设置好光盘名称后，单击"刻录"按钮，刻录程序即可开始，如图14-36所示。

图14-36　设定当前刻录机及光盘名称

项目小结

对于 IT 公司和 IT 工作者来说,常用办公软件已经成为一个不可缺少的系列组成。本项目主要介绍了几款常用软件的安装与使用,包括阅读软件 Adobe Reader、看图软件 ACDSee、截图软件 HyperSnap、杀毒软件 360、狸窝 ppt 转换器和光盘刻录软件 Nero BurningROM。

相信学生通过本项目的学习,能够大大提高自己的工作效率。

上机实战

1. 在个人计算机上下载并安装 Adobe Reade、ACDSee、HyperSnap、360 杀毒软件、狸窝 ppt 转换器和 Nero BurningROM,熟悉各工具软件的操作。

2. 利用狸窝 ppt 转换器制作个人照片视频。

项目 15

应用常用办公设备

项目背景　　办公设备是人们在日常办公流程中用于处理电子或纸质文件的设备,如计算机、打印机、复印机、扫描仪等;在现代办公体系中,这些设备可以通过数据线或网络连接在一起,协同合作,提升办公效率。

广西创易数码科技有限公司的十周年庆典活动临近,各项准备工作在营销总监赵勇及其团队的共同努力下已基本筹备完毕,现在需要使用办公设备将各种电子文档生成纸质文件,分发到相关部门及客户手中;将重要资料如盖章签名文件等,扫描存档;调试投影仪,为庆典活动时播放公司宣传片等做好准备。

本项目介绍常用的办公设备及设备的使用方法。

任务 1　应用打印机

操作 1　选购打印机

打印机主要是用来将电子文档打印输出在纸质或其他介质上。常用的打印机,按工作原理可分为针式打印机、喷墨打印机和激光打印机三种,分别如图 15-1、图 15-2 和图 15-3 所示。

针式打印机主要利用机械和电路驱动原理,使打印针撞击色带和打印介质,在打印介质上打印出点阵,再由点阵组成字符或图形来完成打印任务。针式打印机只能打印单色,因打印分辨率低、噪声大、反应慢,已逐渐被其他类型打印机取代。但是由于其具有打印多层纸(复写能力)和连续打印的功能,成为银行业务和公司财务票据打印的首选。

图15-1 针式打印机

图15-2 喷墨打印机

图15-3 激光打印机

打印机

　　喷墨打印机是一种非击打式的彩色图形输出设备,它通过将细微的墨水颗粒按照一定的要求喷射到打印纸上,从而成像并完成输出。低端的喷墨打印机由于成本较低,目前主要应用在家庭办公打印中。高端的彩色喷墨打印机则主要应用在需要快速打印照片的公司、冲印店或家庭中。

　　激光打印机主要是利用激光扫描,在硒鼓上形成静电潜像,然后吸附墨粉,再将墨粉转印到打印纸上从而完成打印。激光打印机有单色(黑白)激光打印机和彩色激光打印机两种。单色(黑白)激光打印机以其优秀的黑白打印质量、快捷的输出速度和对纸张的低要求而成为商务办公的首选输出设备。彩色激光打印机拥有专业高端的打印品质,可以高效打印彩色宣传手册、广告宣传单等。激光打印机及耗材成本较高,多应用于有特殊需要的商务办公领域。

　　要选购一台合适的打印机,首先要准确定位打印需求。除了专业图形图像处理公司或广告设计公司,一般公司在日常办公流程中大多需要快速打印大量的黑白文件,因此商务办公的首选为黑白激光打印机。打印机的各项性能指标包括:

　　(1)打印速度,即每分钟打印的张数,一般为18张左右。

　　(2)分辨率,用dpi(dot per inch,每英寸范围内包含的点数)表示,通常分辨率越高,打印效果越清晰,目前市面上的打印机分辨率大多在1 200 dpi左右。

　　(3)接口,目前激光打印机一般使用USB接口或网络接口。USB接口速度快、通用性好,安装简单方便,与指定的计算机连接方可使用;网络接口则不依赖于计算机,打印机通过网线连入局域网,并经过连接调试,即可为整个局域网中的所有计算机服务。此外,随着无线网络技术的高速发展,配备了无线接口的产品以其方便等优势也逐渐进入市场。

　　除了以上几项,还有一些参数和附加功能也是选购打印机的重要条件,比如最大打印幅面、硒鼓寿命(页数)、月打印负荷(页数)、能否自动双面打印等。一般来说,性能越强、功能越多,价格也越昂贵;供小型办公使用的经济型低速激光打印机的价格约在千元,而适用于大型商务办公场所、打印量较大的高速激光打印机的价格则从五千至上万元不等。

最后,根据确定的参数和功能,去专业的数码资讯网站或电子商务网站进行查询,确定品牌、型号和价位。

根据以上条件,我们最终选定了一款适合小型办公的激光打印机,品牌为惠普(HP),型号为 LaserJet Pro M403d,最大打印幅面为 215.9 毫米×355.6 毫米,打印速度每分钟 38 页,分辨率为 1 200×1 200 dpi,高速 USB 2.0 接口,月打印负荷 80 000 页。

操作 2　连接与使用打印机

新购置回来的打印机一般会配送操作手册、说明文档及驱动安装光盘,只要根据操作手册的提示操作即可;若是缺少了这些文件资料,我们可以按照以下步骤操作:

(1)将打印机放置在计算机旁,连接数据线及电源线。

(2)根据打印机机身上所标示的品牌型号,去官方网站上下载驱动程序,如图 15-4~图 15-7 所示。

图 15-4　惠普公司官方网站

图 15-5　选择"下载驱动程序"

图 15-6 输入打印机型号

图 15-7 下载驱动程序

> **提示** 驱动程序是一种将外部硬件设备与计算机连接起来的软件,计算机可以通过驱动程序来控制外部硬件设备,如鼠标、键盘、U 盘这样适用面非常广的外设,操作系统中已经预先安装好了驱动程序,可以即插即用,而像打印机这样并非每台计算机都会配备的外设,就需要单独安装与之匹配的驱动程序。

（3）双击下载完毕的驱动程序进行安装,根据软件界面提示逐步操作即可。如图 15-8、图 15-9 所示。

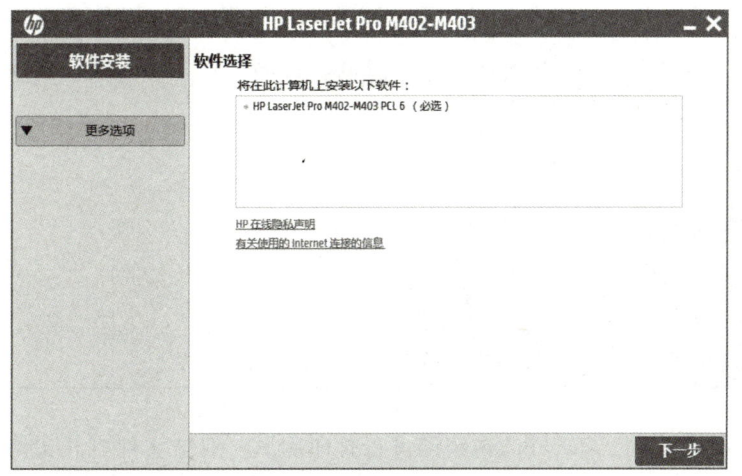

图 15-8　软件安装界面

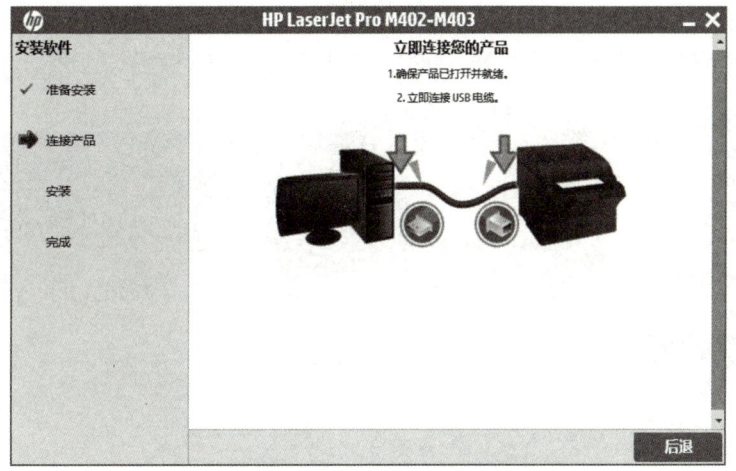

图 15-9　根据界面提示操作

（4）安装完毕后，单击"开始"菜单中的"设置"以打开"Windows 设置"窗口，如图 15-10 所示；然后单击"设备"，再选择"打印机和扫描仪"，即可查看到安装好的打印机，如图 15-11 所示。

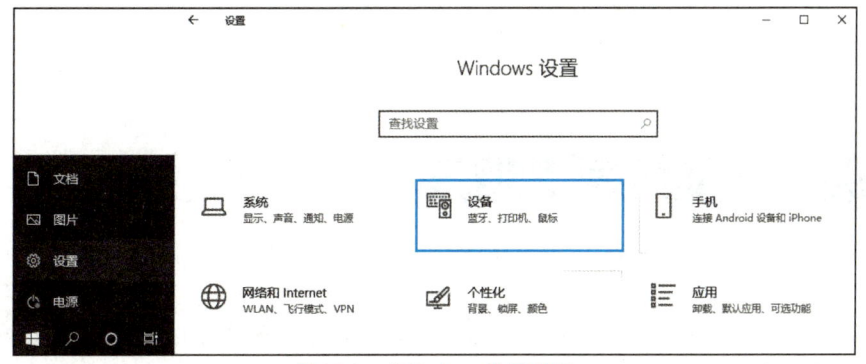

图 15-10　"Windows 设置"窗口

图 15-11　查看已安装好的打印机

（5）打开项目 2 中已编辑好的邀请函进行打印测试。双击文件打开文档，单击"文件"按钮，在打开的菜单中选择"打印"命令，如图 15-12 所示。在"打印机"区域的"名称"选项框中选择安装好的打印机，再单击"打印"按钮即可开始打印。

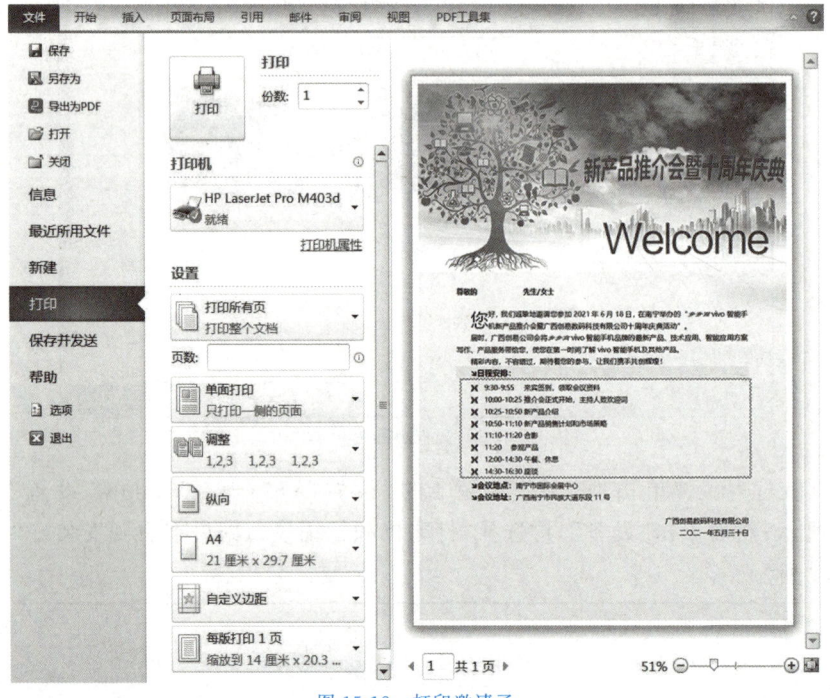

图 15-12　打印邀请函

操作 3　共享打印机的连接与设置

资源共享、高效合作是现代办公的理念，因此设置打印机共享就成了多数公司、企业的首选。

将一台已经安装好的打印机进行共享，使得接入该办公网络的终端都可以连接并打印，步骤如下：

（1）参考图 15-10、图 15-11，单击已安装好的打印机，然后单击下方出现的"管理"，如

图 15-13 所示，再单击"打印机属性"，如图 15-14 所示。

图 15-13　管理已安装的打印机

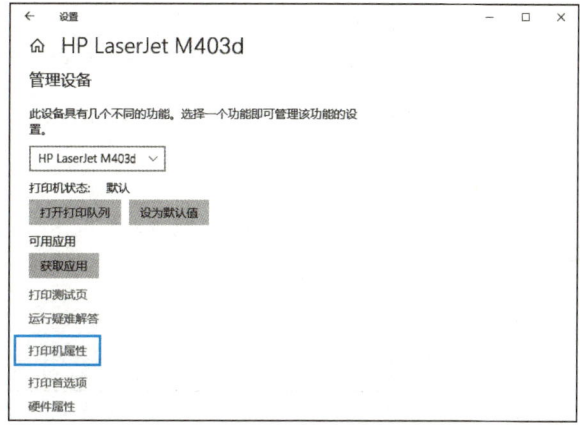

图 15-14　查看打印机属性

（2）在打开的打印机属性对话框中，切换到"共享"选项卡，勾选"共享这台打印机"，使用默认的共享名或自行设置一个，如图 15-15 所示，然后单击"确定"按钮，就完成了打印机的共享。

图 15-15　共享打印机

其他计算机或终端要使用这台已被共享的打印机，步骤如下：

(1)确保其他计算机或终端与这台已被共享了打印机的计算机处于同一个网络中，然后右键单击桌面图标"此电脑"，在弹出的快捷菜单中选择"属性"，如图 15-16 所示；接着在弹出的"系统属性"对话框中查看该计算机所在的工作组是否与已被共享了打印机的计算机一致，若不一致，则单击"更改"按钮，如图 15-17 所示。

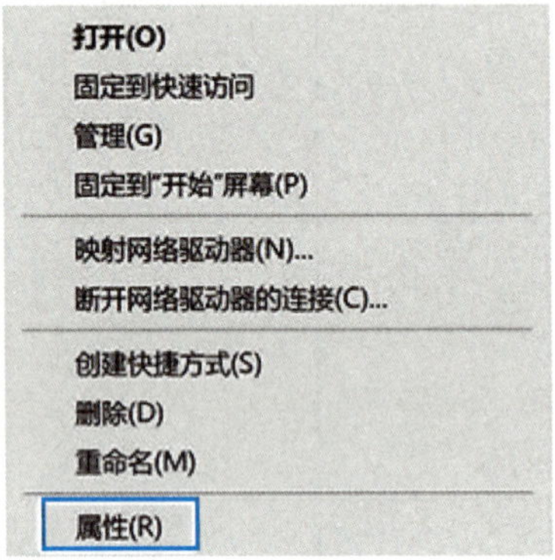

图 15-16　查看系统属性 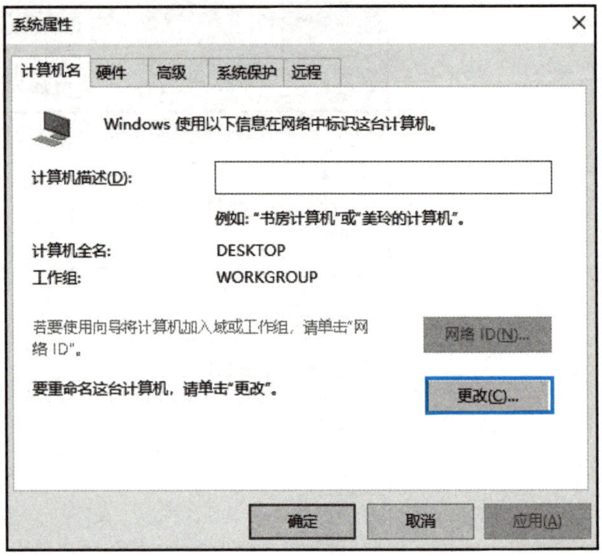　　　　　　图 15-17　"系统属性"对话框

(2)在弹出的对话框中"工作组"一栏输入与已被共享了打印机的计算机所在工作组名称，如图 15-18 所示，单击"确定"按钮后重启计算机，即可完成更改。

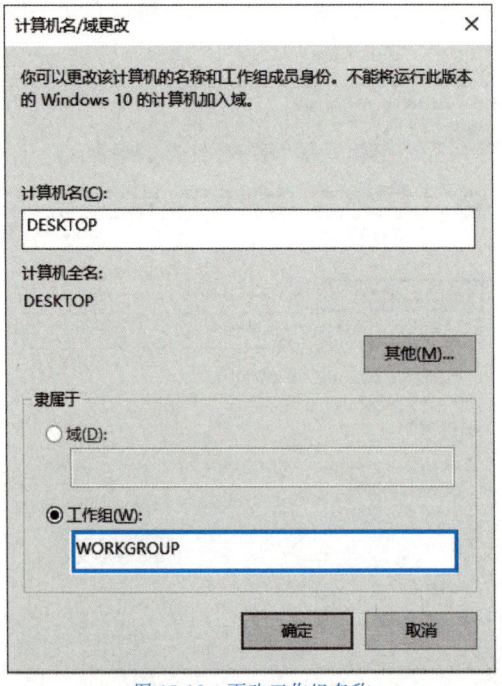

图 15-18　更改工作组名称

（3）参考图 15-10，进入"Windows 设置"窗口，单击"设备"，选择"打印机和扫描仪"，单击"添加打印机或扫描仪"，如图 15-19 所示；然后 Windows 10 会自动查找网络上已共享的打印机，单击需要添加的那台，等待系统自动安装，安装完成后该打印机就会出现在列表中，如图 15-20、图 15-21 所示。

图 15-19　添加打印机或扫描仪

图 15-20　系统自动安装共享打印机

图 15-21　安装完成

任务 2　应用扫描仪

操作 1　选购扫描仪

扫描仪是一种利用光电技术和数字处理技术，将图片、文本等实物资料精准转换为数字信息并输入计算机的设备。办公常用的扫描仪按照工作原理可分为三种：平面扫描仪、便携式扫描仪和滚筒式扫描仪。

平面扫描仪主要应用于 A3 和 A4 幅面的扫描，由于其性能稳定、分辨率高、操作简便、价格适中，成为应用范围最广的扫描仪，如图 15-22 所示。

扫描仪

图 15-22　平面扫描仪

便携式扫描仪包含笔式、手持式、高速拍摄式(简称"高拍式")等,如图 15-23～图 15-25 所示,它们的扫描原理都不尽相同,但共同的特点是轻巧、方便携带。在一些需要迅速扫描文件资料但对成像精度要求不高的场合,便携式扫描仪的优势不言而喻。

图 15-23　笔式扫描仪　　　　　　　　图 15-24　手持式扫描仪

滚筒式扫描仪一般应用在大幅面扫描或高精度扫描领域,它能够获得原稿最细微的色彩和最精密的细节,因此一般只应用在特定行业或公司中,造价昂贵。不过随着技术的发展,也有公司利用其原理制作出体积较小的小滚筒式扫描仪,也称为馈纸式扫描仪,如图 15-26 所示。

图 15-25　高拍式扫描仪　　　　　　　　图 15-26　馈纸式扫描仪

要选购一台合适的扫描仪,首先要了解扫描仪的各项性能指标。

(1)光学分辨率:衡量扫描仪对图像细节表现能力的一个指标,光学分辨率越高,所能采集的图像信息量越大,扫描输出的图像中包含的细节也越多,用 ppi(pixels per inch,每英寸范围内图像所包含的像素点数)表示。平面扫描仪的分辨率一般可以支持 100 ppi

到 2 400 ppi，实际上由于印刷工艺的限制，600 ppi 已经足够精准了。便携式扫描仪由于侧重在方便、快捷这些方面，因此分辨率一般最大支持到 600 ppi，对于一般印刷品也足够了。

（2）色彩位数：用于反映扫描图像与实物在色彩上的接近程度，位数越高则扫描色彩越丰富，图像越真实，用 bit 表示。目前市面上的扫描仪色彩位数一般为 16 位、24 位或 48 位，分别可以表示 2^{16}，2^{24}，2^{48} 种颜色。

（3）扫描速度：扫描一个幅面的资料需要多少时间。由于各个生产厂家对于扫描开始时间的界定不一，并且分辨率的不同也会影响扫描速度，所以并没有统一的参考；市面上平面扫描仪的扫描速度大多为十几秒一张 A4 幅面。

（4）扫描幅面：对于一般公司和家庭办公而言，A4 幅面是使用率最高的。

（5）接口：平板和滚筒式扫描仪由于扫描精度较高，一般都用专门的数据线连接到计算机的 USB 接口；便携式扫描仪则多为无线接口或存储卡的形式，方便随时移动。

操作 2　连接与使用扫描仪

扫描仪与计算机的连接方法与打印机相同，大多是先将电源线、数据线连接（有的扫描仪不需要电源线，有的扫描仪不能先连接数据线），然后通过附送的驱动光盘或从官方网站下载驱动程序，安装驱动程序。与打印机不同的是，扫描仪往往还需要安装各生产厂商专门定制的扫描软件配合使用。下面以佳能（Canon）LiDE 400 扫描仪为例说明连接方法：

（1）访问佳能官方网站首页，选择"服务与支持"|"下载与支持"，如图 15-27 所示；然后输入扫描仪型号并查询，在出来的结果中单击"驱动程序"，如图 15-28 所示；网站会根据该计算机所使用的操作系统推荐对应的安装程序，单击即可下载，如图 15-29 所示。

图 15-27　下载与支持

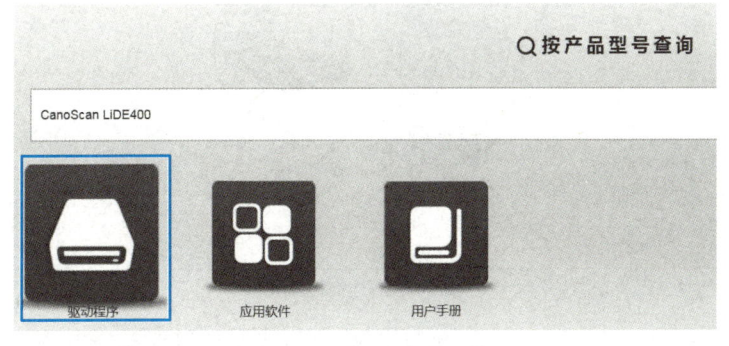

图 15-28　输入扫描仪型号

图 15-29　下载驱动程序

（2）双击运行下载好的驱动及软件安装包，在软件界面上单击"开始设置"按钮，等待驱动程序及扫描软件自动安装运行，并根据屏幕提示完成连接扫描仪等相应操作，如图 15-30、图 15-31 所示。

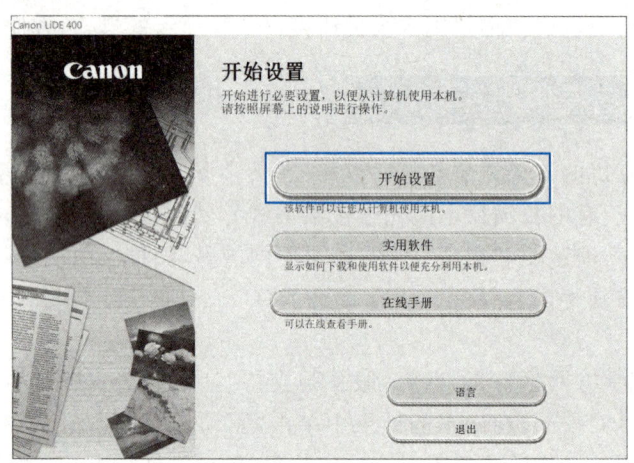

图 15-30　开始设置

图 15-31　连接扫描仪

（3）扫描仪连接、安装完毕后，打开扫描仪盖板，将文档需要扫描的一面向下放在玻璃台面上，使其与玻璃的边缘相距至少 1 厘米，然后关闭盖板，如图 15-32 所示。

图 15-32　将文档需要扫描的一面向下放在玻璃台面上

(4)启动在(2)中与驱动程序一起安装好的扫描软件 Canon IJ Scan Utility,选择"设置",根据需扫描的文档设置相应的类型、尺寸、扫描分辨率。例如彩色照片、彩色文档和彩色杂志的分辨率一般设置为 300 dpi,其他类型文档可酌情降低分辨率。如图 15-33、图 15-34 所示。

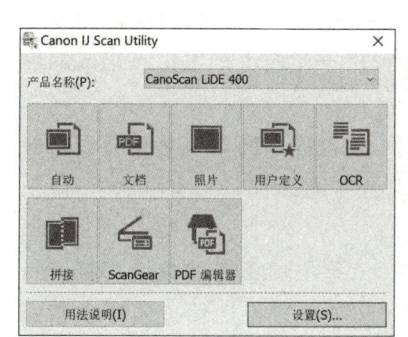

图 15-33　扫描软件 Canon IJ Scan Utility 　　　　图 15-34　设置照片扫描参数

(5)设置完成后回到主界面,单击"照片"即可开始扫描,待扫描完成后,设置文件保存的名称、位置、格式等信息,将图像保存好,如图 15-35 所示。

图 15-35　保存设置

任务3　应用复印机与一体机

操作1　选购复印机

复印机是一种将现有文字或图像资料直观复制重现到纸张或其他介质上的设备,按照工作原理可分为光化学复印机、热敏复印机、静电复印机和数码复印机四种。在日常办公流程中,静电复印机和数码复印机是比较常见的复印机类型,尤其以数码复印机为现代办公的首选。

复印机与一体机

静电复印机的工作原理是,通过曝光、扫描,将原稿的光学模拟图像通过光学系统直接投射到已被充电的感光鼓上,产生静电潜像,再经过显影、转印、定影等步骤完成复印过程。

数码复印机的工作原理是,首先通过CCD(电荷耦合器件)传感器对通过曝光、扫描产生的原稿光学模拟图像信号进行光电转换,然后将经过数字技术处理的图像信号输入激光调制器,调制后的激光束对被充电的感光鼓进行扫描,在感光鼓上产生由点组成的静电潜像,再经过显影、转印、定影等步骤完成复印过程。

对企业来说,办公设备极大地影响着工作质量和效率,设备成本同时也是企业日常开支中的重要一环。在选购适合商务办公的复印机时,要综合考虑性价比与实际需求,以下为复印机的性能指标:

(1)分辨率:用dpi表示,直接决定复印结果的清晰与否,是一项重要的技术指标。目前主流的复印机扫描和输出分辨率一般是600×600 dpi,已经可以保证输出原稿的清晰度,不少高端复印机的分辨率可以达到1 200×1 200 dpi。

(2)运行速度:包括输出速度、预热时间和首页输出时间三个方面,其中输出速度是最主要的一项性能指标,也是影响产品价格的主要因素;市面上几千到1万元的低速复印机的输出速度一般在每分钟18页左右,2万到3万元的中速复印机则一般在每分钟25~35页。

(3)内存容量:大多数的数码复印机都会配置较大容量的内存以实现连续复印,并且在作为打印等其他输出设备时能够容纳尽可能多的等待任务。内存越大,造价越贵。

(4)附加功能:如消钉功能、双面复印、放大/缩小、成套复印、连续复印等功能要注意选择;此外,还有一些与复印机配合使用的配件可以极大地提高工作效率,如分页器、装订器、送稿器、双面器等。中高端商务办公复印机如图15-36所示。

操作2　连接与使用复印机

复印机的主要功能是连续大量地复印文档,过去的复印机并不需要与计算机相连,只要接通电源就可以使用了。但随着技术的发展,许多数码复印机加入了打印、扫描甚至传真的功能,使得复印机的用途不再单一,这样的复印机就需要与计算机连接起来才能实现

图 15-36　中高端商务办公复印机

打印或扫描的功能；连接方法与前两个任务基本一致，不再赘述。

多功能数码复印机的功能比较多，操作面板复杂，不但可以设置连续复印、双面复印、成套复印、纸张自动转向等，还可以设置网络连接、管理员密码、查看复印机状态等；并且各个品牌、型号不同，操作方法也大相径庭。因此这类复印机都存放在大型公司的影印室或专业影印公司里，配有详细的使用手册，由专人负责管理，生产厂商定期上门维护，一般小型公司或个人家庭办公很少使用。

操作 3　认识多功能一体机

相对于多功能数码复印机，多功能一体机就像是它的缩小简化版，同样集打印、扫描、复印于一体，操作上却简单方便得多，体积、质量也小得多，如图 15-37 所示。

图 15-37　多功能一体机

由于多功能一体机相当于打印机、扫描仪、复印机的集合，因此性能指标也与这三种设备相同，在选购时要注重考虑纸张幅面、分辨率、打印速度、打印负荷、耗材成本、接口类型等因素。同时要注意的是，一体机中的复印及扫描功能为简化版，其性能参数与单独的扫描仪、复印机是不能相比的，仅能满足精度要求不高的一般办公任务。

任务4　应用投影仪

操作1　选购投影仪

现代投影仪是一种将数字信号通过光束投射到幕布或墙上的设备，一般用来播放、展示放大的计算机屏幕、视频、图片、演示文稿等，供多人观赏。按照工作原理可分为CRT（阴极射线管）投影仪、LCD（液晶）投影仪和DLP（数字光处理器）投影仪。

CRT投影仪是较早出现的一种投影仪，它把输入信号源分解到红、绿、蓝三个CRT管的荧光屏上，对其进行高压处理，发光系统就会被放大后重新聚集在大屏幕上，显示出彩色图像。CRT投影仪显示的图像色彩丰富、还原性好、不易失真，但其亮度不高、操作复杂、机身体积较大，只适合于环境光较弱、相对固定的场所，便携性较差。CRT投影仪如图15-38所示。

LCD投影仪分成液晶板投影仪和液晶光阀投影仪两种，工作原理是利用液晶的光电效应来产生具有不同灰度层次及颜色的图像。这种投影仪的色彩还原较好、分辨率高、体积小、质量轻、方便携带，是市场上的主流产品。液晶板投影仪的造价较低，应用范围较广，而液晶光阀投影仪造价较高，具有非常高的亮度和分辨率，适用于环境光较强、投影屏幕很大的场合，如超大规模的指挥中心、会议中心或娱乐场所等。LCD投影仪如图15-39所示。

DLP投影仪使用的DLP技术是美国德州仪器公司的数字光学处理投影技术专利，以数字微反射器作为成像器件，所有文字图像经过DLP电脑板的处理产生数字信号，再次经过几级处理后通过光学透镜投射在大屏幕上完成图像投影。DLP投影仪如图15-40所示。

图15-38　CRT投影仪　　　　图15-39　LCD投影仪　　　　图15-40　DLP投影仪

投影仪的主要性能指标有：

（1）光输出和亮度：输出光的能量用单位"流明"（lm）表示，亮度则表示屏幕表面受到的光输出能量与屏幕面积之比，用"勒克斯"（lx，$1\ \text{lx}=1\ \text{lm/m}^2$）表示；当光输出值一定时，屏幕面积越大，亮度越低。

（2）分辨率：主要分为RGB分辨率、视频分辨率两种，RGB分辨率指投影仪在接收RGB分辨率视频信号时可得到的最高像素，视频分辨率则是指投影仪在显示复合视频时的最高分辨率。

(3)灯泡寿命:投影仪最重要的一个组成部分就是灯泡,直接决定了投影仪的使用寿命,一般在 3 500～5 000 小时。

(4)其他性能指标:如光圈范围、投影尺寸等,应根据具体使用情况来考虑。

投影仪的发展趋势:

传统的投影仪固定在天花板或会议桌上,需要专门的固定支架和数据线路连接,笨重且烦琐。随着无线网络技术的日益强大,带有无线网络接口的高端投影仪越发受到青睐,同时市场上还出现了以小巧轻便为主要特点的高清微型投影仪,可以轻松与手机、平板电脑连接,随时随地进行投影。

操作 2　连接与使用投影仪

高端投影仪属于高精度工艺产品,不仅价格昂贵且需要小心维护,一般会配置在会议室或大型会议中心,并且在订购回来的同时就由厂家负责安装调试好;中低端投影仪则适用于小型会议室或家庭影院,只需接通电源,依据操作手册连接计算机,简单调整位置即可。

下面以明基(BenQ)智能商务投影仪 E310S 为例,来简要说明投影仪与台式计算机、笔记本电脑、手机、U 盘等设备连接的操作步骤:

(1)将投影仪放置在投影墙面或屏幕前的桌面上,如图 15-41 所示;然后连接电源,按下投影仪面板上的电源按钮开机,等待约 30 秒启动完成,接着可以旋转投影仪调焦圈以获得清晰的显示效果。

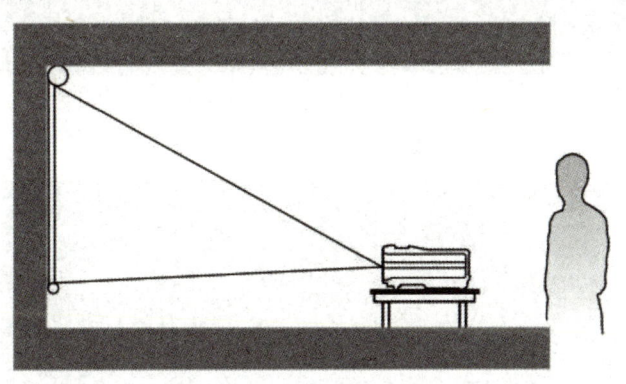

图 15-41　投影仪与屏幕的位置

(2)按下投影仪或遥控器上的"信号源(Source)",选择信号源列表上的"智能系统",以切换到明基投影仪内置的操作系统"智能讯源",然后选择"直连投屏",如图 15-42 所示。

(3)计算机投屏:连接笔记本电脑或台式计算机,需要按照画面提示,在计算机上安装 Airpin 的 PC 端驱动软件,然后将计算机 Wi-Fi 连接至直投热点"BenQ PRJ",即可投屏,如图 15-43～图 15-45 所示。

(4)手机投屏:iOS 手机 Wi-Fi 连接投影仪的直投热点后,通过 AirPlay 镜像投屏;Android 手机扫描二维码下载 Airpin 客户端,然后将 Wi-Fi 连接至投影仪的直投热点,运行手机客户端进行投屏操作。

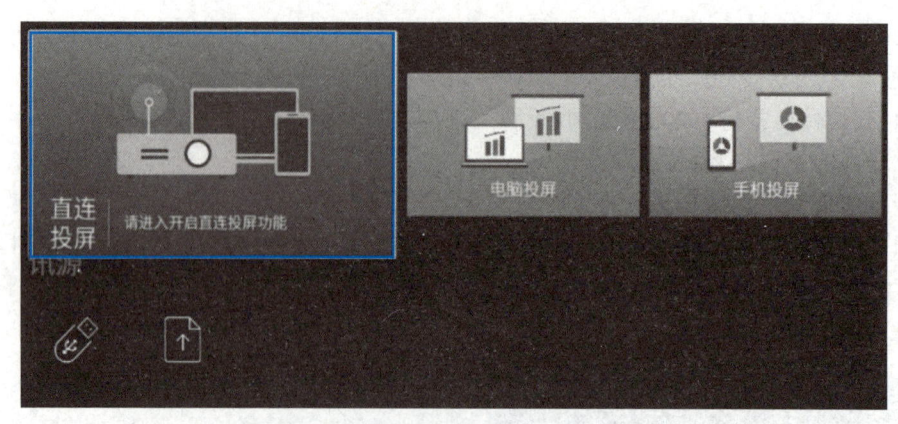

图 15-42　明基投影仪自带的操作系统"智能讯源"

图 15-43　计算机投屏步骤 1

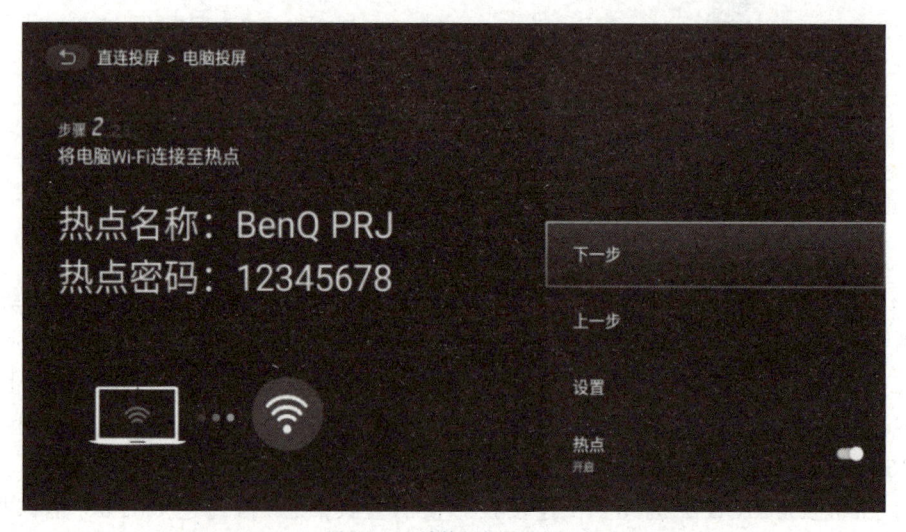

图 15-44　计算机投屏步骤 2

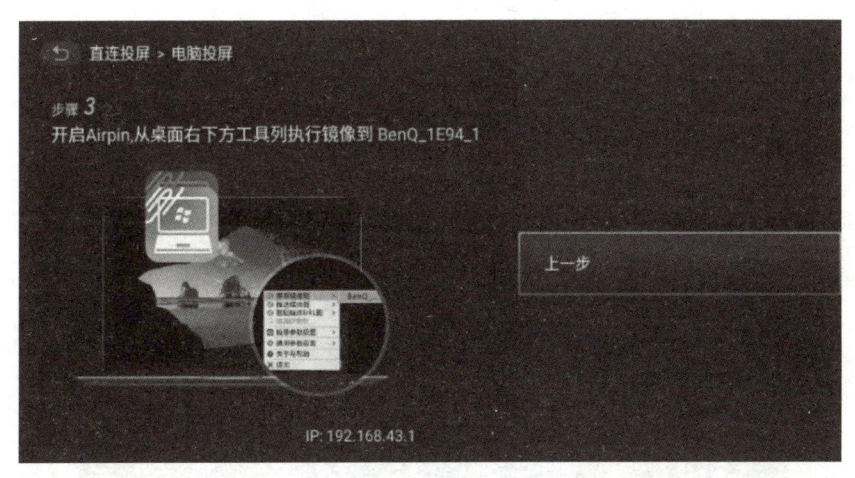

图 15-45　计算机投屏步骤 3

（5）U 盘读取：直接将存有待放映文件的 U 盘插入投影仪，选择"智能讯源"主页上的"文件管理"图标，直接读取移动设备里的文件放映，如图 15-46～图 15-48 所示。

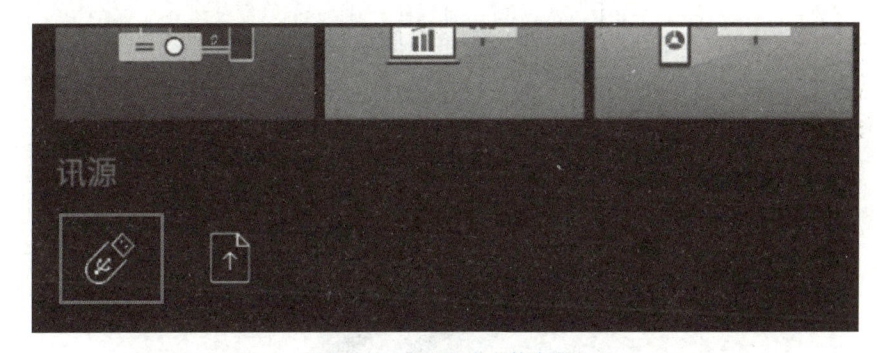

图 15-46　放映 U 盘文件步骤 1

图 15-47　放映 U 盘文件步骤 2

（6）除了无线连接方式，投影仪还可以通过 HDMI 数据线与台式计算机或笔记本电脑连接，图 15-49 为明基投影仪背面接口。有的笔记本电脑出于轻巧便携的需求，只有 USB 接口而没有 HDMI 接口；此时就需要购买相匹配的转换接头才能使用，如图 15-50 所示。相较而言，无线连接投屏的方式更方便高效。

图 15-48 放映 U 盘文件步骤 3

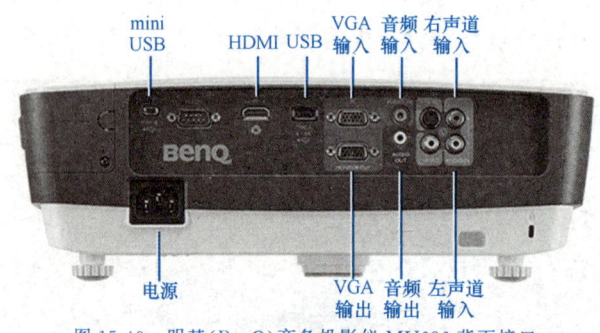

图 15-49 明基(BenQ)商务投影仪 MU686 背面接口

图 15-50 USB-NDMI 转换接头

  HDMI 是指高清晰度多媒体接口(High Definition Multimedia Interface),这是一种适合影像传输的专用型数字化的视频/音频接口技术,可以高速同步传送音频和影像信号。该接口可以传送无压缩的高频音频信号及高清视频信号,设计简洁、即插即用,满足了现代科技对于多媒体技术发展的需求,已成为商用、家庭多媒体信号有线接入的主要选择。

  (7)连接电源,按下投影仪上方操作面板的电源按钮打开投影仪,如图 15-51 所示。灯泡点亮后,将听到开机提示音,POWER(电源)指示灯会先闪绿灯,然后常亮绿灯。启动程序约需 30 秒,如有必要,旋转调焦圈调整图像清晰度。

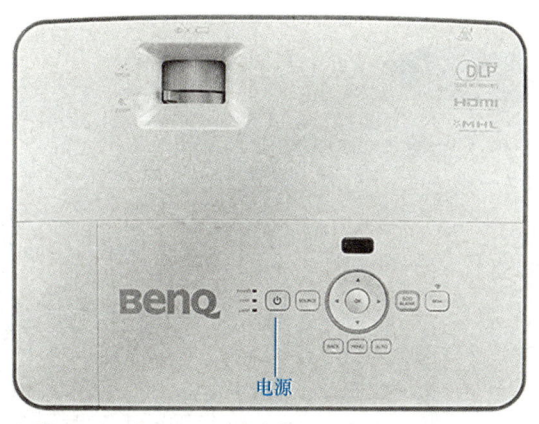

图 15-51　明基(BenQ)商务投影机 MU686 顶部面板

(8)投影仪启动后,开始自动搜索输入信号,屏幕左上角将显示当前扫描到的输入信号。如果投影仪未检测到有效信号,屏幕上将一直显示"无信号",直至检测到有输入信号。

(9)投影出来的图像若形状不合适,可以进行简单的调整。按快速释放按钮并将投影机的前部抬高,图像位置调整好之后,松开快速释放按钮,将支脚锁定到位,如图 15-52 中的①所示。旋转后调节支脚,可对水平角度进行微调,如图 15-52 中的②所示。

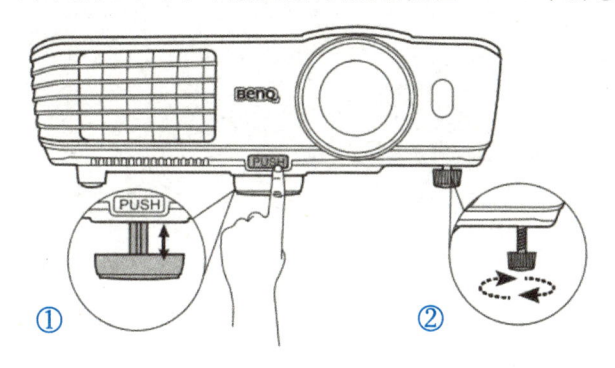

图 15-52　调节投影仪

项目小结

本项目简要介绍了在现代办公环境中常用的几种办公设备的选购策略,主要介绍了连接、设置和操作常用办公设备的方法和要点,包括打印机、扫描仪、复印机、一体机和投影仪等。

通过对本项目的学习,学生能掌握几种常用办公设备的连接、使用方法,恰当地使用网络与共享资源,协同合作,提升办公效率。

上机实战

1. 安装一台打印机或一体机，打印项目 2 制作的邀请函，如图 15-53 所示。

图 15-53　新产品推介会邀请函

2. 扫描一张照片，保存到计算机中。
3. 将计算机与投影仪连接并放映项目 12 所制作的公司宣传片。

参考文献

[1] 龙马高新教育. Office 2016 办公应用从入门到精通[M]. 北京:北京大学出版社,2016.
[2] 神龙工作室. Word/Excel/PowerPoint 2016 三合一办公应用[M]. 北京:人民邮电出版社,2014.
[3] 杨学林,陆凯. Office2016 高级应用教程[M]. 北京:人民邮电出版社,2015.
[4] 秋叶. 和秋叶一起学 PPT[M]. 3 版. 北京:人民邮电出版社,2017.
[5] 李林孖. 常用办公设备使用与维护[M]. 北京:机械工业出版社,2017.
[6] 黄建伟. 办公自动化设备应用与维修[M]. 北京:高等教育出版社,2016.
[7] 曾海文,苏艳. 计算机应用基础项目化教程(Windows7+Office2016)[M]. 北京:电子工业出版社,2014.